高等教育财经类核心课程系列教材
高等院校应用技能型精品规划教材
高等院校教育教学改革融合创新型教材

富媒体 智能化

财务报表分析
Financial Statement Analysis
（第二版）

应用·技能·案例·实训

李贺 ◎ 主编

视频版·课程思政

上海财经大学出版社

图书在版编目(CIP)数据

财务报表分析:应用·技能·案例·实训/李贺主编.—2版.—上海:上海财经大学出版社,2023.7
高等教育财经类核心课程系列教材
高等院校应用技能型精品规划教材
高等院校教育教学改革融合创新型教材
ISBN 978-7-5642-4172-8/F·4172

Ⅰ.①财⋯ Ⅱ.①李⋯ Ⅲ.①会计报表-会计分析-高等学校-教材 Ⅳ.①F231.5

中国国家版本馆 CIP 数据核字(2023)第 073221 号

□ 责任编辑　汝　涛
□ 书籍设计　贺加贝

财务报表分析
——应用·技能·案例·实训
(第二版)

李　贺 ◎主　编

上海财经大学出版社出版发行
(上海市中山北一路369号　邮编 200083)
网　　址:http://www.sufep.com
电子邮箱:webmaster@sufep.com
全国新华书店经销
上海新文印刷厂有限公司印刷装订
2023年7月第2版　2025年2月第3次印刷

787mm×1092mm　1/16　16.25印张　448千字
印数:11 001—15 000　定价:56.00元

前　言

"财务报表分析"是财经类专业的核心课程,是会计知识结构的主体部分,是对会计基本理论、基本方法、基本技能的进一步深化。该门课程需要学生既要掌握理论知识,又要熟练岗位操作技能。变革融合是会计行业运用新技术、融入新时代、实现新突破的必由之路。科教兴国战略、人才强国战略、创新驱动发展战略是中共二十大报告中提出的需要长期坚持的国家重大战略,是事关现代化建设高质量发展的关键问题。本书编者结合应用技能型院校的教学特色,体现二十大精神,以基于工作过程的"项目引领、任务驱动、实操技能"的特色为导向,按照"必须、够用"的原则进行本次修订。本次修订立足我国现实,展望会计发展未来和前沿,介绍了我国新会计准则的基本规定,又不拘泥于简单解释会计准则,比较全面、系统地阐释基本理论与基本核算方法;注重吸收当前企业会计前沿的一些新知识和新方法,使会计理论和会计实践有机地结合起来,旨在培养学生发现问题、分析问题、解决问题的能力。

党的二十大报告指出,"教育是国之大计、党之大计。培养什么人、怎样培养人、为谁培养人是教育的根本问题。育人的根本在于立德。全面贯彻党的教育方针,落实立德树人根本任务,培养德智体美劳全面发展的社会主义建设者和接班人"。落实立德树人根本任务,必须将价值塑造、知识传授和能力培养三者融为一体、不可割裂。新修订的第二版教材,注重课程思政元素挖掘,以教育部《关于印发〈高等学校课程思政建设指导纲要〉的通知》(教高〔2020〕3号)为指导依据,课程思政建设内容紧紧围绕坚定学生理想信念。在介绍财务报表分析理论知识、会计实务和分析方法的同时,重点将会计职业道德、社会主义核心价值观的内容融入课程教学全过程,实现"知识传授"和"价值观引领"的有机统一,培养合格的会计人才。

《财务报表分析》(第二版)把知识要素、技能要素和素质要素落实到具体内容中,实现了课堂教学与企业岗位的零距离对接,并兼顾"就业导向"和"生涯导向",紧紧围绕中国"经济发展新常态"下高等院校和应用技能型人才培养的目标,依照"原理先行、实务跟进、案例同步、实践到位"的原则,全面展开财务报表分析课程的内涵,坚持创新创业和改革的精神,体现新的课程体系以提高学生整体素质为基础,以能力为本位,兼顾知识教育、技能教育和能力教育,力求做到:从项目引导出发,提出问题,引入概念,设计情境,详尽解读。

本书共涵盖7个项目、21个任务。在结构安排上,以基于财务报表分析工作过程为导向构建教材体系,采用"项目引领、任务驱动、实操技能"的编写方式,力求结构严谨、层次分明;在表述安排上,力求语言平实凝练、通俗易懂;在内容安排上,尽可能考虑到财经类专业不同层次的不同需求,每一个项目设有"知识目标""技能目标""素质目标""思政目标""项目引例""引例导学""做中学""学中做";课后编排了"项目练习",包括单项选择题、多项选择题、判断题、分析题。课后的项目练习结合每个项目的实际工作技能要求而编写,以使读者在学习每一项目内容时做到有的放矢,增强学习效果。

作为普通高等教育应用技能型财经类核心课程系列教材,本书具有以下特色:

1. 内容全面,体系规范。作为教科书,本书在内容上特别注意吸收最新企业会计准则和相关会计法规、税法的新规定,按理论与实务兼顾的原则设置内容。本书针对高等教育和应用技能型院校会计课程的特点,将内容庞杂的会计知识系统性地呈现出来,力求做到理论知识必需、够用,体系科学规范,内容简明实用,帮助学生为今后从事会计工作打下基础。

2. 理实一体,素能共育。在强化应用技能型教育特色的同时,特别注重学生人文素养的培养。编者力求在内容上有所突破,在注重培养的同时,把社会主义核心价值观教育融入教材内容,营造全员育人环境,全面提升人文素质,以培养和提高学生在特定业务情境中发现问题、分析问题和解决问题的能力,从而强化学生的职业道德素质。

3. 与时俱进,紧跟政策。本书根据最新版《企业会计准则——基本准则》编写,并及时按照《企业会计准则第30号——财务报表列报》(2019)、《会计法》(2017)、13%增值税税率等新规定内容进行了编写。

4. 学练结合,学以致用。鉴于本书实践应用性较强的特点,为了便于及时复习所学的知识内容,提高学习效率,在课后安排了项目练习,主要引导学生"学中做"和"做中学",一边学理论,一边将理论知识加以应用,实现理论和实训一体化。

5. 校企合作,接近实际。为培养应用技能型人才,践行知行合一,推动校企共同修订培养模式,共同开发课程,共建实训培训,发展创新创业教育,开展校企合作育人,编者组织开发和修订了融合职业岗位所需知识、技能与职业素养的人才培养方案及课程标准的校企一体化教材。

6. 课证融合,双证融通。本书以初级会计专业技术资格认证为目标,在注重实践操作的同时,为与初级会计资格内容相配套,在每个项目后设计了与考证对接的相关习题及实训题目,初级资格考证内容构成本书的主线。

7. 课程资源,多元立体。为了使课堂教学达到多元立体化,编者开发教学资源(含有教师课件、实训项目、课后习题参考答案、教学大纲、学习指南、习题指导、模拟试卷及参考答案等);为学生学成技能配备了以"纸质教材为主体,线上学习平台为载体",多种教学资源混合(课件、学习任务、习题题库、教学视频、教学案例等)的教学资源体系。

本书由李贺主编。赵昂、李虹、李林海、王玉春、李洪福5人负责全书教学资源包的制作。本书适用于会计学、财务管理、审计学、资产评估、工商管理、金融学等财经类专业方向的高等教育和应用技能型院校使用，同时适用于行业的培训、自学等。

本书得到了出版单位、会计师事务所和校企合作单位的大力支持，以及参考文献中的作者们的贡献，谨此一并表示衷心的感谢！本书在编写过程中参阅了参考文献中的教材、著作、法规等资料。由于编写时间仓促，加之编者水平有限，难免存在一些不足之处，恳请专家、学者批评指正，以便不断更新、改进与完善。

编　者

2023年2月

目 录

项目一　财务报表分析总论 ·· 001
　任务一　财务报表分析认识·· 002
　任务二　财务报表分析的信息基础·· 008
　任务三　财务报表分析的原则和程序··· 023
　任务四　财务报表分析的基本方法·· 025
　任务五　财务报表分析应注意的问题··· 030
　　项目练习·· 031

项目二　资产负债表··· 034
　任务一　资产负债表认知··· 035
　任务二　资产负债表编制··· 040
　　项目练习·· 055

项目三　利润表·· 061
　任务一　利润表认知··· 062
　任务二　利润表编制··· 066
　　项目练习·· 072

项目四　现金流量表··· 076
　任务一　现金流量表认知··· 077
　任务二　现金流量表编制··· 080
　　项目练习·· 097

项目五　所有者权益变动表·· 105
　任务一　所有者权益变动表认知·· 106
　任务二　所有者权益变动表编制·· 107

项目练习 ··· 111

项目六　财务能力分析 ·· 114
　　任务一　财务分析的依据和内容 ··· 115
　　任务二　偿债能力分析 ·· 119
　　任务三　营运能力分析 ·· 132
　　任务四　盈利能力分析 ·· 137
　　任务五　发展能力分析 ·· 145
　　任务六　财务综合分析 ·· 151
　　项目练习 ··· 157

项目七　财务分析报告 ·· 160
　　任务一　财务分析报告认知 ··· 161
　　任务二　财务分析报告的撰写 ·· 163
　　任务三　财务分析报告应注意的问题 ·· 167
　　项目练习 ··· 169

附录　财务报表分析的应用案例 ·· 171

模拟试卷 1 ··· 225
模拟试卷 2 ··· 230
模拟试卷 3 ··· 235
模拟试卷 4 ··· 240
模拟试卷 5 ··· 246

参考文献 ·· 251

项目一　财务报表分析总论

● 知识目标

理解：财务报表分析的概念；财务报表分析的起源与演进；财务报表分析的基本要求。
熟悉：财务报表分析的目的、意义和特点；财务报表分析的主体和内容。
掌握：财务报表分析的信息基础；财务报表分析的原则、程序；财务报表分析的方法。

● 技能目标

熟练掌握财务报表分析的各种基本方法，为后续各项目的学习和研究奠定基础。

● 素质目标

为综合运用各种财务报表分析方法做准备，做到学思用贯通、知信行统一。

● 思政目标

能结合我国的实际情况，树立理论联系实践的观念，学习适合我国国情的财务分析理论与方法；提高专业技能，树立职业生涯规划；遵守会计职业道德和财经法规，强化财经法律意识，增强责任感；牢固树立诚信理念，以诚立身、以信立业，严于律己、心存敬畏。

● 项目引例

格力的价格战

珠海格力电器股份有限公司成立于1991年，是一家集研发、生产、销售、服务于一体的国际化家电企业，拥有格力、TOSOT、晶弘三大品牌，主营家用空调、中央空调、太阳能热水器、手机、生活电器、冰箱等产品。格力电器2022年前三季度实现营业总收入1 483.44亿元，同比增长6.30%，归属母公司净利润183.04亿元，同比增长17.00%，基本每股收益3.25元/股，同比增长19.93%，连续多年位居中国家电行业纳税第一。连续多年上榜美国《财富》杂志"中国上市公司100强"。格力电器旗下的"格力"品牌空调是中国空调业唯一的"世界名牌"产品，业务遍及全球180多个国家和地区。对格力电器来说，2017年是丰收的一年，是可以载入史册的一年。2015年，格力电器亲自举起了价格战的"屠刀"，以降价方式压缩行业内中小企业的生存空间，这在一定程度上造成了格力电器2015年营业收入的负增长，股价暴跌55%以上。但是，大规模的价格战最终在随后的两年取得丰厚回报，特别是2017年，净利润增长44.87%，股价接近上涨一倍。格力也再次回到了中国最具盈利能力企业的舞台中心。做市场出身的董明珠,确实对空调行业的"一线战事"具有敏锐的观察力和雷厉风行的决策能力。

资料来源:李贺、王晓佳主编:《财务报表分析》,上海财经大学出版社2020年版,第1页,有改动。

请问:是否所有的公司都适合格力公司推行的价格战?

● 引例导学

推行价格战会在一定程度上提高公司的销售量,然而利润率会下降,也影响企业的现金流量,因此价格战是一把"双刃剑",对公司自身也有不利影响。公司是否可以进行价格战,取决于市场对价格的敏感度以及因价格战所带来的成本压力和质量保障、物流保障等能力。公司应该根据财务报表指标分析、预测的公司盈利能力和现金流量来判断是否进行价格战。本项目将对财务报表进行总论概述。

任务一　财务报表分析认知

一、财务报表分析的概念

财务报表分析(Financial Statement Analysis)又称财务分析(Financial Analysis)、报表分析(Report Analysis),财务报表是企业财务状况和经营成果的信息载体,但财务报表所列示的各类项目的金额,如果孤立来看,并无多大意义,必须与其他数据相比较,才能成为有用的信息。这种参照一定标准将财务报表的各项数据与有关数据进行比较、评价就是企业财务报表分析。具体来说,财务报表分析是指以财务报表和其他资料为依据和起点,采用专门的方法,系统分析与评价企业的过去和现在的财务状况、经营成果和现金流量状况及其变动情况,目的是了解过去、评价现在、预测未来,帮助利益关系集团改善决策。

【提示】财务报表分析的最基本功能,是将大量的报表数据转换成对特定决策有用的信息,减少决策的不确定性。

了解财务报表分析,我们需要从以下两个方面对其进行解读:

(1)财务报表分析是个过程。所谓"分析",是把研究对象(一种现象、概念)分成较简单的组成部分,找出这些部分的本质属性和彼此之间的关系,以达到认识对象本质的目的。财务报表分析是把整个财务报表的数据,分成不同部分和指标,并找出有关指标的关系,以达到认识企业偿债能力、获利能力和抵抗风险能力的目的。认识过程是分析和综合的统一。综合,是把分析过程的各个部分、各种属性联合成一个统一的整体。财务报表分析也非常重视综合,在分析的基础上从总体把握企业的经营能力。

(2)财务报表分析是一个认识过程,通常只能发现问题而不能提供解决问题的方法;只能作出评价,不能改善企业的状况。例如,某企业资产收益率低,通过分析得知其原因是资产周转率低,进一步分析知道资产周转率低的原因是存货过高,再进一步分析得知存货过高的原因主要是产品积压。那如何处理积压产品呢?财务报表分析无法回答该问题。财务报表分析是检查的手段,同医疗上的检测设备和程序一样,能检查出一个人的身体状况,但不能治病。财务报表分析能检查出企业偿债、获利和抵抗风险的能力,分析越深入就越容易对症治疗,但诊断(分析)不能代替治疗。财务报表分析不能提供最终的解决问题的方法。它能指明需要详细调查和研究的项目。这些调查研究会涉及经济大环境、行业、本企业的其他补充信息。

二、财务报表分析的目的及意义

(一)财务报表分析的目的

财务报表分析是企业财务管理的一个重要组成部分,它能够帮助企业管理层作出正确的投资决策、制定合理的资金筹措方案和资金营运规划,为企业有效控制成本和制定合理的营销战略提供依据。同时,它也能帮助企业内外部信息使用者预测未来的盈余、股利和现金流量的风险,对上市公司目前的股票价值做出评价。因此,财务报表分析既是投资者和潜在投资者进行投资决策的主要工具,也是现代企业必不可少的重要管理手段。企业财务报表分析的目的主要包括以下几个方面:

1. 评价企业整体的财务状况

财务报表分析是根据企业会计报表、统计资料和相关经济信息等综合资料,对企业整体财务状况进行全面、细致、综合的分析,并根据分析结果做出客观评价。通过财务报表分析可以了解企业资金的流动状态是否良好、资金成本和资金结构是否合理、现金流量状况是否正常、偿债能力是否充分等,并以此来评价企业财务风险和经营风险的大小以及企业抗风险的能力,为企业投资者和经营管理者提供有用的决策信息。

2. 评价企业的偿债能力和获利能力

偿债能力和获利能力是企业财务评价的两大基本指标,在偿债能力既定的情况下,企业应追求最大的获利能力,实现货币效益的最大化,这是企业生产经营的最终目标。一个企业是否具有良好的长期获利能力,是其综合素质的基本体现。企业也只有具备较强的获利能力,才可能保持良好的偿债能力。财务分析应从不同角度对企业偿债能力和获利能力进行深入分析与全面评价,并据以预测和防范经营风险与财务风险。

3. 评价企业资产管理水平

资产是企业进行生产经营活动的经济资源,其运营效率的高低直接反映经营者的资产管理水平,直接影响企业的获利能力和偿债能力,也表现出企业综合管理水平的高低。财务报表分析主要是对企业的资产配置、利用程度和周转状况等作出全面分析与评价,并且可以据此预测本企业的资产管理能力对企业长远发展的影响程度。

4. 评价企业成本费用水平

企业利润水平的高低,一方面受销售水平的影响,另一方面受成本费用水平的影响。凡是经营状况良好的企业,一般都有较强的成本费用控制能力。财务报表分析就是要对企业一定时期的成本费用耗用情况做出全面分析和评价,并对成本费用耗费的组成结构进行分析,以此来说明成本费用增减变动的实际原因。

5. 评价企业未来发展能力

企业的发展能力不仅关系到企业自身的命运,而且关系到企业的投资者、债权人及经营管理者的切身利益。财务报表分析应根据企业的获利能力和偿债能力、资产管理质量和成本费用控制水平及其他资料,对企业中长期发展水平作出合理预测和客观评价,这不仅能够为企业利益相关者提供决策信息,而且能够避免因决策失误给企业造成的损失。

(二)财务报表分析的意义

财务报表分析的目的是其内在的本质要求,而财务报表分析的意义则是其目的的外在表现,是不同财务信息使用者赋予的。就财务报表使用的主体而言,可以划分为投资者、债权人、经营管理者、政府监管部门、企业员工、社会中介机构、供应商和竞争对手等。由于不同信息使用者所关注的财务报表分析结论是不同的,因此,财务报表分析对于他们的意义也就不同。

1. 从投资者角度看财务报表分析的意义

投资者是向企业提供权益资金而获取非固定收益并承担风险的人。一般来说，他们最关注的是企业的投资回报率水平和风险程度。他们希望了解企业的短期获利能力和长期发展潜力，主要关注企业的偿债能力、获利能力、资产管理效率、现金流量状况和每股收益等。财务分析结论中有大量揭示企业财务目标是否实现的信息，为投资者做出继续投资、追加投资、转移投资或抽回投资的决策提供了重要帮助。

2. 从债权人角度看财务报表分析的意义

债权人是提供资金给企业并得到企业在未来一定期限内按时还本付息承诺的人。此外，还有一种向企业提供商品或劳务，得到企业承诺在未来收取货款或劳务费的"自然负债"的债权人。无论是哪一种债权人，他们关心的都是企业的偿债能力、资本结构、长短期负债比例以及投入资本的安全性。一般来说，短期债权人更多地注重企业的流动比率、速动比率、即付比率等；而长期债权人则会更多地考虑企业的经营方针、发展方向、项目性质、未来现金流量的及时性和稳定性、潜在的财务风险等。财务分析的全面性要求从不同侧面，对长短期债权人的信息需求都给予充分满足。

3. 从经营管理者角度看财务报表分析的意义

经营管理者是被投资者聘用，对企业全部资产和所有生产经营活动进行管理的企业高管层。他们为了提高企业内部经营管理水平、制定发展规划、做出正确决策，经常利用财务信息和内部信息进行财务分析。由于他们掌握着大量的内部信息，对财务分析结果做出的反应最为迅速和直接，因而，经营管理者对财务信息的要求也更加具体、详细、深入。因为他们的薪酬、声望与企业价值密切相关，比其他利益相关者更加关心企业的经营业绩、财务安全、成长前景等，所以他们对财务分析的质量要求也就更高。

4. 从政府监管部门角度看财务报表分析的意义

对企业有监管职能的主要包括市场监管、税务、审计等政府部门，它们进行财务分析是为了通过定期了解企业的财务信息来判断企业是否依法经营、依法纳税、遵守市场秩序以及企业的融资行为是否合理等，以便从各个角度规范企业的行为，履行自己的监管职责。同时，在市场经济环境下，国家为了维护市场竞争的正常秩序，也必然会利用财务分析资料来监督和检查企业在整个经营过程中是否严格遵守国家制定的各项经济政策、法规和有关制度等。

5. 从企业员工角度看财务报表分析的意义

企业员工不但关心企业目前的经营状况和获利能力，而且关心企业未来的发展前景，他们也需要通过财务分析结果来获取信息。此外，企业员工也需要通过财务分析了解自己将会获得怎样的收获，企业和本部门的指标是否完成，了解工资、奖金和福利变动的原因，以及企业的稳定性和职业的保障程度等。

6. 从社会中介机构角度看财务报表分析的意义

与企业相关的重要中介机构主要有会计师事务所、律师事务所、资产评估事务所以及各类投资咨询公司、税务咨询公司、资信评估公司等，这些机构站在第三方的立场上，对企业发行股票和债券、股份制改革、企业联营及兼并、清算等各项经济业务，提供独立、客观、公正的服务。他们要提供这些服务就需要全面了解和掌握企业的财务状况，所获得的信息主要来自财务报表分析的结论。

7. 从供应商的角度看财务报表分析的意义

供应商主要是指为企业提供产品、原材料、辅助材料的企业或个人。他们要通过财务分析提供的信息，了解和掌握企业的财务状况、资金实力和付款能力，掌握企业长期信用状况等。通过对企业财务状况信息的分析，有针对性地制定出信用政策，决定是否放宽信用政策、是否延长其付款期、是否长期合作等。

8. 从竞争对手的角度看财务报表分析的意义

在市场经济中,竞争对手无时无刻不在与相关企业争夺原材料、供应商、客户、市场份额等,它们会千方百计地获取相关企业的财务信息和商业秘密借以判断相关企业的经营战略、投资方向、优劣势乃至当前困扰相关企业的"瓶颈"问题。因此,竞争对手对相关企业的财务信息、财务状况的方方面面均感兴趣。

三、财务报表分析的起源与演进

(一)信用分析

一般认为,财务报表分析产生于19世纪末20世纪初,由于经济危机时有发生,市场环境日趋复杂,企业竞争愈发激烈,越来越多的企业破产倒闭,信贷风险日益加大。为确保发放贷款的安全性,降低违约风险,越来越多的银行要求企业提供资产负债表等资料,以便了解企业的经营情况和财务状况。最早的财务报表分析主要是为银行提供信用分析。当时,借贷资本在企业资本中的比重不断增加,银行家需要对贷款人进行信用调查和分析,借以判断客户的偿债能力。

信用分析(Credit Analysis)又称资产负债表分析,主要是通过对企业的资产状况、负债状况等方面进行分析,运用流动比率、速动比率等一系列比率分析指标,考察和评价企业的偿债能力和信用状况。

(二)投资分析

在"大萧条"时期,随着信用的丧失,银行家发现了仅以流动性为基础的贷款政策的局限性,借款公司也认识到仅依靠银行的短期贷款会使自己在经济衰退时期变得更加脆弱。于是,大量发行股票便成为一般公司扩大规模的资金源泉。当股票发行成为外部资金的主要来源时,股东便成为财务报表分析的主要使用者,财务分析的重心就从信用分析扩展到投资分析,主要是盈利能力的分析,同时利润表成为更重要的报表。

资本市场形成后发展出盈利分析,财务报表分析由主要为贷款银行服务扩展到为投资人服务。随着社会筹资范围的扩大,非银行的贷款人和股权投资人增加,公众进入资本市场和债务市场,投资人要求的信息更为广泛。财务报表分析开始对企业的获利能力、筹资结构、利润分配进行分析,发展出比较完善的外部分析体系。

【注意】财务报表分析由信用分析阶段进入投资分析阶段,其主要任务也从稳定性分析过渡到收益性分析。

(三)内部分析

第二次世界大战后,企业规模不断扩大,经营活动日趋复杂,企业为了在激烈的市场竞争中求生存、图发展、谋利润,不得不借助财务报表所提供的有关资料进行目标管理、利润规划及前景预测。

企业组织发展起来以后,财务报表分析由外部分析扩展到内部分析,以改善内部管理服务。经济人员为改善获利能力和偿债能力,以取得投资人和债权人的支持,开发了内部分析。内部分析不仅可以使用公开报表的数据,而且可以利用内部的数据(如预算、成本数据等)进行分析,找出管理行为与报表数据的关系,通过管理来改善未来的财务报表。

(四)大数据分析

随着大数据时代的来临以及互联网技术、人工智能技术、云计算的迅猛发展,人们对包括财务数据在内的企业业务数据的获取将更加快捷和准确,数据分析和提炼的手段更加先进,财务报表分析的信息基础将会发生根本性的变化,财务报表分析的内涵和外延都会不断拓展,最终将会演变成"大数据分析"。

所谓大数据分析(Big Data Analysis),是指对规模巨大的数据进行分析。大数据可以概括为5

个 V 特点,即数据量大(Volume)、速度快(Velocity)、类型多(Variety)、价值(Value)、真实性(Veracity)。

财务分析是企业经营管理中非常重要的一环,传统的财务分析因其固有的局限性,使财务人员在分析多年的财务数据和行业数据时感到棘手,往往不能发现隐藏在财务数据背后的内在联系。因此,将大数据挖掘技术应用于财务分析,从海量信息中挖掘有用的信息,帮助管理者更好地进行决策就显得尤为重要。

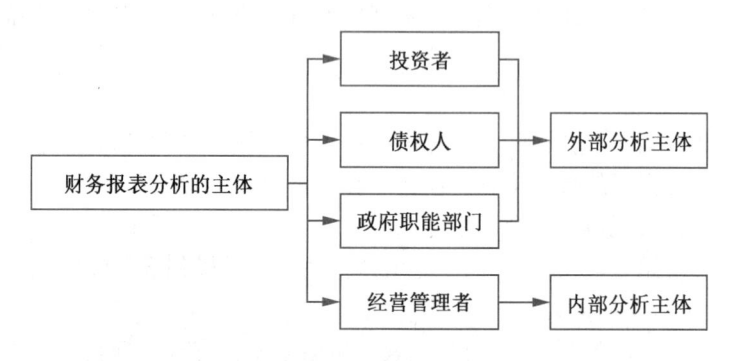

四、财务报表分析的主体

财务报表分析的主体即财务报表信息使用者,是指与企业存在现实或潜在的利益关系,为达到特定目的而对企业的财务状况、经营成果和现金流量状况等进行分析与评价的组织及个人。从外部来看,分析主体主要包括投资者、债权人和政府职能部门;从内部来看,分析主体主要是经营管理者。

财务报表分析的主体如图1—1所示。

图1—1　财务报表分析的主体

(一)投资者

投资者是指企业的权益投资人,即普通股股东,是以股权形式向企业投入资金的自然人或法人,既包括现实的投资者,也包括潜在的投资者。

获取投资报酬是投资者的目的,他们关心企业的盈利能力和投资风险等问题。投资者进行财务报表分析,主要想了解以下方面的问题:①企业现在和未来的收益水平的高低,以及企业收益是否容易受重大变动的影响;②现在的财务状况如何,企业资本结构决定的风险和报酬如何;③与其他竞争者相比,企业处于何种地位。

(二)债权人

债权人是指企业的债权投资者,是以债权的形式向企业投入资金的自然人或法人,如商业银行、企业债券持有人。根据债权人关心企业的偿债能力,可分为短期债权人和长期债权人。

债权人通过了解企业以下信息进行决策:①企业为什么需要额外筹集资金;②企业还本付息所需资金的可能来源是什么;③企业对于以前的短期借款和长期借款是否按期偿还;④企业将来在哪些方面需要借款。

短期债权人比较关心企业资产的流动性和企业的短期现金流量状况;长期债权人比较关心企业的资本结构和长期投融资政策。

(三)政府职能部门

政府职能部门也是财务报表分析的主体之一,包括市场监管、税务、财政、各级国资委等对企业有监管职能的政府部门。它们使用财务报表是为了履行自己的监督管理职能。

政府职能部门通过监督企业是否遵循相关政策法规、检查企业是否偷逃税款等，来维护正常的市场经济秩序，保障国家和社会利益。例如，市场监管部门主要是审核企业经营的合法性、进行产品质量监督与安全检查；税务与财政部门主要关注企业的盈利能力和资产的增减变动情况；国资委作为国有企业的直接出资人，关注企业的盈利能力和发展能力。

（四）经营管理者

经营管理者受企业所有者的委托，对企业运营中的各项活动以及企业的经营成果和财务状况进行有效的管理与控制。

经营管理者关心企业的盈利能力和发展能力。他们可以获取外部分析主体无法得到的内部信息，他们进行报表分析的主要目的是及时发现企业生产经营中存在的问题，并找出有效对策，以适应复杂多变的经营环境，从而作出科学的筹资、投资等重大决策，从而提高企业的经营业绩。

五、财务报表分析的内容

财务报表分析的内容主要由资本和资产的分析、企业三大能力的分析、风险分析和财务的综合分析等组成。这些内容概括起来，可从以下三个方面进行理解：

（一）内部分析和外部分析

根据分析者的不同，可将财务分析分为内部分析和外部分析。

1. 内部分析

内部分析是从经营者的角度来进行分析的。其目的是判断企业的经营是否顺利，或者把握企业经营活动的真实状态，以便开展切合实际的经营活动。这是一种为经营者寻求经营管理信息而进行的分析。

2. 外部分析

外部分析是企业外部的人们根据各自的要求而进行的分析。比如，银行等金融机构为了观察企业是否确实具有还债能力（信用能力），对其贷款是否安全而进行的会计报表分析；投资者为了判断自己的投资是否安全、是否有利可图，而对所要投资的企业的会计报表进行的分析；政府，特别是税务部门，往往出于征税等目的，分析各企业所提交的会计报表；等等。如上所述，由企业外部的有关单位所进行的分析就是外部分析。

（二）流动性分析和收益性分析

根据分析的目的不同，可将财务分析分为流动性分析与收益性分析。

1. 流动性分析

在流动性分析中，通过观察企业生产经营活动的手段，即资本的筹措来源和占用情况，可以看出企业的生产经营活动是否顺利。这种侧重于企业资本活动方面的分析称作流动性分析。它是以资本的周转期为中心进行分析的。企业资本的流动性，也可以理解为资本需要与资本补充的关系，它可以反映企业资本的安全性，并进而在一定程度上反映出企业的偿债能力。因此，一般也将流动性分析称为安全性分析。

2. 收益性分析

所谓收益性分析，是判断企业有多大程度的可获取利润的能力的分析。如果企业进行正常的生产经营活动，其结果必然表现出良好的收益性和较强的偿债能力，财务分析往往是以收益性分析为中心展开的。

（三）财务的综合分析

财务的综合分析，主要是对资产负债表、利润表和现金流量表的增减变化与趋势进行分析，而报表中所反映的种种比率关系，则应由流动性分析、收益性分析等来解决。

一般认为,资产负债表反映企业的财务状况,利润表反映企业的经营业绩,现金流量表则反映企业现金流量的结构和趋势,进而反映企业的偿债能力和支付能力。三个方面的综合分析,就构成了财务分析的重要内容。

六、财务报表分析的特点

(一)财务报表分析是一种事后分析

财务报表分析是以定期的财务报告为依据,对已经形成的财务状况和财务成果进行的分析,带有明显的总结性。这种分析与管理会计、财务管理中的分析不同,尽管也能够为信息使用者的决策行为提供依据,但分析方法和内容本身不具有事前分析的性质。

(二)财务报表分析是一种数据分析

财务报表分析所使用的资料主要来源于各种会计报表。从整个报表体系来看,它能综合地或总括地反映出企业在一定会计期间内资金流转、财务状况和盈利水平的全貌,从而能提供给有关人员阅读,满足他们对不同会计信息的需要。我们只要将有关数据通过某种形式联系起来加以分析比较,结果就有更多的隐含在会计报表中的重要信息被清晰地显示出来。

(三)财务报表分析的结果具有相对准确性

财务报表分析是以财务报告为基础的事后分析,分析所采用的数据是确定的,分析的过程实质上是对已发生的财务状况和结果进行评价的过程,不具有预测性,因此,分析结果通常相对财务预测等财务数据而言具有较高的准确性。

七、财务报表分析的基本要求

财务报表分析的基本要求具体包括:
(1)要有充分的历史数据(如5年或5年以上时间的数据)和现实数据与资料。
(2)要有健全的会计制度和会计方法,保证财务数据的正确性、完整性、系统性和及时性。
(3)要有前后一致的会计标准和会计方法,保证财务数据的可比性和可靠性。如有变动,应在分析时作必要调整,以达到可比。
(4)除会计报表数据外,还要掌握与财务分析有关的非会计数据和非金额表示的资料(如市场变化、物价变动、银根松紧等)。
(5)要正确运用各种分析方法。每种分析方法分别适用于不同条件、反映不同情况,必须根据企业具体情况正确运用。

任务二　财务报表分析的信息基础

财务报表分析的信息基础不仅包括企业管理层对外提供的资产负债表、利润表、现金流量表以及有关附表、附注等财务报表,而且包括企业内部管理部门在企业经营管理过程中编制的各类内部报表,如主要产品单位成本表、企业的各类预算或计划等。有时候,为了正确评估财务报表信息的充分性、合理性,在查阅内外部报表的同时,还要收集如政策信息、行业信息、市场信息等非财务报表信息。

一、财务报表的概念和分类

(一)财务报表的概念

财务报表又称会计报表,是以会计准则为规范,根据日常会计核算资料定期编制的,综合反映企业某一特定日期财务状况和某一会计期间经营成果、现金流量的总结性书面文件。财务报表是财务报告的主要组成部分,是企业向外传递财务信息的主要手段。

财务报表由报表项目和会计数据组成,是企业财务信息的核心载体,反映了企业各项经济业务的数字。

(二)财务报表的分类

1. 财务报表按其反映的经济内容不同,可分为动态财务报表和静态财务报表

动态财务报表是指综合反映企业在一定时期内财务成果或现金流量情况的报表,其特点是主要对某段时期的发生额进行反映,提供的是时期数,如利润表、现金流量表以及所有者权益变动表。静态财务报表是指综合反映企业在某一特定日期财务状况的报表,其特点是反映时点数而非时期数,对截至某一时点的期末余额进行反映,如资产负债表。

【学中做1－1】 (单项选择题)在下列财务报表中,属于静态报表的是(　　)。
A. 资产负债表　　　B. 利润表　　　C. 现金流量表　　　D. 所有者权益变动表

2. 财务报表按其编报的时间不同,可分为月度报表、季度报表、半年度报表和年度报表

月度报表,简称月报,每月编报一次,包括资产负债表和利润表。

季度报表,简称季报,每季编报一次,包括资产负债表和利润表。

半年度报表,简称半年报,每年6月30日编报一次,包括资产负债表、利润表和现金流量表,但与月报和季报的部分指标存在一定的差异。

年度报表,简称年报,每年编报一次,包括资产负债表、利润表、现金流量表和所有者权益变动表,要求完整、全面地反映企业的财务状况、经营成果和现金流量情况。

【学中做1－2】 (多项选择题)现金流量表的编报时间有(　　)。
A. 2022年1月　　　B. 2022年3月　　　C. 2022年6月　　　D. 2022年12月

3. 财务报表按编制的主体不同,可分为个别财务报表和合并财务报表

个别财务报表,是指企业在自身会计核算基础上,对账簿记录进行加工而编制的财务报表,主要反映企业自身的财务状况、经营成果和现金流量等情况。

合并财务报表是以企业集团为会计主体,在母公司和子公司个别财务报表的基础上由母公司编制的,用以反映整个企业集团财务状况、经营成果和现金流量等信息的报表。

【注意】财务报表是企业进行财务分析最主要和基本的资料依据。根据我国《企业会计准则第30号——财务报表列报》的规定,财务报表至少包括资产负债表、利润表、现金流量表、所有者权益(或股东权益)变动表、附注。

二、财务报表分析的信息种类

财务报表分析的信息是多种多样的,不同的分析目的、分析内容所使用的财务信息可能是不同的。从不同角度对财务报表分析的信息进行分类,可分为内部信息与外部信息、定期信息与不定期信息、实际信息与标准信息、财务信息与非财务信息等。

(一)内部信息与外部信息

财务分析信息按信息来源可分为内部信息和外部信息两类。内部信息是指从企业内部可取得的信息;外部信息则是指从企业外部取得的信息。

(二)定期信息与不定期信息

财务分析信息根据取得时间的确定性程度可分为定期信息和不定期信息。定期信息是指企业经常需要并可以定期取得的信息。定期财务分析信息为企业进行定期财务分析提供了可能,奠定了基础。不定期信息则是根据临时需要搜集的信息。

（三）实际信息与标准信息

财务分析信息根据实际发生与否可分为实际信息和标准信息。实际信息是指反映各项经济活动数量与质量实际完成情况的信息，一般是在企业的经营管理实践中不断地、连续地产生的相关数据资料，需要采取一定的方法搜集、整理，使之转变为财务分析信息，是财务分析的基础和主要对象。标准信息是指用于作为评价标准而搜集和整理的信息。

（四）财务信息与非财务信息

财务分析信息根据是否直接反映企业的经营成果、财务状况和现金流量，可分为财务信息和非财务信息。通常而言，财务信息是指以数字方式反映企业的经营成果、财务状况和现金流量的信息，主要包括资产负债表信息、利润表信息、所有者权益变动表信息、现金流量表信息、报表附注信息等。非财务信息是指以非数字方式反映企业组织结构、内部治理、战略目标和未来发展计划等方面情况的信息。

三、财务报表分析的信息要求

财务报表分析的基础是信息，分析者掌握信息的质量和数量决定了财务分析的准确性和相关性，进而影响着财务分析者决策的正确性。为了保证财务分析的质量与效果，财务分析信息必须满足以下要求：相关性、完整性、系统性、准确性和及时性。

四、财务报表分析的信息获取途径

（一）财务信息的获取途径

财务信息主要包括定期的财务报告信息以及一部分不定期的临时报告信息。定期的财务信息是财务分析信息的重要组成部分，主要包括资产负债表、利润表、现金流量表、所有者权益变动表、报表附注和审计报告。除此之外，企业还以各种形式发布补充信息，分析时经常需要查阅这些补充来源的信息。

（1）获取有关公司年度报告、中期报告内容的主要途径：①向企业索取；②查询企业登记主管机关；③访问相关网站。由于上市公司有对外公开披露财务报告信息的义务，对于上市公司的财务报告信息可以通过证券监管机构和证券交易所的网站获得。

（2）获取有关公司的临时报告的主要途径。关于这些临时公告等资料，财务分析者也可以从该公司在证监会指定的刊物上、该公司挂牌的证券交易所、中国证监会和该公司的网站上获取。

（二）获取非财务信息的主要途径

1. 直接法

直接法主要是对有关场所和人员的调查、询问，包括对经营场所、生产场所、仓库等地的现场调查以及对高级管理人员、生产人员、库管员、统计员、业务员、律师的询问。现场调查和询问是获取非财务信息的重要手段，企业内部的生产记录和制度是比财务报表更可信的资料，在现场调查和询问中应该始终坚持谨慎的态度。

2. 间接法

间接法是指从侧面了解企业的非财务信息。信息主要来源于证券分析资料、政府管理部门文件或者行业分析资料。企业官方网站是企业披露非财务信息的主要途径，也是利益相关方了解企业非财务信息的重要窗口。主要包括：①财经媒体；②经济与金融研究数据库；③中介机构提供的分析报告。

五、企业对外财务报表

(一)资产负债表

1. 资产负债表概述

资产负债表是反映企业在某一特定日期财务状况的报表。它是根据会计总分类账的期末余额编制的,因此提供的数据是时点数据,反映的是某一报表编制日企业的财务状况,是一种静态报表。它是反映企业一定日期全部资产、负债、所有者权益状况的会计报表。它以"资产=负债+所有者权益"的会计恒等式为依据,资产项目按照资产流动性的大小为顺序依次排列,流动性强的在先,流动性弱的在后;负债项目按照偿还期限由短到长排列,偿还期短的在前,偿还期长的在后;所有者权益项目按照永久性程度的高低排列,永久性程度高的在先,永久性程度低的在后。通过对该表的分析可以评价企业的偿债能力、资金营运能力、资本结构、财务弹性;与利润表分析相结合,可以评价企业的经营业绩。

但需要指出的是,资产负债表所提供的信息具有一定的局限性。一方面,反映在资产负债表上的账面价值均是历史成本,而历史成本是一种沉没成本,是一种与决策无关的成本,这与财务分析的目的(即为决策者提供信息支持)有所出入;另一方面,资产负债表是以货币计量为基础的,而许多重要指标却不能以货币加以反映,同时,资产负债表主要提供的是实物资产的价值信息,它并不能很好地反映无形资产价值的大小,这就使得资产负债表提供的信息比较片面。

2. 资产负债表格式

资产负债表表体主要有账户式和报告式两种,如表1—1、表1—2所示。

表1—1　　　　　　　　　　资产负债表(账户式)

编制单位:珠江公司　　　　　2022年12月31日　　　　　　　　　　单位:万元

资产	期末余额	年初余额	负债及所有者权益	期末余额	年初余额
流动资产:			流动负债:		
货币资金	26 042	21 439	短期借款	31 000	20 000
交易性金融资产	0	0	应付票据	0	0
应收票据	54 578	17 796	应付账款	2 560	1 686
应收账款	16 963	30 412	预收款项	0	2 121
预付款项	51 989	35 427	应付职工薪酬	1	34
其他应收款	22 039	25 604	应交税费	11 244	6 835
存货	29 846	15 518	其他应付款	12 741	2 447
一年内到期的非流动资产	0	0	一年内到期的非流动负债	0	0
流动资产合计	201 457	146 196	流动负债合计	57 546	33 123
非流动资产:			非流动负债:		
债权投资	0	0	长期借款	13 836	0
其他债权投资	0	0	应付债券	625	0
长期股权投资	371 059	375 738	递延所得税负债	0	0
固定资产	31 170	29 386	非流动负债合计	14 461	0
无形资产	7 217	7 733	负债合计	72 007	33 123

续表

资产	期末余额	年初余额	负债及所有者权益	期末余额	年初余额
递延所得税资产	0	0	所有者权益：		
非流动资产合计	409 446	412 857	实收资本	79 765	79 765
			资本公积	317 301	317 301
			盈余公积	67 844	58 620
			未分配利润	73 986	70 244
			所有者权益合计	538 896	525 930
资产总计	610 903	559 053	负债及所有者权益总计	610 903	559 053

表1—2　　　　　　　　　　　　资产负债表（报告式）

编制单位：　　　　　　　　　　　　年　月　日　　　　　　　　　　　　　　　单位：万元

项目	期末余额	年初余额
资产		
流动资产		
长期股权投资		
固定资产		
无形资产		
长期待摊费用		
其他非流动资产		
资产合计		
负债		
流动负债		
非流动负债		
负债合计		
所有者权益(或股东权益)		
实收资本(或股本)		
资本公积		
盈余公积		
未分配利润		
所有者权益(或股东权益)合计		

（二）利润表

1. 利润表概述

利润表是反映企业一定时期经营成果的报表。它是以"利润＝收入－费用"这一会计等式为依据编制的会计报表，所提供的数据是时期数据，反映的是企业在该期间发生的收入、成本和费用的情况，表明这一期间企业所获得的经营成果，是一种动态报表。通过对利润表的分析可以了解企业一定时期的收入实现情况、成本和费用耗用的情况、利润形成的渠道、造成亏损的原因。与资产负债表分析相结合,可以评价企业的获利能力、偿债能力、经营者的业绩,为信息使用者了解企业的经营情况提供比较全面的信息。

然而,利润表所提供的信息也有一定的局限性。利润是权责发生制下的产物,是收入与费用配比的结果,很高的利润有时不能说明任何问题。例如,企业为了提高当年盈利的账面数字,可能会少提折旧和资产减值准备,这样,利润的增加只是不同会计处理方法下的产物,而并非企业实际获利能力的提高。另外,企业盈利是以承担一定风险为前提的,利润表并不能反映出赚取利润背后所承担的风险,这就使得不同企业以及同一企业发展的不同阶段在经营成果上的可比性较差。

2. 利润表格式。

利润表的格式主要有单步式和多步式两种,如表1—3、表1—4所示。

表1—3　　　　　　　　　　　　利润表(单步式)
编制单位:　　　　　　　　　　　年　　月　　　　　　　　　　　　　　单位:元

项　目	行次	本月数	本年累计数
收入	1		
营业收入	2		
公允价值变动收益	3		
投资收益	4		
营业外收入	5		
收入合计	6		
减:费用	7		
营业成本	8		
税金及附加	9		
管理费用	10		
销售费用	11		
财务费用	12		
公允价值变动损失	13		
投资损失	14		
营业外支出	15		
费用合计	16		
利润总额	17		
减:所得税费用	18		
净利润	19		

表1—4　　　　　　　　　　　　利润表(多步式)
编制单位:珠江公司　　　　　　　2022年度　　　　　　　　　　　　　单位:万元

项　目	本期数额	上期数额
一、营业收入	262 541	318 216
减:营业成本	228 768	283 430

续表

项　　目	本期数额	上期数额
税金及附加	599	66
销售费用	12 395	4 740
管理费用	13 585	18 127
财务费用	1 313	1 022
加：投资收益	31 678	29 816
公允价值变动收益	0	0
资产减值损失	0	0
二、营业利润	37 559	40 647
加：营业外收入	110	818
减：营业外支出	37	46
三、利润总额	37 632	41 419
减：所得税费用	737	1 714
四、净利润	36 895	39 705
五、每股收益(元/股)	0.46	0.50

【注意】多步式利润表弥补了单步式的诸多不足，其优点在于能清楚地反映出企业净利润的形成步骤，准确地揭示企业净利润各构成要素之间的内在联系，便于对企业生产经营情况进行分析，便于在不同企业之间进行比较，便于报表使用者预测企业今后的盈利能力。

(三) 现金流量表

1. 现金流量表概述

现金流量表是反映企业一定会计期间内现金和现金等价物流入和流出信息的财务报表。它反映企业某一会计期间的现金变动情况，是对资产负债表和利润表的动态补充，如实反映企业现金流转状况，防止企业对外提供的资产负债表和利润表被粉饰而失去本来面目。

利用现金流量表所提供的信息，我们可作如下分析：首先，分析该企业的支付能力。支付能力是指企业以现金清偿到期债务的能力，它不仅是偿债能力的重要内容，而且是短期偿债能力的内涵所在，企业债权投资者的到期债务能否及时收回，企业股权投资者的应收股利能否如数兑现，均取决于企业的现金支付能力。其次，分析该企业筹资决策和投资决策的合理性。通过投资活动现金流入与流出的比较，可以分析企业投资决策的合理性和有效性；通过筹资活动现金流入与流出的比较，可以分析筹资活动的合理性和有效性；通过投资活动现金流入与筹资活动现金流出的比较，可以分析投资决策的正确性以及筹资的财务杠杆效应。最后，分析该企业的收益质量。企业营业收益质量的高低主要取决于时间价值、机会成本和风险三个因素，一般而言，时间价值越大，机会成本及风险越小，其收益质量越高，反之则质量低。而上述三个方面均可以通过营业收益的现金流入时间来衡量，现金流入时间越是接近营业收益的形成时间，则营业收益的时间价值越大，机会成本及风险越小，收益质量越高，否则相反。

2. 现金流量表格式

现金流量表包括主表和补充资料。现金流量表主表按照现金流量的分类列示，按照经营活动产生的现金流量、投资活动产生的现金流量、筹资活动产生的现金流量、汇率变动对现金及现金等价物的影响、现金及现金等价物净增加额和期末现金及现金等价物余额的顺序排列。现金流量表补充资料则是将净利润调整为经营活动产生的现金流量净额的过程。

按照我国《企业会计准则第31号——现金流量表》的规定,现金流量表由主表和附注构成:主表由经营活动、投资活动、筹资活动所产生的现金流量为基本内容,另外包括汇率变动对现金及现金等价物的影响额;附注由现金流量表补充资料(即用间接法将净利润调节为经营活动现金流量)、取得与处置子公司及其他营业单位相关信息、现金及现金等价物三部分组成。

现金的认定是编制现金流量表的基础,但现金流量表实际反映的是不同类型现金的流动情况,即现金流量。我国会计准则将现金流量分为三类,即经营活动、投资活动以及筹资活动所产生的现金流量。其中,经营活动(Operating Activities)是指企业投资活动和筹资活动以外的所有交易和事项;投资活动(Investing Activities)是指企业非流动资产的购建和不包括在现金等价物范围内的投资及其处置活动;筹资活动(Financing Activities)是指引致企业资本及债务规模和构成发生变化的活动。

在这三类现金流量中,经营活动所产生的现金流量是最主要的内容。根据对经营活动现金流量的不同反映方式,现金流量表的编制方法可以分为直接法和间接法两种。按现行的会计处理,利润表中的净收益是按权责发生制确认的,净利润中可能包括未收现的收入和未付现的费用。这样就无法从利润表中直接获得来自经营活动的现金流量。因此,为了计算来自经营活动的净现金流量,必须将权责发生制基础调整为收付实现制基础,直接法和间接法就是其调整的基本方法。

现金流量表主表的基本格式,如表1—5所示。

表1—5　　　　　　　　　　　　　　　现金流量表
编制单位:珠江公司　　　　　　　　　　2022年12月　　　　　　　　　　　　　单位:万元

项　目	金　额
一、经营活动产生的现金流量	
销售商品、提供劳务收到的现金	136 332
收到的税费返还	118
收到其他与经营活动有关的现金	911
现金流入小计	137 361
购买商品、接受劳务支付的现金	96 764
支付给职工以及为职工支付的现金	5 803
支付的各项税费	5 934
支付其他与经营活动有关的现金	27 032
现金流出小计	135 533
经营活动产生的现金流量净额	1 828
二、投资活动产生的现金流量	
收回投资收到的现金	
取得投资收益收到的现金	16 246
处置固定资产、无形资产和其他长期资产而收回的现金净额	8 692
收到其他与投资活动有关的现金	

续表

项　目	金　额
现金流入小计	24 938
购建固定资产、无形资产和其他长期资产所支付的现金	31 632
投资支付的现金	
支付其他与投资活动有关的现金	
现金流出小计	31 632
投资活动产生的现金流量净额	−6 694
三、筹资活动产生的现金流量	
吸收投资收到的现金	
借款所收到的现金	54 836
收到其他与筹资活动有关的现金	2 523
现金流入小计	57 359
偿还债务所支付的现金	30 000
分配股利、利润或偿付利息所支付的现金	17 890
支付其他与筹资活动有关的现金	
现金流出小计	47 890
筹资活动产生的现金流量净额	9 469
四、汇率变动对现金的影响	
五、现金及现金等价物净增加额	4 603
加：期初现金及现金等价物余额	21 439
六、期末现金及现金等价物余额	26 042

4.所有者权益变动表

所有者权益变动表是反映企业的股东权益在年度内的变化情况，便于会计信息使用者深入分析企业股东权益的增减变化情况，并进而对企业的资本保值增值情况做出正确判断，从而提供对决策有用的信息。所有者权益变动表各项目应根据"实收资本"(股本)、"资本公积"、"盈余公积"、"未分配利润"等科目的发生额分析填列。

5.财务报表附注

根据现行会计准则，会计报表附注应当按照一定的结构进行系统合理的排列，有顺序地披露信息。会计报表附注主要包括企业的基本情况、财务报表的编制基础、遵循会计准则的声明、重要会计政策和会计估计变更以及差错更正的说明、重要报表项目的说明和重要事项揭示等内容。通过对报表附注的阅读和分析，可以了解企业会计报表信息生成的依据，掌握无法在报表上列示的定性信息和定量信息，使得会计报表提供的数据更加完整，为财务分析奠定良好的基础。财务报表附注主要包括三种：

(1)资产负债表附注

资产负债表附注是为了帮助分析主体理解财务报表有关项目所做的进一步解释。通常解释三种情况：①表内有关项目的附注，如对短期投资中的证券标明市价；②表外有关项目的附注，如对抵押资产的说明；③有关会计政策变化的说明,如存货计价政策变化等。

表1-6和表1-7以存货项目为例,说明资产负债表附注项目。

表1-6 存货分类

编制单位： 年 月 日 单位:元

项目	年末金额			年初金额		
	账面余额	跌价准备	账面价值	账面余额	跌价准备	账面价值
原材料						
在产品						
库存商品						
周转材料						
低值易耗品						

表1-7 存货跌价准备

编制单位： 年 月 日 单位:元

项目	年初金额	本年增加	本年减少		年末余额
			转回	其他转出	
原材料					
库存商品					
周转材料					
合计					

（2）利润表附注

利润表附注是对利润表中重要项目及相关问题进行的说明。通常说明以下问题：①有关收入与费用的会计政策变化,如收入确认、存货计价、成本核算方法改变等；②利润表中具体项目的补充说明,如营业外收支项目的说明、投资收益项目的说明等；③利润表外有关项目的说明,如对其他业务收入与支出的说明等；④未经批准的利润分配方案等。

表1-8、表1-9和表1-10以主营业务收入表为例,说明利润表附注项目。

表1-8 主营业务收入——按行业分类

编制单位： 年 月 日 单位:元

行业名称	本年收入	上年收入
A		
B		
C		
⋮		
合计		

表1-9 主营业务收入——按产品分类
编制单位：　　　　　　　　　　　年　月　日　　　　　　　　　　　　　单位：元

产品名称	本年收入	上年收入
A		
B		
C		
⋮		
合　计		

表1-10 主营业务收入——前五名客户营业收入情况
编制单位：　　　　　　　　　　　年　月　日　　　　　　　　　　　　　单位：元

客户名称	本年收入	上年收入
A		
B		
C		
⋮		
合　计		

（3）现金流量表附注

现金流量表附注主要说明以下内容：①不涉及现金收支的投资和筹资活动；②现金及现金等价物净增加的情况。表1-11以"收到的其他与经营活动有关的现金项目表"为例，说明现金流量表附注的项目。

表1-11 收到的其他与经营活动有关的现金项目表
编制单位：　　　　　　　　　　　年　月　日　　　　　　　　　　　　　单位：元

项　目	本年收入	上年收入
利息收入		
补贴收入及其他营业外收入		
收集团三类人员费用		
往来款		
⋮		
合　计		

六、企业对内财务报表

成本费用报告表（也称企业内部管理报表），是反映企业生产费用和产品成本的构成及其升降变动程度的报表，是企业内部管理部门在企业经营管理过程中编制的主要内部报表。作为内部报表，各成本费用报表应根据企业实际情况而定，自行设置其格式和内容。分析主体通过对成本费用报表的分析，把握企业成本变动趋势，寻找出降低成本的途径。反映企业成本费用的报表主要有产品生产成本表、主要产品单位成本表、制造费用明细表、期间费用明细表等。

(一)产品生产成本表

产品生产成本表是反映企业在报告期内生产的全部商品产品(包括可比产品和不可比产品)的总成本的报表。

根据产品生产成本表(见表1—12)所提供的资料,可以考核全部商品产品和主要商品产品成本计划的执行结果,分析各种可比产品成本降低任务的完成情况。

表1—12 产品生产成本表
编制单位: 年 月 日 金额单位:元

产品名称	规格	计量单位	实际产量		单位成本			本月总成本			本年累计总成本		
			本月	本年累计	上年实际平均	本年计划	本月实际	本年累计实际平均	按上年实际平均单位成本计算	按本年计划单位成本计算	本月实际	按上年实际平均单位成本计算	按本年计划单位成本计算	本年实际
			(1)	(2)	(3)	(4)	(5)	(6)	(7)	(8)	(9)	(10)=(2)×(3)	(11)=(2)×(4)	(12)
可比产品合计		—	—	—	—	—	—	—	—					
其中: A产品		台												
B产品		台												
C产品		台												
不可比产品合计		—												
其中: D产品		台												
E产品		台												
其他														
全部商品产品制造成本														

(二)主要产品单位成本表

主要产品单位成本表(见表1—13)是反映企业一定时期内生产的各种主要产品单位成本构成情况的报表,是产品生产成本(按产品品种反映)中某些主要产品成本的进一步说明。其内容结构分为按成本项目反映的单位成本和主要经济技术指标部分:

(1)单位成本部分分别反映历史先进水平、上年实际平均、本年计划、本月实际、本年累计实际平均的单位成本。

(2)技术经济指标部分分别列示企业规定的原料、主要材料、燃料和动力等的消耗数量。

表1-13　　　　　　　　　　　主要产品单位成本表
编制单位：　　　　　　　　　　　　年　月　日　　　　　　　　　　　　　　　金额单位：元

产品名称		本月计划产量	
规格		本月实际产量	
计量单位(台)		本年累计计划产量	
销售单价		本年累计实际产量	

成本项目	行次	历史先进水平 201×年	上年实际平均	本年计划	本月实际	本年累计实际平均
		1	2	3	4	5
直接材料	1					
直接人工	2					
制造费用	3					
合计	4					
主要技术经济指标	5	用量	用量	用量	用量	用量
普通钢材	6					
工时	7					

(三)制造费用明细表

制造费用明细表(见表1-14)是反映企业一定时期内各生产单位为组织和管理生产所花费的各项费用及其构成的报表。其内容按制造费用的费用项目分别列示本年计划数、上年同期实际数、本月实际数和本年累计实际数。

表1-14　　　　　　　　　　　　制造费用明细表
编制单位：　　　　　　　　　　　　年　月　日　　　　　　　　　　　　　　　单位：元

项目	行次	本年计划数	上年同期实际数	本月实际数	本年累计实际数
职工薪酬	1				
折旧费	2				
租赁费	3				
修理费	4				
机物料消耗	5				
低值易耗品	6				
取暖费	7				
水电费	8				
办公费	9				
差旅费	10				
保险费	11				
设计制图费	12				
检验试验费	13				
劳动保护费	14				
其他	15				
合计					

(四)期间费用明细表

期间费用是企业在生产经营过程中发生的、不能直接或间接归属于某一个特定对象而直接计入当期损益的费用。期间费用明细表包括产品销售费用明细表、管理费用明细表和财务费用明细表。

1. 销售费用明细表

销售费用明细表(见表1—15)是反映企业一定时期内销售产品、自制半成品和提供劳务过程中所发生的各项费用及其构成的内部报表。

表1—15　　　　　　　　　　　　　　销售费用明细表

编制单位：　　　　　　　　　　　　　　年　月　日　　　　　　　　　　　　　　单位：元

项　目	行　次	本年计划数	上年实际数	本年实际数
职工薪酬	1			
差旅费	2			
办公费	3			
保险费	4			
修理费	5			
机物料消耗	6			
运杂费	7			
包装费	8			
折旧	9			
其他	10			
合　计				

2. 管理费用明细表

管理费用明细表(见表1—16)是反映企业一定时期内行政管理部门为管理和组织生产经营活动所发生的各项费用及其构成的内部报表。

表1—16　　　　　　　　　　　　　　管理费用明细表

编制单位：　　　　　　　　　　　　　　年　月　日　　　　　　　　　　　　　　单位：元

项　目	行　次	本年计划数	上年实际数	本年实际数
职工薪酬	1			
折旧费	2			
办公费	3			
修理费	4			
差旅费	5			
机物料消耗	6			
劳动保险费	7			
待业保险费	8			
低值易耗品摊销	9			
其他	10			
合　计				

3. 财务费用明细表

财务费用明细表(见表1—17)是反映企业一定时期内为筹集生产经营需要的资金所发生的费用及其构成情况的内部报表。

表1—17　　　　　　　　　　　　　财务费用明细表

编制单位：　　　　　　　　　　　　　　年　月　日　　　　　　　　　　　　　　单位:元

项　目	行　次	本年计划数	上年实际数	本年实际数
利息支出	1			
金融机构手续费	2			
汇兑损失	3			
其他	4			
合　计				

七、财务报表分析的其他信息

分析主体除了从企业对外提供的财务报告和内部使用者的成本费用报表中获取信息外，还要从多种渠道搜集其他信息。

(一)审计报告

审计报告是企业根据独立审计准则的要求，委托注册会计师对企业对外编报的财务报告的合法性、公允性和一贯性做出的独立鉴证报告。它可以增强财务报告的可信性，是财务分析主体判断公司会计信息真实程度的重要依据。

(二)政策信息

影响财务分析质量的宏观经济政策主要有产业政策、金融政策、税收政策、价格政策、信贷政策、分配政策和会计政策等。分析主体可以从企业所在的行业性质、组织形式等角度分析和评价企业财务管理对这些政策的敏感程度，全面揭示和评价经济政策变化及法律制度的调整对企业财务状况、经营成果和现金流量的影响。

(三)市场信息

及时有效的市场信息，是市场经济中的企业合理地组织财务活动、科学地处理财务关系的必要条件，相关的市场信息主要包括资本市场、劳动力市场、技术市场和商品市场等市场的信息。因此，在进行财务分析时，必须关注资本市场资金供求量的变化，及早发现引起财务风险变化的动因及其变化趋势；关注商品供求与价格变化对企业产品成本与销售收入的影响；关注劳动力供求与价格对企业人工费用的影响；关注技术市场供求及价格对企业无形资产规模、结构的影响。

(四)行业信息

行业信息主要指企业所处行业具有可比性企业的产品、成本、技术、设备、规模、效益、经营策略和管理水平等方面的信息。因此，在进行财务分析时，着重关注行业平均水平、先进水平以及行业发展前景的信息，客观评价企业当前的经营现状，合理预测和把握企业财务状况、经营成果与现金流量的发展趋势，为企业决策提供可靠的信息依据。

任务三 财务报表分析的原则和程序

一、财务报表分析的原则

(一)客观性原则

客观性原则包括两个方面：一是评价依据的客观性,即评价所依据的各项资料必须内容真实、数字准确,能如实反映企业的财务状况与经营成果；二是评价结论的客观性,即评价结论能从公允的角度客观地说明企业的财务状况及其在不同期间的变化趋势。根据这一原则,对企业财务进行评价时应结合注册会计师的审计结论,对各项报表数据及附注资料的可靠性进行分析判断,辨别真伪、去伪存真,对评价结论则应坚持实事求是,不可主观臆断、掺杂任何人为因素和个人偏好。

(二)可比性原则

可比性原则包括两个方面：一是行业可比性,即评价结果应能在同行业不同的企业之间进行比较。这种可比性要求在对企业财务进行评价时,应尽可能采用行业通用的评价指标和评价方法。对于行业财务制度或有关法规规定的指标和计算方法,评价人员应共同遵守；对于财务制度未作规定的,应遵循行业惯例；没有行业惯例的,应在评价报告(或备忘录)中注明评价方法。二是期间可比性,评价结果应能就同一企业的不同期间进行比较。这种可比性要求对企业财务进行评价时,应保持评价指标与评价方法在不同期间的稳定性与一致性,对于因财务会计政策变更所产生的差异,应在评价中进行必要的调整；不能调整的,应在评价报告(或备忘录)中予以说明。

(三)充分性原则

充分性原则包括以下几个方面：一是资料搜集的充分性,即搜集的资料要能够满足真实、客观地评价企业财务及经营状况的需要。既要搜集现状资料,又要搜集历史资料；既要搜集企业核算资料,又要搜集宏观环境资料；既要搜集被评价企业的资料,又要搜集同行业其他企业的相关资料。二是评价指标选择与运用的充分性,即评价指标的选择和运用应充分体现评价目的的要求。对于以特定决策为目的的财务分析与评价,应选择和运用与该评价目的相关的所有指标；对于面向非特定信息用户的财务分析与评价(即服务各决策主体所进行的评价),则应运用能够反映其财务状况及财务绩效的所有指标。三是比较标准的充分性,即在进行企业财务的比较评价时,应确保比较标准的全面性和完整性。既要运用预算标准来评价企业一定期间财务目标的实现程度,又要运用行业标准和历史标准,解释企业财务状况与财务绩效的行业差异和动态趋势。

(四)科学性原则

科学性原则主要是指评价方法的科学性,其基本内容是以辩证唯物论为依据,采用联系的分析方法。首先,在充分挖掘企业财务各方面、各项指标内在关联性的基础上,对各项指标做相互联系的因果分析,以便能更深入、更综合地解释企业财务的内在状况和规律；其次,坚持定量计算与定性分析相结合,避免只讲定量计算而不讲定性分析,或只讲定性分析而忽略定量计算的现象。一般而言,在评价时应对各项指标先进行定量计算,在确定数量差异的基础上,再结合有关因素进行定性分析。

(五)可理解性原则

可理解性原则主要是指各决策服务主体出具的评价报告应能为广大决策主体所理解。实现这一原则有赖于：第一,评价指标选择的常规性,即评价时应尽可能选用广大决策主体所熟悉的常规指标,避免指标设置上的"标新立异"。对于必须使用的非常规指标,则应在评估报告中对该指标的意义、计算方法等予以说明,以免各决策主体误解。第二,报告陈述的通俗性,即评估报告的陈述语言尽可能大众化,避免过多地使用信息使用者生疏的专业术语。对于必须使用的专业术语,也应在评估报告中就该术语的内涵与外延作出合理解释。

二、财务报表分析的程序

财务报表分析是企业财务管理的重要环节,是财务预测、财务决策、财务计划、财务控制的基础和保障。财务报表分析的质量决定了财务预测的准确性、财务决策的正确性和财务控制的有效性。因此,在进行财务报表分析时,必须遵循一定的科学程序与原则,确保财务分析结论的质量。财务报表分析的基本流程如图1-2所示。

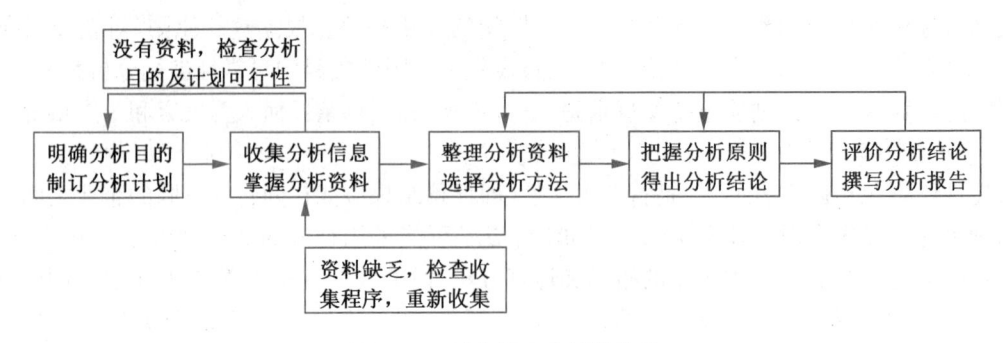

图1-2 财务报表分析的流程

(一)明确分析目的,制订分析计划

财务报表分析的目的既是财务报表分析的起点,也是财务报表分析最终要达到的目标。在进行财务报表分析之前,应该明确财务报表分析的目标,要保证目标清楚、明晰、相对单一,不能试图通过一次简单的分析就达到所有的目的和完成所有的决策。如果财务报表分析的目的具有层次性,则应该从基层目的入手,层层递进以达到最终目的。

明确财务报表分析的目的也是制订财务分析计划的前提,财务分析计划要根据分析目的的要求,确定具体的分析内容、分析范围、分析形势和分析重点,合理分工,适当安排,从而确保财务分析有计划、按步骤地开展。

(二)收集分析信息,掌握分析资料

任何分析都要在充分占有分析资料的基础上进行,财务报表分析也不例外。当确定了财务报表分析的目的并制订了相应的计划后,就要根据分析的目的、范围、内容的要求收集相关的财务分析资料。

财务分析资料的收集要注意系统性、全面性、及时性、客观性。系统的分析资料对把握企业的过去、现在和未来的发展趋势极为重要。同时,系统的分析还能够避免不确定性和突发事件对企业财务状况的影响,得到更加准确的分析结论。由于财务信息具有广泛的影响因素,因此,在收集资料时一定要注意这些因素间的相互关联,全面的资料分析有助于综合分析变动指标的影响力,避免得出失之偏颇的分析结论。财务会计信息的及时性是财务分析预测价值和决策价值的基础,任何过时的信息都会使财务信息的使用价值大打折扣,所以,要关注相关财务信息的动态变化,及时掌握信息并做出快速反应,掌握市场变化。财务报表分析是通过科学的分析方法对客观真实的分析材料进行处理之后得到的有价值的信息。因此,基础分析资料的客观性对财务分析有重大影响,任何在主观臆断基础上进行的分析都是无法证明的,也是无用的。

(三)整理分析资料,选择分析方法

财务资料整理既是对收集到的资料去伪存真、去粗取精的过程,也是选择适当的财务分析方

法的基础。有关的财务信息资料可能很多,但是要确保其是真实可信的以及能够对分析起作用就需要进一步的加工和整理。只有正确地分析资料,才能得出正确的分析结论。对于不真实的资料要进一步验证、核实;对于不正确的资料要进一步修正、调整;对于不具有相关性的资料要进行剔除。

此外,还要对经过分析确认的资料进行加工整理,如按照一定的标准进行分组、归类,进行简单的统计描述,并在此基础上,根据分析的目的和所掌握资料的实际情况选择合适的定量分析方法。

(四)把握分析原则,得出分析结论

在对财务分析资料进行整理并选定分析方法之后,即可开展财务分析过程。财务分析过程应将定量分析方法和定性分析方法相结合,并以定量分析方法为主。

当然,在财务分析过程中,不能为了得到需要的结论而分析。要坚持客观性原则、可比性原则、充分性原则、科学性原则和可理解性原则,从实际出发,全面考虑,充分分析,避免华而不实的数学推导和繁杂的计算过程,以科学的态度去进行分析工作,从而得到真实准确的分析结论。

指标的计算、相互关系的分解、差异分析等定量分析的方法是财务报表分析的基础。但是,有时定性分析的方法也并非全无实际价值。因此,应坚持定量分析方法和定性分析方法相结合,透过现象、指标的数字看到事物的本质,看到指标数字背后的深层含义,从而得到真实准确的分析结论。

(五)评价分析结论,撰写分析报告

通过以上步骤,即可得到初步的财务分析结论,这时,还不足以支持财务报表分析报告的撰写。财务分析人员还需要对已经得到的分析结论进行基本的检验和验证,如将历史资料放入结论之中,看是否符合实际情况。

当对财务分析结论进行验证并得到可靠的结论之后,即可开始撰写财务分析报告。财务分析报告应包括分析的目的和计划、重点资料的搜集和来源、资料的整理及分析方法的选择、分析结论的定性分析和一般检验或评价、最终结论等内容。

任务四　财务报表分析的基本方法

财务报表分析是以财务报表中所包含的财务信息为主要分析数据的来源,通过使用适当的分析方法,对企业的财务状况或经营成果等方面进行分析评判,并将分析的结果作为相关决策制定的基础。"工欲善其事,必先利其器",在财务分析过程中,为了揭示财务数据之间的重要联系以获取有助于决策的信息,必须借助于一定的技术方法对财务报表的信息进行再加工。财务报表分析包括定性分析和定量分析。

财务报表分析的基本方法有趋势分析法、结构分析法、财务指标分析法、对比分析法和因素分析法等。

一、趋势分析法

趋势分析法(Trend Analysis)是通过观察连续数年的会计报表,比较、分析某些项目或指标的增减变化情况,从而判断其发展趋势,并对未来的结果做出预测的一种财务分析方法。具体而言,趋势分析法是将两期或连续数期的财务报表中的相同指标进行对比,以说明企业有关项目的变动情况和趋势的一种财务分析方法。在实际使用中,仅选用两期数据进行比较,企业某些方面的情况及其变动有可能会受到一些偶然性或意外因素的影响,为了排除偶然性或意外因素的影响,更清楚地了解企业业绩的发展历程和趋势,一般将分析的窗口期

延长至三期及三期以上。

【做中学1－1】 A公司2018—2022年连续5年的产品销售收入等项目数据如表1－18所示。从表中可看出,5年来A公司产品销售收入有较大的增长,但产品销售利润增长较缓。如果进一步计算趋势百分比,就能更准确、清晰地反映各年变动的程度。

表1－18　　　　　　　　　A公司2018—2022年产品销售数据　　　　　　　　单位:万元

项　目	2018年	2019年	2020年	2021年	2022年
产品销售收入	870	975	1 106	1 208	1 189
产品销售成本	664	750	860	955	948
产品销售费用	8	9	10	14	19
产品销售税金	48	50	57	65	59
产品销售利润	150	166	179	174	163

趋势百分比的计算可以采用定比或环比两种计算方法。定比是选定某一年作为基年,然后其余各年与基年比较,计算出趋势百分数。环比则是各年的数值均与前一年的数值比较,计算出趋势百分数。表1－19是以2018年为基期计算的A公司产品销售收入等项目的趋势百分数。该表用百分比反映的变化趋势,较之用绝对数(见表1－18)反映的变化趋势,能更准确地说明A公司5年来产品销售收入得到了较大的增长,但产品销售利润则增长较慢,低于产品销售收入的增长,甚至在2021年、2022年两年还出现下降的趋势,从表中数据还可看出其原因主要是产品销售成本和产品销售费用增长太快,远远高于产品销售收入的增长,从而影响了产品销售利润的增长。

表1－19　　　　A公司2018—2022年产品销售等项目的趋势分析(以2018年为基期)

项　目	2018年	2019年	2020年	2021年	2022年
产品销售收入	100%	112%	127%	139%	137%
产品销售成本	100%	113%	130%	144%	143%
产品销售费用	100%	113%	125%	175%	238%
产品销售税金	100%	104%	119%	135%	123%
产品销售利润	100%	111%	119%	116%	109%

采用定比方法计算趋势百分数时,应注意基期的选择要有代表性。如选择不当,容易导致误解。此外,趋势分析法中还包括一种趋势预测分析。趋势预测分析运用回归分析法、指数平滑法等方法来对会计报表数据进行分析预测,分析其发展趋势,并预测出可能的发展结果。接下来简要介绍如何运用趋势线性方程来进行趋势预测分析。

运用趋势线性方程作趋势分析,是预测销售和收益所普遍采用的一种方法。公式表示为:

$$y = a + bx$$

式中:a 和 b 为常数;x 为时期系数的值,是由分配确定的,并要使 $\sum x = 0$。为了使 $\sum x = 0$,当时期数为偶数或奇数时,值的分配稍有不同。

当时期数为奇数时,x 的确定如表1－20所示。

表 1—20　　　　　　　　　　　　时期数为奇数时 x 的确定

	2018 年	2019 年	2020 年	2021 年	2022 年
$x=$	-2	-1	0	$+1$	$+2$

当时期数为偶数时，x 的确定如表 1—21 所示。

表 1—21　　　　　　　　　　　　时期数为偶数时 x 的确定

	2018 年	2019 年	2020 年	2021 年	2022 年	2023 年
$x=$	-3	-2	-1	$+1$	$+2$	$+3$

常数 a 和 b 则可由下式确定：

$$b = n\sum xy / n\sum x^2$$
$$a = \sum y / n$$

式中：n 为时期数。

仍以表 1—18 中公司产品销售收入数据为例，运用趋势线性方程分析预测，如表 1—22 所示。

表 1—22　　　　　　　　　　　　趋势线性方程分析　　　　　　　　　　　　金额单位：万元

年　度	x	销售收入(y)	xy	x^2
2018	-2	870	$-1\,740$	4
2019	-1	975	-975	1
2020	0	1 106	0	0
2021	$+1$	1 208	1 208	1
2022	$+2$	1 189	2 378	4
合　计	0	5 348	871	10

$$b = \frac{5 \times 871}{5 \times 10} = 87.1$$

$$a = \frac{5\,348}{5} = 1\,069.6$$

因此，预测的趋势方程为：

$$\hat{y} = 1\,069.6 + 87.1x$$

式中：$\hat{y}$ 为预测的销售收入；x 为时期系数值。

要预测 2023 年的产品销售收入，只要确定 x 的值就可算出。在前面，我们分配给 2022 年的值为 $+2$，因此这里确定 2023 年的时期系数值为 $+3$。2023 年的产品销售收入测算为：

$\hat{y} = 1\,069.6 + 87.1x = 1\,069.6 + 87.1 \times 3 = 1\,330.9$(万元)

使用趋势分析法的注意事项：

(1)如果前后期间的会计政策存在不一致的现象，则需要对前期有关项目的数据进行追溯调整，否则同一项目在各期间的变化趋势很可能会被误判。

(2)当趋势分析涉及的期限较长时，物价水平变动在一定程度上将对各期财务数据产生影响，必要时可以剔除物价变动因素后再作趋势分析。

(3)在计算出前后期间的指标差异后，需要注意企业内部的重要事项(如重大资产重组)和外部环境因素(如金融危机)对各期财务数据的影响，对于个别期间出现的报表项目极端值导致指标无法计算或者计算结果异常的,在分析过程中需要对极端值做特殊处理。

(4)究竟对哪些项目进行趋势分析,要视具体分析目的而定,并不需要面面俱到。

(5)就分析工具而言,除了常见的表格形式外,还可以利用折线图、柱状图等坐标图,以使分析结果更加直观。

二、结构分析法

结构分析法(Structural Analysis)又称垂直分析法、纵向分析法或者共同比分析法。将会计报表中的某一关键项目金额作为100%,再将其余有关项目金额换算为对该关键项目的百分比,以揭示出会计报表中各项目的相对地位和总体结构关系。与比较分析法不同,具体而言,它的基本点不是将企业报告期的分析数据直接与相关标准对比求出增减变动量和增减变动率,而是通过计算报表中各项目占总体的比重或结构,反映报表中的项目与总体关系情况及其变动情况。财务报表经过结构分析法处理后,通常称为同度量报表,或称总体结构报表、共同比报表等。如同度量资产负债表、同度量利润表、同度量成本表等,都是应用结构分析法得到的。

在结构分析法中,将什么项目设为100%并非固定的,而是依据分析目的而定。例如,在分析流动资产的结构时,可以将流动资产合计设为100%,分别计算各流动资产组成项目占流动资产合计的比重;在分析负债的结构时,可以将负债总额设为100%,分别计算各流动负债项目和非流动负债项目占负债总额的比重。

我们以表1—18中A公司的销售收入等项目数据为例,以产品销售收入为100%,计算出其他项目的结构百分比(见表1—23)。从各期结构百分比的变动可看出,由于产品销售成本和产品销售费用占产品销售收入比重的逐期增加,导致产品销售利润率的逐年下降。

表1—23　　　　　　　　　　　结构分析法金额　　　　　　　　　　金额单位:万元

年度 项目	2018年 金额	2018年 占收入的百分比	2019年 金额	2019年 占收入的百分比	2020年 金额	2020年 占收入的百分比	2021年 金额	2021年 占收入的百分比	2022年 金额	2022年 占收入的百分比
产品销售收入	870	100%	975	100%	1 106	100%	1 208	100%	1 189	100%
产品销售成本	664	76.4%	750	77%	860	77.8%	955	79%	948	79.7%
产品销售费用	8	0.9%	9	0.9%	10	0.9%	14	1.2%	19	1.6%
产品销售税金	48	5.5%	50	5.1%	57	5.1%	65	5.4%	59	5%
产品销售利润	150	17.2%	166	17%	179	16.2%	174	14.4%	163	13.7%

结构分析对于资产负债表和利润表的分析是很有用的。企业在正常经营的各个时期,资产负债表和利润表中各项目一般都应有一个正常的比例关系,即要有一个合理的分布结构。各项目结构百分比的任何异常变化,都应引起分析者的注意,并研究变化的原因,判断对今后财务状况和经营成果的影响。

趋势分析和结构分析的结果还可以用统计图表的形式予以直观地反映出来。在此不加以赘述。

三、财务指标分析法

财务指标分析法(Financial Indicators Analysis)通常也称为财务比率分析,是财务分析中运用最基本、最重要、最广泛的一种方法。财务指标分析法根据会计报表中两个项目或多个项目之间的关系,计算其比率,以评价企业的财务状况和经营成果。

【注意】财务指标分析法实质上是将影响财务状况的两个相关因素联系起来,通过计算比率,反映它们之间的关系,借以评价企业财务状况和经营状况的一种财务分析方法。

根据会计报表计算的财务指标一般有三类:①反映企业偿还能力的财务比率,如流动比率、速动比率和负债比率等;②反映企业获利能力的财务比率,如资产利润率和销售利润率和每股盈余等;③反映企业经营和管理效率的财务比率,如资产周转率、应收账款周转率和存货周转率等。

实际上,第③类指标既与评价企业偿债能力有关,也与评价盈利能力有关。有关财务指标的计算和分析,我们将在本书后面的内容中介绍。

四、对比分析法

对比分析法(Comparative Analysis)是将会计报表中的某些项目或财务指标与另外的相关资料相比较,以说明、评价企业的财务状况、经营成果的一种常用报表评价、分析方法。孤立地看单个会计报表项目或单个财务比率,不能说明什么问题,只有将其与另外可比的相关数据对比时,才能评价其好坏。会计报表的对比分析需要企业数据与财务分析评价基准作比较,财务分析评价基准就是在一定的评价目标下,人为设定的划分评价对象的财务标准,主要包括以下几个方面:

(一)经验基准

经验标准是指依据大量的长期日常观察和实践形成的基准,该基准的形成一般没有理论支撑,只是简单地依据事实现象归纳的结果。其优点是比较简单。其缺点是任何经验都只是在某一行业的某一时间段成立。

(二)行业基准

行业基准是指行业内所有企业某个相同财务指标的平均水平或者是较优水平。其优点是便于比较。其缺点是尽管行业内的企业可比性较强,但是很难找到两个经营业务完全一致的企业,即使行业内企业经营业务相同,也可能存在会计处理方法上的不同,在使用时需要考虑是否应调整不同企业间的会计政策差异。

(三)历史基准

历史基准是指本企业在过去某段时期内的实际值,根据需要,可以选择历史平均值,也可以选择最佳值作为基准。其优点是可比性强,可以使企业较为明显地观察出自身的变动情况,明了本企业在最近时期的经营得失。其缺点是即使企业的比较结果超越历史,也不能说明企业已经处在一个经营优良的状况,当企业发生重组和变更时,历史基准的可比性就会严重下降,原有的财务数据已经不能为今所用。对于新成立的企业,没有历史基准可用。

(四)目标基准

目标基准是指财务分析人员综合企业历史财务数据和现实经济状况提出的理想标准,在财务分析实践中,一般使用财务预算作为目标基准。其优点是此类基准一般为企业内部分析人员评价考核的指标,数据取得比较方便。其缺点是企业预算作为内部信息不对外公布,因此外部财务分析人员无法取得和使用,企业预算带有一定的主观人为因素,且很难随着经济环境的变动而调整,其客观性和可靠性可能存在一定问题。

【提示】各种财务分析评价基准各有不同的优缺点,在实践中应该根据企业的实际情况选择使用。

五、因素分析法

因素分析法(Factor Analysis)是通过分析影响财务指标的各项因素并计算其对指标的影响程度,来说明本期实际与计划或基期相比财务指标变动或差异的主要原因的一种分析方法。因素分析法适用于多种因素构成的综合性指标的分析,如成本、利润和资产周转等方面的指标。

运用因素分析法的一般程序如下:①确定某项指标由哪几个因素构成;②确定各个因素与该指标的关系;③采用适当方法分解因素;④计算确定各个因素影响的程度数额。

如果各项因素与某项指标的关系为加或减的关系时,可采用因素列举法。

例如,某财务指标 x,由 a 和 b 两个因素构成,为相加关系,即 $x=a+b$。实际数与计划数的差异为 y。

设计划数为 x_0:

$$x_0=a_0+b_0$$

本期实际数为 x_1:

$$x_1=a_1+b_1$$

实际数与计划数的差异 $y=x_1-x_0$,则 a 和 b 两因素对指标的影响程度分别为:a 因素的影响程度为 a_1-a_0;b 因素的影响程度为 b_1-b_0。

如果各项因素与某项指标的关系为乘或除的关系时,可采用连环替代法。连环替代法是根据指标构成因素的顺序逐次替代计算,以确定各因素对指标影响程度的方法。

例如,假设某项指标 f 由 a、b 和 c 三个因素构成,即 $f=a \cdot b \cdot c$。本期数 f_1 与基期数 f_0 的差异为 $D=f_1-f_0$。运用连环替代法,影响因素 a、b、c 各自的影响程度可逐项替代计算如下:

$$\left.\begin{array}{l}f_0=a_0 \cdot b_0 \cdot c_0 \\ f_1=a_1 \cdot b_0 \cdot c_0\end{array}\right\} f_1-f_0=d_1 \cdots\cdots a$$

$$\left.\begin{array}{l}f_1=a_1 \cdot b_0 \cdot c_0 \\ f_2=a_1 \cdot b_1 \cdot c_0\end{array}\right\} f_2-f_1=d_2 \cdots\cdots b$$

$$\left.\begin{array}{l}f_2=a_1 \cdot b_1 \cdot c_0 \\ f_3=a_1 \cdot b_1 \cdot c_1\end{array}\right\} f_3-f_2=d_3 \cdots\cdots c$$

$$D=d_1+d_2+d_3$$

【注意】实际工作中,财务分析往往是以上几种基本分析方法的结合运用。几种分析方法互相结合、互相补充、互相印证,才能使我们从财务报表中对企业的财务状况、经营和管理情况、经营成果,以及未来发展的可能情况,获得较为全面和深入的了解,为制定各种经济决策提供可靠的依据。

任务五 财务报表分析应注意的问题

财务分析工作错综复杂,对财务管理人员的素质要求很高,对一些财务问题的理解和认识,往往因人的素质不同而得出不同的结论。因此,分析时应注意以下问题:

一、企业内部财务人员在分析时应注意的问题

(一)要注意对会计报表的理解

会计报表分析的目的是要用简单明了的数据,表明企业的真实财务状况和经营业绩。因此,企业进行内部的会计报表分析时,不能简单依靠公开发表的会计报表。这主要是基于以下两点考虑:

(1)公开发表的会计报表需按公认的会计准则和财务通则提供数据资料,有些数据经调整后不能直接、全面反映企业的现实情况。

(2)会计报表的数据只能反映企业的过去情况,不能预测未来。这就要求企业内部的有关人员提供更多的内部直接数据资料和企业未来计划或预测数据。

(二)要注意数据资料的可靠性

企业的财务分析必须建立在比较健全的会计制度和财务管理组织机构的基础上,这样才能为分析提供比较可靠的数据资料。否则,由于提供的数据资料不充分、不准确,致使所进行的会计报表分析出现判断错误和决策失误。

(三)要注意正确使用分析的标准

财务分析过程中不仅要以本企业的历史情况作为分析的标准,而且应以同行业的情况和本地区的平均水平作为标准。同时注意,不要以几个简单的数字或比率做出武断的评价。

二、企业外部有关人员在分析时应注意的问题

(一)要估计企业提供信息的准确性

由于外部人员只能根据企业提供的会计报表进行分析,因此,应仔细检查供会计报表分析的各指标、项目是否准确,确无弄虚作假情况后方能作为分析的依据。

此外,对于账簿体系和会计报表指标不够完善的企业,应首先对其提供信息的准确性加以估计和判断,在此基础上再进行分析。

(二)不能只注重定量分析,要对有关定性分析的结论给予充分的考虑

财务分析只能反映企业已发生的经济活动和经营业绩,不能直接反映产品的质量、设备性能、职工工作态度等定性情况。因此,在分析时应对上述因素给予充分的考虑。

(三)应注意选择适宜的分析方法

在财务分析过程中,应根据企业的生产经营类别、生产规模、分析目的和问题的重点,恰当地选用适宜的分析方法。在进行分析时,还应确定一个分析顺序,逐步分析,揭示主要的问题。

(四)要注意对财务比率的评价

财务分析的重点不是计算财务比率,而是将财务比率作为暴露企业问题的线索。计算出来的各种财务比率要加工整理,进行综合分析,如有不正常情况,应进一步核实,查找原因。

项目练习

一、单项选择题

1. 企业的经营者为了寻求经营管理信息而进行的分析属于(　　)。
   A. 内部分析　　　B. 外部分析　　　C. 流动性分析　　　D. 收益性分析
2. 企业的财务报表分析往往是以(　　)为中心展开的。
   A. 内部分析　　　B. 外部分析　　　C. 流动性分析　　　D. 收益性分析
3. 对于必须使用的非常规指标,则应在评估报告中对该指标的意义、计算方法等予以说明,以免各决策主体误解,体现财务报表分析的(　　)。
   A. 客观性原则　　B. 可比性原则　　C. 充分性原则　　D. 可理解性原则
4. 制订财务分析计划的前提是(　　)。
   A. 明确分析目的　B. 收集分析信息　C. 整理分析资料　D. 把握分析原则
5. 用以说明、评价企业的财务状况和经营成果的一种常用报表评价、分析方法是(　　)。
   A. 趋势分析法　　B. 因素分析法　　C. 对比分析法　　D. 结构分析法

二、多项选择题

1. 财务报表分析的特点有(　　)。

A. 事后分析　　　　B. 事中分析　　　　C. 数据分析　　　　D. 结果确切性
2. 财务分析根据分析者的不同可分为(　　)。
A. 内部分析　　　　B. 外部分析　　　　C. 流动性分析　　　D. 收益性分析
3. 财务分析根据分析的目的不同可分为(　　)。
A. 内部分析　　　　B. 外部分析　　　　C. 流动性分析　　　D. 收益性分析
4. 财务分析的原则有(　　)。
A. 客观性原则　　　B. 可比性原则　　　C. 充分性原则　　　D. 可理解性原则
5. 财务报表分析的基本方法主要有(　　)。
A. 趋势分析法　　　B. 结构分析法　　　C. 财务指标分析法　D. 比较分析法

三、判断题

1. 财务报表分析是投资者和潜在投资者进行投资决策的主要工具。（　　）
2. 偿债能力和发展能力是企业财务评价的两大基本指标。（　　）
3. 从外部看，财务报表分析主体主要是经营管理者。（　　）
4. 财务报表分析是以财务报告为基础的事前分析。（　　）
5. 趋势分析和结构分析的结果可以用统计图表的形式予以直观地反映。（　　）

四、分析题

1. 某公司连续五年的销售收入金额与净利润金额如表1—24所示：

表1—24　　　　　　　　　　　　　　　　　　　　　　　　　　　　　　　单位：万元

项　目	2018年	2019年	2020年	2021年	2022年
销售收入	4 500	5 000	5 000	5 833	7 200
净利润	450	500	400	700	900

要求：
(1)编制该公司的销售收入和净利润趋势表，并进行分析。
(2)说明基年选择应注意的问题。

2. 假定A产品的直接材料费用等有关资料如表1—25所示：

表1—25　　　　　　　　　　　A产品直接材料费用

项　目	产品产量(件)	单位产品消耗量(千克)	材料价格(元)	材料费用总额(元)
计划费用	100	20	15	30 000
实际费用	120	18	20	43 200
差异				+13 200

要求：采用因素分析法计算各因素对产品直接材料费用的影响程度。

3. 某企业生产丙产品，其产品单位成本如表1—26所示。

表1-26　　　　　　　　　　　　　　丙产品单位成本　　　　　　　　　　　　　单位:元

成本项目	上年度实际		本年度实际	
直接材料	86		89	
直接人工	20		27	
制造费用	24		17	
产品单位成本	130		133	
补充明细项目	单位用量	金额	单位用量	金额
直接材料:A	12	36	11	44
B	10	50	10	45
直接人工工时	20		18	
产品产销量	200		250	

要求:

(1)用连环替代法分析单耗和单价变动对单位材料成本的影响;

(2)用差额分析法分析单位工时和小时工资率变动对单位直接人工的影响。

4.某企业2021—2022年有关总资产产值率、产品销售率、销售利润率、总资产报酬率的资料如表1-27所示:

表1-27　　　　　　　　　　　　　2021—2022年的有关资料　　　　　　　　　　　　单位:%

指　标	2022年	2021年
总资产产值率	80	82
产品销售率	98	94
销售利润率	30	22
总资产报酬率	23.52	16.96

已知:总资产报酬率=总资产产值率×产品销售率×销售利润率。

要求:分析各因素变动对总资产报酬率的影响程度。

项目二　资产负债表

● **知识目标**

　　理解：资产负债表的概念和作用；使用资产负债表的注意事项。
　　熟悉：资产负债表的结构、分析的目的和内容；资产负债表的编制原理。
　　掌握：编制资产负债表应注意的问题；资产负债表主要项目的分析内容与重点。

● **技能目标**

　　运用资产负债表的内容，进行资产负债表的编制，并对资产负债表不同项目分别进行详细分析。

● **素质目标**

　　能够对企业资产负债表及其相关资料进行整理，运用各种分析方法对企业的财务状况、资产、权益结构进行有效分析，并能根据分析结果提出改善企业经营管理的合理建议。

● **思政目标**

　　能按照资产负债表主要项目的分析内容，结合财经法规和企业要求，自主解决资产负债表业务处理中出现的常见问题。遵守财经法规，注重企业内部管理和控制；培养良好的职业道德、谨慎的工作态度，形成正确的世界观、人生观和价值观；严格执行准则制度，保证会计信息真实完整。

● **项目引例**

三房巷的资产结构分析

　　辛辛苦苦开工厂，在面临亏损、保壳等压力的时候，出售房产成为 ST 股票的首选。另外，变卖固定资产和股权也屡见不鲜。

　　江苏三房巷实业股份有限公司位于江苏省江阴市周庄镇三房巷村，成立于 1994 年，于 2003 年上市。公司以印染为主业，是国内印染行业的重要企业；同时，公司还涉足 PBT 树脂和电、蒸气业务，电、蒸气收入来自合资的江阴新源热电有限公司。

　　2018 年 12 月 3 日，三房巷与柳爱华签订了"设备销售合同"，将公司拥有的纺织生产设备中的

45台织布机(其中,360喷气织布机20台、340喷气织布机25台)出售给柳爱华,上述45台织布机账面原值1 840.19万元,账面净值427.07万元。而本次标的交易金额参考中和资产评估有限公司的评估结果,交易双方协商确定,交易金额为446万元。

资料来源:李贺、王晓佳主编:《财务报表分析》,上海财经大学出版社2020年版,第18页,有改动。

请分析:价值1 840万元的45台织布机为何被三房巷"贱卖"?

● 引例导学

2017年年末,三房巷染色、整理布业务的毛利率不到1%,换言之,三房巷的这块业务是亏损的。2018年以来,环保治理政策使得很多中小印染企业关停,三房巷这种体量大的印染企业获得了更多的产销量存活了下来;然而,越南等东南亚国家的纺织业快速崛起,市场竞争激烈,三房巷的毛利率下滑;再加上坯布、染料等成本的上涨,三房巷纺织印染业务的盈利能力堪忧。PBT工程塑料业务等也因成本上涨等因素,使得企业的盈利情况并没有明显好转。卖纺织机换来的446万元,金额并不大,但三房巷卖2亿元的棉纱也赚不了200万元。因此,贱卖织布机换来446万元是企业自救的措施。预计贱卖45台织布机只是三房巷调整企业产业结构的开端,随着后续一系列动作,该公司的资产结构将发生巨大变化。本项目将对资产负债表结构和编制进行解读。

任务一　资产负债表认知

一、资产负债表概述

资产负债表(Balance Sheet),是指反映企业在某一特定日期的财务状况的报表,是企业经营活动的静态体现。资产负债表主要反映资产、负债和所有者权益三方面的内容,并满足"资产＝负债＋所有者权益"平衡式。

(一)资产

资产(Asset)是反映由过去的交易或事项形成并由企业在某一特定日期所拥有或控制的、预期会给企业带来经济利益的资源。资产应当按照流动资产和非流动资产两大类别在资产负债表中列示,在流动资产和非流动资产类别下进一步按性质分项列示。

【注意】资产按其流动性大小或变现能力的强弱,分为流动资产和非流动资产,并在资产负债表中分项列示,流动性大、变现能力强的排列在先。

流动资产,是指预计在一个正常营业周期中变现、出售或耗用,或者主要为交易目的而持有,或者预计在资产负债表日起1年内(含1年)变现的资产,或者自资产负债表日起1年内交换其他资产或清偿负债的能力不受限制的现金或现金等价物。资产负债表中列示的流动资产项目通常包括货币资金、交易性金融资产、应收票据、应收账款、预付款项、其他应收款、存货和一年内到期的非流动资产等。

非流动资产,是指流动资产以外的资产。资产负债表中列示的非流动资产项目通常包括长期股权投资、固定资产、在建工程、无形资产、开发支出以及其他流动资产等。

(二)负债

负债(Liability)是反映在某一特定日期企业所承担的、预期会导致经济利益流出企业的现时义务。负债应当按照流动负债和非流动负债在资产负债表中进行列示,在流动负债和非流动负债类别下再进一步按性质分项列示。

【注意】负债类项目按其偿还债务时间的长短分为流动负债和非流动负债两类,并按照流动性或应偿还时间的长短排序,偿还期限短的负债类项目排列在前。

流动负债,是指预计在一个正常营业周期中清偿,或者主要为交易目的而持有,或者自资产负债表日起1年内(含1年)到期应予以清偿,或者企业无权自主地将清偿推迟至资产负债表日后1年以上的负债。资产负债表中列示的流动负债项目通常包括短期借款、应付票据、应付账款、预收款项、应付职工薪酬、应交税费、其他应付款、一年内到期的非流动负债等。

非流动负债,是指流动负债以外的负债。非流动负债项目通常包括长期借款、应付债券和其他非流动负债等。

(三)所有者权益

所有者权益(Owners' Equity)是企业资产扣除负债后的剩余权益,反映企业在某一特定日期股东(或投资者)拥有的净资产的总额。它一般按照实收资本(或股本,下同)、其他权益工具、资本公积、其他综合收益、盈余公积和未分配利润分项列示。

【注意】资产负债表中的所有者权益项目是按权益的永久程度高低排列的,永久程度高的在前,低的在后,它们依次如下:实收资本、资本公积、盈余公积和未分配利润。

二、资产负债表的作用

资产负债表能够揭示企业在报表日的财务状况,既反映企业经营活动的基础,又反映企业的规模和发展潜力,其信息是评价企业偿债能力和筹资能力的重要依据,也是预测企业未来财务状况的出发点,因此也被称为"第一报表"。资产负债表的作用具体表现为如下方面:

(一)揭示企业拥有和控制的经济资源及其分布情况

资产负债表把企业拥有和控制的经济资源——资产,按照其经济性质和用途分为流动资产、长期股权投资、固定资产、无形资产、长期待摊费用、其他非流动资产等类别,在各类别下,再分成若干项目,简明扼要地揭示了企业在某一时点资产的全貌及其占用形态和分布状况。这样,报表阅读者通过表上项目可以一目了然地了解企业资产方面的信息,有利于分析企业资产的规模和数量、质量和结构等。

(二)揭示企业的资金来源及资本结构

企业的资金来源有两方面:一是债权人提供的资金;二是所有者的出资。资本结构(Capital Structure)是指企业资金来源中负债和所有者权益的相对比例,它会影响债权人和所有者的相对风险以及企业的长期偿债能力。资产负债表按照资金来源,把企业的资金分为负债和所有者权益两大类。负债按照偿还时间的长短分列为流动负债和非流动负债,所有者权益按照永久性程度分列为实收资本、资本公积、盈余公积和未分配利润。因此,利用资产负债表可以了解企业的资金来源情况、资本结构、财务风险以及企业利用财务杠杆的能力。

(三)揭示企业的流动性及短期偿债能力

所谓流动性(Liquidity),又称变现能力,是指资产转换为现金的能力。资产转换为现金所需的时间越短,表明企业的流动性越强。资产负债表上的资产项目是按流动性排列的,负债项目又分成流动负债和非流动负债,因此可以利用资产负债表的流动资产和流动负债部分了解企业的短期偿债能力。

(四)揭示企业的经营绩效

直接表达企业经营绩效的报表是利润表,但是资产负债表为衡量企业经营效率和相对获利能力提供了基本数据。例如,反映经营效率的存货周转率,反映获利能力的资产报酬率、资本收益率等指标都需要从资产负债表中获取数据。

三、使用资产负债表的注意事项

(一)现金和其他资产

虽然资产负债表中的所有资产都用货币表示,但只有现金项目才是真正的"钱"。应收账款表示的是外界欠企业的账款;存货表示企业投放在原材料、半成品和产成品上的资产;固定资产表示企业购置厂房、设备等时所支付的款项减去累计折旧后的净值。非现金资产在未来可以变现,但目前不是现金,同时其可变现量与账面所记载的价值(账面价值)相比,可能增加,也可能会减少。

(二)负债和所有者权益

资产的要求权分两种:负债和所有者权益。资产负债表必须平衡,因此,所有者权益或净资产就是企业的资产按照其账面价值出售,并按账面价值偿还所有负债后,所有者能得到的剩余价值。如果公司资产减少,一些应收账款成了坏账,在负债不变的情况下,所有者权益就会减少。因此,企业的所有者承担了资产价值变动的风险。

(三)可选择的会计方法

不同的企业会采用不同的会计方法做账。有些企业在财务报告中用的是一种方法,在纳税或者内部报告中,用的又是另一种方法。例如,加速折旧法和直线折旧法会得出不同的利润数字,同时也会影响固定资产的账面价值。因此,在使用财务报表进行财务分析时,必须清楚财务数据背后所使用的会计方法。

(四)时间维度问题

资产负债表是对企业在某一时点的财务状况的记录,而利润表是对企业某一时期经营状况的总结。企业的资产负债表每一天都在变化,业务呈明显季节性变化的企业的资产负债表在一年内的变化尤为明显。例如,很多零售商在节日前通常有较多的存货,节后则存货减少、应收账款增加。因此,资产负债表随编制日期的不同而变化。

四、资产负债表的结构

资产负债表一般由表头、表体两部分组成。表头部分应列明报表名称、编制单位名称、资产负债表日、报表编号和计量单位;表体部分是资产负债表的主体,列示了用来说明企业财务状况的各个项目。

资产负债表有两种基本格式,即报告式资产负债表和账户式资产负债表。报告式资产负债表是上下结构,上半部列示资产,下半部列示负债和所有者权益。具体排列形式有两种:一种是按"资产=负债+所有者权益"的原理排列;另一种是按"资产-负债=所有者权益"的原理排列。账户式资产负债表是左右结构,左边列示资产,右边列示负债和所有者权益,类似"T"型账户。

在我国,资产负债表采用账户式结构,即报表分为左右两方,左方列示资产各项目,反映全部资产的分布及存在形态,一般按资产的流动性大小排列,流动性大的资产如"货币资金""交易性金融资产"等排在前面,流动性小的资产如"长期股权投资""固定资产"等排在后面;右方列示负债和所有者权益各项目,反映全部负债和所有者权益的内容及构成情况,一般按要求清偿时间的先后顺序排列,"短期借款""应付票据""应付账款"等需要在一年以内或者长于一年的一个正常营业周期内偿还的流动负债排在前面,"长期借款"等在一年以上才需偿还的非流动负债排在中间,在企业清算之前不需要偿还的所有者权益项目排在后面。

此外,为了使报表使用者比较不同时点资产负债表的数据,掌握企业财务状况的变动情况及发展趋势,企业需要提供比较资产负债表,资产负债表应就各项目再分为"年初余额"和"期末余额"两栏分别填列。

账户式资产负债表中的资产各项目的合计等于负债和所有者权益各项目的合计,即资产负债表左方和右方平衡。因此,通过账户式资产负债表,可以反映资产、负债和所有者权益之间的内在联系,即"资产=负债+所有者权益"。

我国企业资产负债表格式如表2—1所示。

表2—1　　　　　　　　　　　　　　资产负债表　　　　　　　　　　　　　　会企01表
编制单位：　　　　　　　　　　　　___年___月___日　　　　　　　　　　　　单位:万元

资　产	期末余额	上年年末余额	负债和所有者权益（或股东权益）	期末余额	上年年末余额
流动资产：			流动负债：		
货币资金			短期借款		
交易性金融资产			交易性金融负债		
衍生金融资产			衍生金融负债		
应收票据			应付票据		
应收账款			应付账款		
应收款项融资			预收款项		
预付款项			合同负债		
其他应收款			应付职工薪酬		
存货			应交税费		
合同资产			其他应付款		
持有待售资产			持有待售负债		
一年内到期的非流动资产			一年内到期的非流动负债		
其他流动资产			其他流动负债		
流动资产合计			流动负债合计		
非流动资产：			非流动负债：		
债权投资			长期借款		
其他债权投资			应付债券		
长期应收款			其中:优先股		
长期股权投资			永续债		
其他权益工具投资			租赁负债		
其他非流动金融资产			长期应付款		
投资性房地产			预计负债		
固定资产			递延收益		
在建工程			递延所得税负债		
生产性生物资产			其他非流动负债		
油气资产			非流动负债合计		
使用权资产			负债合计		

续表

资　产	期末余额	上年年末余额	负债和所有者权益（或股东权益）	期末余额	上年年末余额
无形资产			所有者权益(或股东权益):		
开发支出			实收资本(或股本)		
商誉			其他权益工具		
长期待摊费用			其中:优先股		
递延所得税资产			永续债		
其他非流动资产			资本公积		
非流动资产合计			减:库存股		
			其他综合收益		
			专项储备		
			盈余公积		
			未分配利润		
			所有者权益(或股东权益)合计		
资产总计			负债和所有者权益（或股东权益）总计		

【提示】"专项储备"项目，反映高危行业企业按国家规定提取的安全生产费的期末账面价值。该项目应根据"专项储备"科目的期末余额填列。

五、资产负债表的分析目的

(一)通过对资产负债表的分析，可以了解企业拥有或控制的能用货币表现的经济资源及其具体的分布情况

由于不同形态的资产对企业的经营活动具有不同的影响，因而对企业资产结构的分析可以从一个侧面对企业的资产质量作出一定的判断。一般来说，企业控制和运作的经济资源越多，其形成和产生新的经济利益与社会财富的能力也就越强，然而，同样的资源总量，配置结构不同，所产生的经济利益或经济效益也就不同。因此，财务报告的使用者根据它可以了解企业控制的经济资源总量，并可以分析企业资源配置结构是否合理有效及评估企业未来的发展。

(二)通过对资产负债表的分析，可以了解企业债务规模、债务结构及所有者权益的构成情况

企业的资金来自两个方面：一方面是投资人自己投入的，形成了企业的所有者权益；另一方面是向债权人借入的，形成了企业的负债。它们各占一定的比重，这就是通常所说的资本结构。一般而言，企业的所有者权益相对于负债来说规模越大，企业清偿长期债务的能力越强，企业进一步举借债务的潜力也就越大。

(三)通过对资产负债表的分析，可以了解企业财务实力、短期偿债能力和支付能力

负债既然要用资产或劳务偿还，资产与负债之间就应当有一个合理的比率关系。把流动资产、速动资产和现金资产与流动负债联系起来分析，可以评价企业的短期偿债能力。资产负债表提供了这方面的资料：它的左方，各类资产按变现能力由强到弱依次排列，右方的权益则按偿还期限由短到长依次排列。财务报表使用者利用流动资产与流动负债相比计算出的实际比率，并与合理比率相对比，用以判断企业偿还短期债务的能力。这对于企业的短期债权人尤为重要。

(四)通过对企业不同时期资产负债表的比较分析,可以了解企业未来财务状况的发展趋势

报告使用者不但需要掌握企业现时的财务状况,而且需要预测企业未来发展的趋势,为决策提供依据。可以肯定地说,企业某一特定日期的资产负债表对信息使用者的作用极其有限。只有通过对企业不同时点资产负债表的比较,才可以对企业财务状况的发展趋势作出判断。同样,通过对不同企业同一时点的资产负债表进行对比,还可以对不同企业的相对财务状况作出评价。

六、资产负债表分析的内容

(一)资产负债表结构分析

资产负债表结构分析,也称为资产负债表垂直分析,是通过编制资产负债表的结构分析表来进行纵向比较分析,将资产负债表各项目与总资产或总权益比较,计算出各项目占总体的比重,并将各项目构成与历史数据、同行业水平进行比较,分析说明企业资产结构和权益结构及其增减变动的合理程度,分析其变动的具体原因,评价企业资产结构与资本结构的适应程度。

(二)资产负债表趋势分析

资产负债表趋势分析,也称为资产负债表水平分析,是通过对企业连续两期或多期资产负债表中的数据进行比较,计算其增减变动的数额和增减变动的百分比,从而了解企业资产、负债、所有者权益项目变动的方向、数额和幅度,据以判断企业财务状况的变化趋势。

(三)资产负债表主要项目质量分析

资产负债表主要项目质量分析,是在资产负债表结构、趋势分析的基础上,对企业资产、负债和所有者权益的主要项目质量状况进行深入分析。

任务二 资产负债表编制

一、资产负债表的内容

资产负债表的内容包括表首、正表和补充资料三个部分。

(一)表首

表首部分是资产负债表的标志,应具有报表名称、编制单位、编制日期、金额单位和报表编号五个要素。资产负债表是静态报表,编制日期应填列报告期末最后一天的日期。

(二)正表

正表部分是资产负债表的主体,应按"期末余额""年初余额"分项目列示金额。资产负债表中的资产和负债应当按照流动性分别流动资产和非流动资产、流动负债和非流动负债列示。资产负债表中的所有者权益一般按照净资产的不同来源和特定用途进行分类,应当按照实收资本(或股本)、其他权益工具、资本公积、其他综合收益、盈余公积、未分配利润等项目分项列示。

(三)补充资料

在资产负债表的下端,可以根据行业特点和报表充分揭示的需要,列有补充资料。补充资料是报表附注的重要内容,主要反映一些报表使用者需要了解,但是在报表的基本部分无法反映或难以单独反映的信息内容。它是对资产负债表的直接补充说明,其目的是帮助报表使用者更好地阅读、理解报表项目,分析企业财务状况。

二、资产负债表的编制原理

资产、负债、所有者权益这三个要素是企业财务状况的静态反映,被称为资产负债表要素。三者形成了反映特定日期财务状况的平衡公式:资产＝负债＋所有者权益。

资产负债表遵循了"资产＝负债＋所有者权益"这一会计恒等式,把企业在特定时日所拥有的经济资源和与之相对应的企业所承担的债务及偿债以后属于所有者的权益充分反映出来。因此,资产负债表应当分别列示资产总计项目和负债与所有者权益之和的总计项目,并且这两者的金额应当相等。

【学中做 2－1】 （单项选择题）资产负债表的编制理论依据是(　　)。
A. 收入－费用＝利润　　　　　　　B. 资金占用＝资金来源
C. 资产＝负债＋所有者权益　　　　D. 资产＝负债＋所有者权益＋(收入－费用)

三、编制资产负债表应注意的问题

(一)注意会计账户与报表项目的对应关系

资产负债表各项目与会计账户的名称并非固定地一一对应,有的报表项目根据某一账户的余额直接填列,如"短期借款"项目;有的报表项目根据几个账户余额分析计算填列,如"应收票据及应收账款"项目;有的报表项目根据几个账户的余额合计填列,如"存货"项目。因此,在填制资产负债表时,要严格按照编制说明的要求进行,保证财务报表的客观真实。

(二)资产价值必须按实际成本反映

在会计核算中,由于经济业务繁简不一,会计处理方法也有可供选择的余地,但在编制资产负债表时,不管企业的会计核算采用何种方法,资产的价值必须按实际成本反映。例如,对存货采用计划成本法进行日常核算的企业,在填列资产负债表时,应注意采用"材料成本差异"账户将存货的计划成本调整为实际成本进行反映。

(三)注意准确运用数字符号

编制资产负债表时,要注意数字符号的正确选用,若选用得当,能准确、完整地反映企业的财务状况;若选用不当,则可能引起对财务状况的误解。凡是某报表项目没有对应项目的,该项目所出现的相反方向余额,应以"－"号填列在资产负债表中。例如,"应付职工薪酬""应交税费"等账户若出现借方余额时,均应以"－"号填入报表的相应项目内。凡是某项目有对应项目的,该项目所出现的相反方向余额,在对应项目中反映,不以"－"号反映,这些项目包括"应收票据及应收账款""预收账款""应付票据及应付账款""预付账款"。例如,"预收账款"项目,原本属于负债类项目,反映企业预收购货单位的购货款,一般根据"预收账款"账户贷方余额转入资产负债表的"预收款项"项目内,但如果企业实际销售的商品款项大于实收的预收账款,则"预收账款"账户会出现借方余额,那么,预收账款的借方余额应填入相应的"应收票据及应收账款"项目内,而不应以"－"号填入"预收款项"项目反映。

(四)注意不包括在资产负债表中的项目

资产是指过去的交易或事项形成并由企业拥有或者控制的资源,该资源预期会给企业带来经济利益。按照资产的定义,能给企业带来经济利益是资产的主要特征,不能给企业带来经济利益的资产不应反映在企业的资产负债表中。因此,"待处理财产损溢"账户余额不在资产负债表中反映,若企业期末该账户中仍有未转销的余额,应及时报批处理,然后才能编制资产负债表。

四、资产负债表的编制方法

(一)"年初余额"栏的填列方法

资产负债表"年初余额"栏内各项目数字,应根据上年年末资产负债表"期末余额"栏内所列数字填列。如果本年度资产负债表规定的项目名称和内容与上年度不一致,应对上年年末资产负债表相关项目的名称和数字按照本年度的规定进行调整,填入"年初余额"栏内;如果企业发生了会计政策变更、前期差错更正,应当对"年初余额"栏中的有关项目进行相应调整。

(二)"期末余额"栏的填列方法

企业应当根据资产、负债和所有者权益类账户的期末余额填列资产负债表"期末余额"栏,具体方法如下:有的项目直接根据总账账户余额填列;有的项目根据若干个总账账户余额合计数填列;有的项目直接根据明细账户余额填列;有的项目根据总账账户和明细账户的余额分析填列;有的项目根据总账账户和其备抵账户抵销后的净额填列;有些项目综合运用上述填列方法分析填列。

1. 资产项目

(1)"货币资金"项目,反映企业库存现金、银行结算户存款、外埠存款、银行汇票存款、银行本票存款、信用卡存款、信用证保证金存款、存出投资款等的合计数。本项目应根据"库存现金""银行存款""其他货币资金"账户的期末余额合计数填列。

(2)"交易性金融资产"项目,反映资产负债表日企业分类为以公允价值计量且其变动计入当期损益的金融资产,以及企业持有的直接指定为以公允价值计量且其变动计入当期损益的金融资产的期末账面价值。该项目应根据"交易性金融资产"账户的相关明细账户期末余额分析填列。自资产负债表日起超过1年到期且预期持有超过1年的以公允价值计量且其变动计入当期损益的非流动金融资产的期末账面价值,在"其他非流动金融资产"项目反映。

(3)"应收票据"项目,反映资产负债表日以摊余成本计量的,企业因销售商品、提供服务等收到的商业汇票,包括银行承兑汇票和商业承兑汇票。该项目应根据"应收票据"账户的期末余额,减去"坏账准备"账户中相关坏账准备期末余额后的金额分析填列。

(4)"应收账款"项目,反映资产负债表日以摊余成本计量的,企业因销售商品、提供服务等经营活动应收取的款项。该项目应根据"应收账款"账户的期末余额,减去"坏账准备"账户中相关坏账准备期末余额后的金额分析填列。

(5)"应收款项融资"项目,反映资产负债表日以公允价值计量且其变动计入其他综合收益的应收票据和应收账款等。

(6)"预付款项"项目,反映企业按照合同规定预付的款项。本项目应根据"预付账款""应付账款"账户所属各明细账户的期末借方余额合计数,减去"坏账准备"账户中有关预付账款计提的坏账准备期末余额后的净额填列。如"预付账款"账户所属有关明细账户期末有贷方余额的,应在本表"应付账款"项目内填列。

(7)"其他应收款"项目,应根据"应收利息""应收股利""其他应收款"账户的期末余额合计数,减去"坏账准备"账户中相关坏账准备期末余额后的金额填列。其中的"应收利息"账户仅反映相关金融工具已到期可收取但于资产负债表日尚未收到的利息。基于实际利率法计提的金融工具的利息应包含在相应金融工具的账面余额中。

(8)"存货"项目,反映企业期末在库、在途和在加工中的各项存货的可变现净值或成本,包括各种材料、商品、在产品、半成品、周转材料、发出商品、委托代销商品等。本项目应根据"原材料""材料采购""周转材料""库存商品""发出商品""委托加工物资""委托代销商品""生产成本""受托代销商品"等账户的期末余额合计,减去"受托代销商品款""存货跌价准备"账户期末余额后的净额填列。材料采用计划成本核算,以及库存商品采用计划成本或售价核算的企业,还应按加或减材料成本差异、商品进销差价后的金额填列。

(9)"合同资产"项目,反映企业已向客户转让商品而有权收取对价的权利。本项目应根据"合同资产"账户的相关明细账户期末余额分析填列。如果同一合同下的合同资产和合同负债应当以净额列示,其中净额为借方余额的,应当根据其流动性在"合同资产"或"其他非流动资产"项目中填列,已计提减值准备的,还应减去"合同资产减值准备"账户中相关的期末余额后的金额填列;其中净额为贷方余额的,应当根据其流动性在"合同负债"或"其他非流动负债"项目中填列。

(10)"持有待售资产"项目,反映资产负债表日划分为持有待售类别的非流动资产及划分为持有待售类别的处置组中的流动资产和非流动资产的期末账面价值。该项目应根据"持有待售资产"账户的期末余额,减去"持有待售资产减值准备"账户的期末余额后的金额填列。

(11)"一年内到期的非流动资产"项目,反映企业将于1年内到期的非流动资产项目金额。本项目应根据相关的非流动资产账户期末余额分析填列。

(12)"债权投资"项目,反映资产负债表日企业以摊余成本计量的长期债权投资的期末账面价值。该项目应根据"债权投资"账户的相关明细账户期末余额,减去"债权投资减值准备"账户中相关减值准备的期末余额后的金额分析填列。自资产负债表日起1年内到期的长期债权投资的期末账面价值,在"一年内到期的非流动资产"项目反映。企业购入的以摊余成本计量的一年内到期的债权投资的期末账面价值,在"其他流动资产"项目反映。

(13)"其他债权投资"项目,反映资产负债表日企业分类为以公允价值计量且其变动计入其他综合收益的长期债权投资的期末账面价值。该项目应根据"其他债权投资"账户的相关明细账户期末余额分析填列。自资产负债表日起1年内到期的长期债权投资的期末账面价值,在"一年内到期的非流动资产"项目反映。企业购入的以公允价值计量且其变动计入其他综合收益的1年内到期的债权投资的期末账面价值,在"其他流动资产"项目反映。

(14)"长期应收款"项目,反映企业融资租赁产生的应收款项、采用递延方式具有融资性质的销售商品和提供劳务等产生的应收款项。本项目应根据"长期应收款"账户的期末余额,减去相应的"未实现融资收益"账户和"坏账准备"账户中有关长期应收款计提的坏账准备期末余额后的净额填列。

(15)"长期股权投资"项目,反映企业持有的对子公司、联营企业和合营企业的权益性投资。本项目应根据"长期股权投资"账户的期末余额,减去"长期股权投资减值准备"账户期末余额后的净额填列。

(16)"其他权益工具投资"项目,反映资产负债表日企业指定为以公允价值计量且其变动计入其他综合收益的非交易性权益工具投资的期末账面价值。该项目应根据"其他权益工具投资"账户的期末余额填列。

(17)"投资性房地产"项目,反映企业为赚取租金或资本增值,或两者兼有而持有的房地产的成本或公允价值,包括已出租的土地使用权、持有并准备增值后转让的土地使用权及已出租的建筑物等。本项目应根据"投资性房地产"账户的期末余额,减去"投资性房地产累计折旧(摊销)"和"投资性房地产减值准备"账户期末余额后的净额填列。

(18)"固定资产"项目,反映资产负债表日企业固定资产的期末账面价值和企业尚未清理完毕的固定资产清理净损益。该项目应根据"固定资产"账户的期末余额,减去"累计折旧"和"固定资产减值准备"账户的期末余额后的金额,以及"固定资产清理"账户的期末余额填列。

(19)"在建工程"项目,反映资产负债表日企业尚未达到预定可使用状态的在建工程的期末账面价值和企业为在建工程准备的各种物资的期末账面价值。该项目应根据"在建工程"账户的期末余额,减去"在建工程减值准备"账户的期末余额后的金额,以及"工程物资"账户的期末余额,减去"工程物资减值准备"账户的期末余额后的金额填列。

(20)"使用权资产"项目,反映资产负债表日承租人企业持有的使用权资产的期末账面价值。该项目应根据"使用权资产"账户的期末余额,减去"使用权资产累计折旧"和"使用权资产减值准备"账户的期末余额后的金额填列。

(21)"无形资产"项目,反映企业持有的各项无形资产。本项目应根据"无形资产"账户的期末余额,减去"累计摊销"和"无形资产减值准备"账户期末余额后的净额填列。

(22)"开发支出"项目,反映企业开发无形资产过程中发生的能够资本化形成无形资产成本的支出。本项目应根据"研发支出"账户中所属的"资本化支出"明细账户期末余额填列。

(23)"长期待摊费用"项目,反映企业已经发生但应由本期和以后各期负担的分摊期限在1年以上的各种费用,如以经营租赁方式租入固定资产的改良支出等。本项目应根据"长期待摊费用"账户的期末余额,减去将于1年内(含1年)摊销的数额之后的金额分析填列。长期待摊费用中在1年内(含1年)摊销的部分,在本表"一年内到期的非流动资产"项目填列。

(24)"递延所得税资产"项目,反映企业确认的可抵扣暂时性差异产生的递延所得税资产。本项目应根据"递延所得税资产"账户的期末借方余额填列。

(25)"其他非流动资产"项目,反映企业除以上非流动资产以外的其他长期资产。本项目应根据有关账户的期末余额填列。

2. 负债项目

(1)"短期借款"项目,反映企业向银行或其他金融机构等借入的期限在1年以下(含1年)的借款。本项目应根据"短期借款"账户的期末余额填列。

(2)"交易性金融负债"项目,反映资产负债表日企业承担的交易性金融负债,以及企业持有的直接指定为以公允价值计量且其变动计入当期损益的金融负债的期末账面价值。该项目应根据"交易性金融负债"账户的相关明细账户期末余额填列。

(3)"应付票据"项目,反映资产负债表日以摊余成本计量的,企业因购买材料、商品和接受服务等开出、承兑的商业汇票,包括银行承兑汇票和商业承兑汇票。该项目应根据"应付票据"账户的期末余额填列。

(4)"应付账款"项目,反映资产负债表日以摊余成本计量的,企业因购买材料、商品和接受服务等经营活动应支付的款项。该项目应根据"应付账款"和"预付账款"账户所属的相关明细账户的期末贷方余额合计数填列。

(5)"预收款项"项目,反映企业按合同规定预收的款项。本项目应根据"预收账款"和"应收账款"账户所属各有关明细账户的期末贷方余额合计数填列。如"预收账款"账户所属明细账户期末有借方余额的,应在本表"应收账款"项目内填列。

(6)"合同负债"项目,反映企业已收或应收客户对价而应向客户转让商品的义务。本项目应根据"合同负债"账户的相关明细账户期末余额分析填列。如果同一合同下的合同资产和合同负债应当以净额列示,其中净额为贷方余额的,应当根据其流动性在"合同负债"或"其他非流动负债"项目中填列。

(7)"应付职工薪酬"项目,反映企业将于资产负债表日后12个月内支付的职工薪酬。本项目应根据"应付职工薪酬"账户明细账户的期末贷方余额分析填列。企业将于资产负债表日起12个月之后支付的职工薪酬应在本表中的非流动负债中反映。如"应付职工薪酬"账户期末为借方余额,以"一"号填列。

(8)"应交税费"项目,反映企业按照税法规定计算应缴纳的各种税费。企业代扣代交的个人所得税,也通过本项目列示。本项目应根据"应交税费"账户的期末贷方余额填列,如"应交税费"账户期末为借方余额,以"一"号填列。

【提示】"应交税费"账户下的"应交增值税""未交增值税""待抵扣进项税额""待认证进项税额"等明细账户期末借方余额应根据情况,在"其他流动资产"或"其他非流动资产"项目列示;"应交税费"账户下的"待转销项税额"等明细账户期末贷方余额应根据情况,在"其他流动负债"或"其他非流动负债"项目列示;"应交税费"账户下的"未交增值税""简易计税""转让金融商品应交增值税""代扣代交增值税"等明细账户期末贷方余额在"应交税费"项目列示。

(9)"其他应付款"项目,应根据"应付利息""应付股利""其他应付款"账户的期末余额合计数填列。其中的"应付利息"账户仅反映相关金融工具已到期应支付但于资产负债表日尚未支付的利息。基于实际利率法计提的金融工具的利息应包含在相应金融工具的账面余额中。

(10)"持有待售负债"项目,反映资产负债表日处置组中与划分为持有待售类别的资产直接相关的负债的期末账面价值。该项目应根据"持有待售负债"账户的期末余额填列。

(11)"租赁负债"项目,反映资产负债表日承租人企业尚未支付的租赁付款额的期末账面价值。该项目应根据"租赁负债"科目的期末余额填列。自资产负债表日起1年内到期应予以清偿的租赁负债的期末账面价值,在"一年内到期的非流动负债"项目反映。

(12)"一年内到期的非流动负债"项目,反映企业核算的非流动负债在资产负债表日后1年内到期部分的金额。本项目应根据相关的非流动负债账户期末余额分析填列。

(13)"长期借款"项目,反映企业向银行或其他金融机构借入的期限在1年以上(不含1年)的借款。本项目应根据"长期借款"账户的期末余额填列。

(14)"应付债券"项目,反映企业为筹集长期资金而发行的债券。本项目应根据"应付债券"账户的期末余额填列。本项目下的"优先股"和"永续债"两个项目,分别反映企业发行的分类为金融负债的优先股和永续债的账面价值。

(15)"长期应付款"项目,反映资产负债表日企业除长期借款和应付债券以外的其他各种长期应付款项的期末账面价值。该项目应根据"长期应付款"账户的期末余额,减去相关的"未确认融资费用"账户的期末余额后的金额,以及"专项应付款"账户的期末余额填列。

(16)"预计负债"项目,反映企业根据或有事项等相关准则确认的各项预计负债,包括对外提供担保、未决诉讼、产品质量保证、重组义务、亏损性合同等预计负债。本科目可按形成预计负债的交易或事项进行明细核算。

(17)"递延收益"项目,反映尚待确认的收入或收益。本项目中摊销期限只剩1年或不足1年的,或预计在1年内(含1年)进行摊销的部分,不得归类为流动负债,仍在该项目中填列,不转入"一年内到期的非流动负债"项目。

(18)"递延所得税负债"项目,反映企业已确认的应纳税暂时性差异产生的递延所得税负债。本项目应根据"递延所得税负债"账户的期末余额填列。

(19)"其他非流动负债"项目,反映企业除以上非流动负债项目以外的其他非流动负债。本项目应根据有关账户的期末余额填列。如其他非流动负债价值较大的,应在会计报表附注中披露其内容和金额。

上述非流动负债各项目中将于1年内(含1年)到期的非流动负债,应在"一年内到期的非流动负债"项目内单独反映。上述非流动负债各项目均应根据有关账户期末余额减去将于1年内(含1年)到期的非流动负债后的金额填列。

3. 所有者权益项目

(1)"实收资本(或股本)"项目,反映企业各投资者实际投入的资本(或股本)总额。本项目应根据"实收资本"(或"股本")账户的期末余额填列。

(2)"其他权益工具"项目,反映企业发行的除普通股以外分类为权益工具的金融工具的账面价值。本项目应根据"其他权益工具"账户的期末余额填列。本项目下的"优先股"和"永续债"两个项目,分别反映企业发行的分类为权益工具的优先股和永续债的账面价值。

(3)"资本公积"项目,反映企业资本公积的期末余额。本项目应根据"资本公积"账户的期末余额填列。

(4)"专项储备"项目,反映高危行业企业按国家规定提取的安全生产费的期末账面价值。本项目应根据"专项储备"科目的期末余额填列。

(5)"其他综合收益"项目,反映企业根据企业会计准则规定未在当期损益中确认的各项利得和损失的期末余额。本项目应根据"其他综合收益"账户的期末余额填列。

(6)"盈余公积"项目,反映企业盈余公积的期末余额。本项目应根据"盈余公积"账户的期末余额填列。

(7)"未分配利润"项目,反映企业尚未分配的利润。本项目应根据"本年利润"账户和"利润分配"账户的余额计算填列。未弥补的亏损在本项目内以"-"号填列。

五、编制资产负债表举例

【做中学2-1】 海达股份有限公司资料如下:

1. 该公司为增值税一般纳税人,增值税税率为13%,适用的企业所得税税率为25%。该公司2021年12月31日的资产负债表(年初余额略)如表2-2所示。

表2-2　　　　　　　　　　　　　　　资产负债表　　　　　　　　　　　　　　　会企01表

编制单位:海达股份有限公司　　　　　　2021年12月31日　　　　　　　　　　　　单位:元

资　产	期末余额	年初余额	负债和所有者权益 (或股东权益)	期末余额	年初余额
流动资产:			流动负债:		
货币资金	1 641 800		短期借款	600 000	
交易性金融资产	120 000		交易性金融负债		
衍生金融资产			衍生金融负债		
应收票据	468 000		应付票据	234 000	
应收账款	1 000 000		应付账款	1 560 000	
应收款项融资			预收款项		
预付款项	400 000		合同负债		
其他应收款	420 000		应付职工薪酬	202 000	
存货	1 960 000		应交税费	38 000	
合同资产			其他应付款	42 000	
持有待售资产			持有待售负债		
一年内到期的非流动资产			一年内到期的非流动负债	600 000	
其他流动资产			其他流动负债		
流动资产合计	6 009 800		流动负债合计	3 276 000	
非流动资产:			非流动负债:		
债权投资			长期借款	1 400 000	
其他债权投资			应付债券		
长期应收款			其中:优先股		

续表

资产	期末余额	年初余额	负债和所有者权益（或股东权益）	期末余额	年初余额
长期股权投资	500 000		永续债		
其他权益工具投资			租赁负债		
其他非流动金融资产			长期应付款		
投资性房地产			预计负债		
固定资产	2 500 000		递延收益		
在建工程	1 320 000		递延所得税负债		
生产性生物资产			其他非流动负债		
油气资产			非流动负债合计	1 400 000	
使用权资产			负债合计	4 676 000	
无形资产	600 000		所有者权益（或股东权益）：		
开发支出			实收资本（或股本）	6 000 000	
商誉			其他权益工具		
长期待摊费用	160 000		其中：优先股		
递延所得税资产			永续债		
其他非流动资产			资本公积	13 800	
非流动资产合计	5 080 000		减：库存股		
			其他综合收益		
			专项储备		
			盈余公积	200 000	
			未分配利润	200 000	
			所有者权益（或股东权益）合计	6 413 800	
资产总计	11 089 800		负债和所有权权益（或股东权益）总计	11 089 800	

2. 海达股份有限公司2021年年末的货币资金构成为银行存款1 600 000元、库存现金41 800元；存货构成为在途物资200 000元、原材料1 100 000元、库存商品560 000元、包装物及低值易耗品100 000元；"坏账准备"科目余额为50 000元；长期待摊费用160 000元为尚未摊销的经营租入固定资产改良支出；固定资产余额为3 000 000元，累计折旧余额为500 000元；无形资产余额为720 000元，累计摊销为120 000元。2021年年末应交税费余额全部为未交的增值税。

3. 海达股份有限公司2022年发生的经济业务如下：

(1) 收到银行通知，支付到期的银行承兑汇票234 000元。

(2) 购入原材料一批，收到的增值税专用发票上注明材料价款300 000元，增值税39 000元，款项已经支付，材料尚未入库。

(3) 收到原材料一批，实际成本200 000元，款项已于上期支付。

(4) 销售产品一批，开出的增值税专用发票上注明销售价款800 000元，增值税104 000元，货款尚未收到。该批产品的成本为480 000元。

(5)处置账面余额为 120 000 元的交易性金融资产,款项 140 720 元,已存入银行。

(6)购入不需要安装的生产设备一台,增值税专用发票上列明设备价款 160 000 元,增值税 20 800 元,包装费、运杂费等 2 000 元。款项均已支付。

(7)基本生产车间报废一台设备,原价 44 000 元,已提折旧 41 800 元。清理费用 1 000 元,残料变价收入 4 000 元,均以银行存款收付。该项清理工作已经结束。

(8)销售产品一批,开出的增值税专用发票上注明销售价款 1 200 000 元,增值税 156 000 元,款项已经存入银行。该批产品的成本为 720 000 元。

(9)一张面值为 468 000 元的不带息银行承兑汇票到期,收到银行通知,款项已入账。

(10)被投资单位宣告发放现金股利 50 000 元(该项投资用成本法核算,对方单位企业所得税税率为 25％);收到现金股利 50 000 元。

(11)因生产经营需要,从银行取得 1 年期借款 800 000 元,款项已存入银行。

(12)提取本期应计利息 80 000 元。其中,短期借款利息 30 000 元、长期借款利息 50 000 元。由于不符合资本化条件,全部列入当期损益。

(13)归还短期借款本金 600 000 元,利息 30 000 元,利息已经预提。

(14)通过银行转账发放职工工资 800 000 元。

(15)分配本期职工工资 800 000 元。其中,生产工人工资 520 000 元、车间管理人员工资 32 000 元、行政管理人员工资 48 000 元、在建工程人员工资 200 000 元。

(16)提取职工养老保险费 112 000 元。其中,生产工人养老保险费 72 800 元、车间管理人员养老保险费 4 480 元、行政管理人员养老保险费 6 720 元、在建工程人员养老保险费 28 000 元。

(17)基本生产车间领用产品生产所需原材料 1 200 000 元,领用低值易耗品 60 000 元。低值易耗品采用一次摊销法摊销。

(18)摊销无形资产 60 000 元。

(19)摊销租入固定资产改良支出 160 000 元。其中,生产车间 140 000 元、企业管理部门 20 000 元。

(20)计提固定资产折旧 180 000 元。其中,生产车间用固定资产 150 000 元、企业管理部门用固定资产 30 000 元。计提固定资产减值准备 40 000 元。

(21)收到应收账款 468 000 元。

(22)年末,对应收账款计提坏账准备 4 000 元。

(23)用银行存款支付广告费 40 000 元。

(24)销售产品一批,开出的增值税专用发票上注明的销售价款为 1 000 000 元,增值税 130 000 元;收到不带息商业汇票一张,产品成本为 600 000 元。

(25)归还长期借款本息 600 000 元。

(26)本期销售应缴纳的教育费附加为 10 000 元,用银行转账缴纳教育费附加;缴纳本期增值税 200 000 元;缴纳前期欠缴增值税 38 000 元。期末结转应交增值税。

(27)结转本期制造费用 386 480 元、完工产品成本 2 179 280 元(假设没有期初在产品,本期生产的产品全部完工)。

(28)期末,一次结转本期产品销售成本 1 800 000 元。

(29)计算本年利润总额,假定年末应收账款账面价值小于其计税基础 4 000 元,固定资产账面价值小于其计税基础 40 000 元,其他资产、负债账面价值均与计税基础一致。计算应纳税所得额及应交所得税,核算所得税费用。

(30)结转本期损益 699 600 元。

(31)分别按净利润的10%和5%提取法定盈余公积和任意盈余公积,分配现金股利78 000元。

(32)将利润分配各明细科目余额转入"未分配利润"科目,同时结转"本年利润"科目。

(33)缴纳本期企业所得税200 000元。

要求:根据上述资料对海达股份有限公司2022年发生的经济活动进行会计处理,并编制年末资产负债表。

1. 海达股份有限公司2022年经济业务的会计处理:

(1)借:应付票据　　　　　　　　　　　　　　　　　　234 000
　　　贷:银行存款　　　　　　　　　　　　　　　　　　　　　　234 000

(2)借:在途物资　　　　　　　　　　　　　　　　　　300 000
　　　应交税费——应交增值税(进项税额)　　　　　　　39 000
　　　贷:银行存款　　　　　　　　　　　　　　　　　　　　　　339 000

(3)借:原材料　　　　　　　　　　　　　　　　　　　200 000
　　　贷:在途物资　　　　　　　　　　　　　　　　　　　　　　200 000

(4)借:应收账款　　　　　　　　　　　　　　　　　　904 000
　　　贷:主营业务收入　　　　　　　　　　　　　　　　　　　　800 000
　　　　　应交税费——应交增值税(销项税额)　　　　　　　　　104 000

(5)借:银行存款　　　　　　　　　　　　　　　　　　140 720
　　　贷:交易性金融资产　　　　　　　　　　　　　　　　　　　120 000
　　　　　投资收益　　　　　　　　　　　　　　　　　　　　　　 20 720

(6)借:固定资产　　　　　　　　　　　　　　　　　　162 000
　　　应交税费——应交增值税(进项税额)　　　　　　　 20 800
　　　贷:银行存款　　　　　　　　　　　　　　　　　　　　　　182 800

(7)①借:固定资产清理　　　　　　　　　　　　　　　　2 200
　　　　累计折旧　　　　　　　　　　　　　　　　　　　41 800
　　　　贷:固定资产　　　　　　　　　　　　　　　　　　　　　 44 000

②借:固定资产清理　　　　　　　　　　　　　　　　　1 000
　　贷:银行存款　　　　　　　　　　　　　　　　　　　　　　　 1 000

③借:银行存款　　　　　　　　　　　　　　　　　　　4 000
　　贷:固定资产清理　　　　　　　　　　　　　　　　　　　　　 4 000

④借:固定资产清理　　　　　　　　　　　　　　　　　　800
　　贷:营业外收入　　　　　　　　　　　　　　　　　　　　　　　 800

(8)借:银行存款　　　　　　　　　　　　　　　　　　1 356 000
　　　贷:主营业务收入　　　　　　　　　　　　　　　　　　　　1 200 000
　　　　　应交税费——应交增值税(销项税额)　　　　　　　　　156 000

(9)借:银行存款　　　　　　　　　　　　　　　　　　468 000
　　　贷:应收票据　　　　　　　　　　　　　　　　　　　　　　468 000

(10)借:应收股利　　　　　　　　　　　　　　　　　　50 000
　　　 贷:投资收益　　　　　　　　　　　　　　　　　　　　　　50 000
　　　借:银行存款　　　　　　　　　　　　　　　　　　50 000
　　　 贷:应收股利　　　　　　　　　　　　　　　　　　　　　　50 000

(11)借:银行存款　　　　　　　　　　　　　　　　　　　　800 000
　　　贷:短期借款　　　　　　　　　　　　　　　　　　　　　800 000
(12)借:财务费用　　　　　　　　　　　　　　　　　　　　 80 000
　　　贷:应付利息　　　　　　　　　　　　　　　　　　　　　 30 000
　　　　　长期借款　　　　　　　　　　　　　　　　　　　　 50 000
(13)借:短期借款　　　　　　　　　　　　　　　　　　　　600 000
　　　应付利息　　　　　　　　　　　　　　　　　　　　　 30 000
　　　贷:银行存款　　　　　　　　　　　　　　　　　　　　　630 000
(14)借:应付职工薪酬　　　　　　　　　　　　　　　　　　800 000
　　　贷:银行存款　　　　　　　　　　　　　　　　　　　　　800 000
(15)借:生产成本　　　　　　　　　　　　　　　　　　　　520 000
　　　制造费用　　　　　　　　　　　　　　　　　　　　　 32 000
　　　管理费用　　　　　　　　　　　　　　　　　　　　　 48 000
　　　在建工程　　　　　　　　　　　　　　　　　　　　　200 000
　　　贷:应付职工薪酬　　　　　　　　　　　　　　　　　　　800 000
(16)借:生产成本　　　　　　　　　　　　　　　　　　　　 72 800
　　　制造费用　　　　　　　　　　　　　　　　　　　　　 4 480
　　　管理费用　　　　　　　　　　　　　　　　　　　　　 6 720
　　　在建工程　　　　　　　　　　　　　　　　　　　　　 28 000
　　　贷:应付职工薪酬　　　　　　　　　　　　　　　　　　　112 000
(17)①借:生产成本　　　　　　　　　　　　　　　　　　　1 200 000
　　　　贷:原材料　　　　　　　　　　　　　　　　　　　　　1 200 000
　②借:制造费用　　　　　　　　　　　　　　　　　　　　 60 000
　　　贷:周转材料　　　　　　　　　　　　　　　　　　　　　 60 000
(18)借:管理费用——无形资产摊销　　　　　　　　　　　　 60 000
　　　贷:累计摊销　　　　　　　　　　　　　　　　　　　　　 60 000
(19)借:制造费用　　　　　　　　　　　　　　　　　　　　140 000
　　　管理费用　　　　　　　　　　　　　　　　　　　　　 20 000
　　　贷:长期待摊费用　　　　　　　　　　　　　　　　　　　160 000
(20)①借:制造费用　　　　　　　　　　　　　　　　　　　150 000
　　　　管理费用　　　　　　　　　　　　　　　　　　　　 30 000
　　　　贷:累计折旧　　　　　　　　　　　　　　　　　　　　180 000
　②借:资产减值损失——计提的固定资产减值准备　　　　　 40 000
　　　贷:固定资产减值准备　　　　　　　　　　　　　　　　　 40 000
(21)借:银行存款　　　　　　　　　　　　　　　　　　　　468 000
　　　贷:应收账款　　　　　　　　　　　　　　　　　　　　　468 000
(22)借:资产减值损失——计提的坏账准备　　　　　　　　　 4 000
　　　贷:坏账准备　　　　　　　　　　　　　　　　　　　　　 4 000
(23)借:销售费用　　　　　　　　　　　　　　　　　　　　 40 000
　　　贷:银行存款　　　　　　　　　　　　　　　　　　　　　 40 000
(24)借:应收票据　　　　　　　　　　　　　　　　　　　　1 130 000

	贷:主营业务收入	1 000 000
	应交税费——应交增值税(销项税额)	130 000
(25)借:长期借款		600 000
	贷:银行存款	600 000
(26)①借:税金及附加		10 000
	贷:应交税费——应交教育费附加	10 000
②借:应交税费——应交增值税(已交税金)		200 000
	——未交增值税	38 000
	——应交教育费附加	10 000
	贷:银行存款	248 000

③期末未交增值税＝390 000－59 800－200 000＝13 200(元)

借:应交税费——应交增值税(转出未交增值税)		13 200
	贷:应交税费——未交增值税	13 200
(27)①借:生产成本		386 480
	贷:制造费用	386 480
②借:库存商品		2 179 280
	贷:生产成本	2 179 280
(28)借:主营业务成本		1 800 000
	贷:库存商品	1 800 000

(29)利润总额＝3 000 000＋70 720＋800－1 800 000－10 000－40 000－164 720－80 000－44 000＝932 800(元)

应纳税所得额＝932 800＋44 000＝976 800(元)

期末可抵扣暂时性差异＝4 000＋40 000＝44 000(元)

期初可抵扣暂时性差异＝0

应交所得税＝976 800×25％＝244 200(元)

期末递延所得税资产＝44 000×25％＝11 000(元)

期初所得税资产＝0

借:所得税费用		233 200
递延所得税资产		11 000
	贷:应交税费——应交所得税	244 200
(30)①借:主营业务收入		3 000 000
营业外收入		800
投资收益		70 720
	贷:本年利润	3 071 520
②借:本年利润		2 371 920
	贷:主营业务成本	1 800 000
	税金及附加	10 000
	销售费用	40 000
	管理费用	164 720
	财务费用	80 000
	资产减值损失	44 000

　　　　　　所得税费用　　　　　　　　　　　　　　　　　　　　　　　233 200
　　　净利润＝932 800－233 200＝699 600（元）
（31）借：利润分配——提取法定盈余公积　　　　　　　　　　　　　69 960
　　　　　　　　——提取任意盈余公积　　　　　　　　　　　　　　34 980
　　　　　　　　——应付普通股股利　　　　　　　　　　　　　　　78 000
　　　　　贷：盈余公积——法定盈余公积　　　　　　　　　　　　　　69 960
　　　　　　　　　——任意盈余公积　　　　　　　　　　　　　　　34 980
　　　　　　　应付股利　　　　　　　　　　　　　　　　　　　　　78 000
（32）①借：利润分配——未分配利润　　　　　　　　　　　　　　　182 940
　　　　　贷：利润分配——提取法定盈余公积　　　　　　　　　　　　69 960
　　　　　　　　　——提取任意盈余公积　　　　　　　　　　　　　34 980
　　　　　　　　　——应付普通股股利　　　　　　　　　　　　　　78 000
　　　②借：本年利润　　　　　　　　　　　　　　　　　　　　　　699 600
　　　　　贷：利润分配——未分配利润　　　　　　　　　　　　　　　699 600
（33）借：应交税费——应交所得税　　　　　　　　　　　　　　　　200 000
　　　　　贷：银行存款　　　　　　　　　　　　　　　　　　　　　200 000

2. 根据上述会计处理的各账户余额，编制海达股份有限公司2022年12月31日的科目余额表（见表2—3）。

表2—3　　　　　　　　　　　2022年12月31日科目余额表　　　　　　　　　　单位：元

科目名称	借方余额	科目名称	贷方余额
库存现金	41 800	短期借款	800 000
银行存款	1 611 920	应付票据	0
交易性金融资产	0	应付账款	1 560 000
应收票据	1 130 000	应付职工薪酬	314 000
应收账款	1 486 000	应付股利	78 000
坏账准备	－54 000	应交税费	174 400
其他应收款	420 000	其他应付款	40 000
预付账款	400 000	应付利息	2 000
在途物资	300 000	长期借款	1 450 000
原材料	100 000	股本	6 000 000
周转材料	40 000	资本公积	13 800
库存商品	939 280	盈余公积	304 940
长期待摊费用	0	利润分配	716 660
长期股权投资	500 000		
固定资产	3 118 000		
累计折旧	－638 200		
固定资产减值准备	－40 000		
在建工程	1 548 000		
无形资产	720 000		

续表

科目名称	借方余额	科目名称	贷方余额
累计摊销	-180 000		
递延所得税资产	11 000		
合　计	11 453 800	合　计	11 453 800

3. 根据科目余额表和相关明细账资料,编制海达股份有限公司2022年12月31日的资产负债表(见表2—4)。

表2—4　　　　　　　　　　　　　　资产负债表　　　　　　　　　　　　　　会企01表
编制单位:海达股份有限公司　　　　　　2022年12月31日　　　　　　　　　　　单位:元

资　产	期末余额	年初余额	负债和所有者权益（或股东权益）	期末余额	年初余额
流动资产:			流动负债:		
货币资金	1 653 720	1 641 800	短期借款	800 000	600 000
交易性金融资产		120 000	交易性金融负债		
衍生金融资产			衍生金融负债		
应收票据	1 130 000	468 000	应付票据		234 000
应收账款	1 432 000	1 000 000	应付账款	1 560 000	1 560 000
应收款项融资			预收款项		
预付款项	400 000	400 000	合同负债		
其他应收款	420 000	420 000	应付职工薪酬	314 000	202 000
存货	1 379 280	1 960 000	应交税费	174 400	38 000
合同资产			其他应付款	120 000	42 000
持有待售资产			持有待售负债		
一年内到期的非流动资产			一年内到期的非流动负债		600 000
其他流动资产			其他流动负债		
流动资产合计	6 415 000	6 009 800	流动负债合计	2 968 400	3 276 000
非流动资产:			非流动负债:		
债权投资			长期借款	1 450 000	1 400 000
其他债权投资			应付债券		
长期应收款			其中:优先股		
长期股权投资	500 000	500 000	永续债		
其他权益工具投资			租赁负债		
其他非流动金融资产			长期应付款		
投资性房地产			预计负债		
固定资产	2 439 800	2 500 000	递延收益		
在建工程	1 548 000	1 320 000	递延所得税负债		

续表

资　产	期末余额	年初余额	负债和所有者权益 （或股东权益）	期末余额	年初余额
生产性生物资产			其他非流动负债		
油气资产			非流动负债合计	1 450 000	1 400 000
使用权资产			负债合计	4 418 400	4 676 000
无形资产	540 000	600 000	所有者权益（或股东权益）：		
开发支出			实收资本（或股本）	6 000 000	6 000 000
商誉			其他权益工具		
长期待摊费用		160 000	其中：优先股		
递延所得税资产	11 000		永续债		
其他非流动资产			资本公积	13 800	13 800
非流动资产合计	5 038 800	5 080 000	减：库存股		
			其他综合收益		
			专项储备		
			盈余公积	304 940	200 000
			未分配利润	716 660	200 000
			所有者权益（或股东权益）合计	7 035 400	6 413 800
资产总计	11 453 800	11 089 800	负债和所有权权益 （或股东权益）总计	11 453 800	11 089 800

【注意】如果资产负债表不平衡需要查找不平衡的原因。在发现资产负债表不平衡时，不要慌张，要有条理地寻找原因，不可因懒惰而投机取巧，随便改个数字使报表强行平衡，这种自欺欺人的手段，只会使以后的工作更加麻烦。一般资产负债表不平衡的原因有以下几个方面：①数字填错。可能是做表时填错数字，造成账表不符。②总账问题。总账不平，会导致报表不平衡。③科目错误。科目借贷方有可能发生错误。④凭证问题。很有可能是还有凭证尚未过账，或者编制错误。⑤公式错误。有时公式错误是难以发现的。以上都有可能是资产负债表不平衡的原因，可从某一问题切入，一点点地排查。

【提示】如果资产负债表不平衡，寻找平衡的方法如下：①数字填错是最常见的错误。如果是数字错误，可以把总账科目与表格进行核对会发现问题所在。②账表没问题，就要检查总账是否平衡了。如果总账不平，便逐步核对，重新结算一次余额。③要注意相关科目余额是在借方还是在贷方，并且相关科目是否已经结转。④查找记账凭证，检查是否编制错误或者尚未过账。⑤根据公式"资产总额＝负债总额＋所有者权益总额"，逐项检查公式设置。

【注意】资产负债表编制错误最直观的体现就是不平衡，发生这种情况，首先思考可能产生不平衡的原因，其次依据原因查找错误所在，最后根据经验寻找方法，对报表逐步调整。

项目练习

一、单项选择题

1. 资产负债表是反映企业在某一特定日期（　　）的财务报表。
   A. 财务状况　　　B. 经营成果　　　C. 现金流量　　　D. 所有者权益变化

2. 下列各项中，属于资产负债表中资产项目的是（　　）。
   A. "预付账款"　　B. "其他收益"　　C. "递延收益"　　D. "其他综合收益"

3. 2022年12月31日，某企业"固定资产"账户借方余额为3 000万元，"累计折旧"账户贷方余额为1 400万元，"固定资产减值准备"账户贷方余额为200万元。2022年12月31日，该企业资产负债表中"固定资产"项目期末余额应列示的金额为（　　）万元。
   A. 3 000　　　　B. 1 600　　　　C. 1 400　　　　D. 2 800

4. 2022年12月31日，"无形资产"账户借方余额为200万元，"累计摊销"账户贷方余额为40万元，"无形资产减值准备"账户贷方金额20万元。不考虑其他因素，"无形资产"项目余额为（　　）万元。
   A. 200　　　　　B. 140　　　　　C. 160　　　　　D. 180

5. 某企业采用实际成本法核算存货。年末结账后，该企业"原材料"账户借方余额为80万元，"工程物资"账户借方余额为16万元，"在途物资"账户借方余额为20万元。不考虑其他因素，该企业年末资产负债表中"存货"项目的期末余额为（　　）万元。
   A. 100　　　　　B. 116　　　　　C. 96　　　　　D. 80

二、多项选择题

1. 资产负债表的分析可以分为（　　）三部分。
   A. 资产负债表结构分析　　　　B. 负债分析
   C. 资产负债表趋势分析　　　　D. 资产负债表具体项目分析

2. 盈余公积包括的项目有（　　）。
   A. 法定盈余公积　　B. 任意盈余公积　　C. 法定公益金　　D. 非常盈余公积

3. 下列各项中，通过"存货"项目核算的有（　　）。
   A. 发出商品　　　B. 存货跌价准备　　C. 材料成本差异　　D. 在途物资

4. 下列资产负债表项目中，属于非流动资产的有（　　）。
   A. "其他应收款"　　B. "在建工程"　　C. "固定资产"　　D. "开发支出"

5. 下列各项中，应在资产负债表"预付款项"项目列示的有（　　）。
   A. "应付账款"账户所属明细账账户的借方余额
   B. "应付账款"账户所属明细账账户的贷方余额
   C. "预付账款"账户所属明细账账户的借方余额
   D. "预付账款"账户所属明细账账户的贷方余额

三、判断题

1. 我国资产负债表采用的是账户式的格式。　　　　　　　　　　　　　　　（　　）
2. "长期借款"项目，根据"长期借款"总账账户余额直接填列。　　　　　　（　　）
3. 年末，企业应将于1年内（含1年）摊销的长期待摊费用，列入资产负债表"一年内到期的非流动资产"项目。　　　　　　　　　　　　　　　　　　　　　　　　　　　　　（　　）

4. 资产负债表日,应根据"库存现金""银行存款"和"其他货币资金"三个总账账户的期末余额合计数填列资产负债表"货币资金"项目。（　　）

5. 资产负债表中,"预收款项"项目根据"预收账款"和"应收账款"账户所属各明细账户的期末贷方余额合计数填列。（　　）

四、分析题

天途公司 2022 年度有关资料如下:

1. 天途公司 2022 年 1 月 1 日有关账户的科目余额如表 2—5 所示。

表 2—5　　　　　　　　　　　　科目余额表
2022 年 1 月 1 日　　　　　　　　　　　　　　　　单位:元

账户名称	借方余额	账户名称	贷方余额
库存现金	78 600	短期借款	500 000
银行存款	2 688 400	应付票据	468 000
其他货币资金(银行汇票)	1 160 000	应付账款	926 000
交易性金融资产	1 500 000	其他应付款	12 000
应收票据	1 053 000	应付职工薪酬	381 000
应收账款	1 700 000	应交税费	154 000
其他应收款	16 000	应付股利	100 000
坏账准备	−12 000	应付利息	100 000
应收股利	800 000	长期借款	1 000 000
原材料	2 940 000	递延所得税负债	50 000
周转材料	574 000	实收资本	30 000 000
库存商品	3 800 000	资本公积	2 100 000
存货跌价准备	0	其他综合收益	
长期股权投资	6 000 000	盈余公积	500 000
固定资产	12 960 000	利润分配	
累计折旧	−4 180 000	（未分配利润）	750 000
工程物资			
在建工程	5 060 000		
无形资产	1 500 000		
累计摊销	−600 000		
递延所得税资产	3 000		
合　计	37 041 000	合　计	37 041 000

注:坏账准备是对应收账款计提的,应收账款所属明细账均为借方余款,应付账款所属明细账均为贷方余额。

2. 天途公司 2022 年发生下列经济业务:

(1)购入一批原材料,取得的增值税专用发票上注明的原材料价款为 1 000 000 元,增值税进项税额为 130 000 元,款项已通过银行汇票支付,材料已验收入库。

(2)将要到期的一张面值为585 000元的银行承兑汇票,连同解讫通知和进账单交银行办理转账,银行盖章后退回进账单一联。款项银行已收妥。

(3)销售一批产品,开出的增值税专用发票上注明的价款为5 000 000元,增值税税额为650 000元,货款尚未收到。该批产品成本为3 200 000元,产品已发出。

(4)将交易性金融资产出售取得价款1 680 000元,该交易性金融资产的成本为1 300 000元,公允价值变动为增值200 000元;转让金融商品应交增值税为21 509.43元。

(5)购入一批工程物资准备建造一条生产线,价款为468 000元,增值税额为60 840元,款项用银行存款支付。该批工程物资已全部用于建造生产线。

(6)收到应收账款4 800 000元存入银行,该笔应收账款未计提坏账准备。收到应收的现金股利800 000元存入银行。

(7)归还短期借款本金500 000元,利息25 000元(已计提);支付到期的商业汇票468 000元。

(8)以银行存款支付职工薪酬,其中生产工人470 600元、车间管理人员59 200元、销售部人员271 400元、行政管理部人员79 800元、在建工程人员165 000元。

(9)分配应支付的职工薪酬1 000 000元,其中生产工人480 000元、车间管理人员68 700元、销售部人员286 000元、行政管理部人员75 300元、在建工程人员90 000元。

(10)出售一台不需用设备,开出的增值税专用发票上注明的价款为800 000元,增值税额为104 000元,款项已由银行收妥;该设备原价为2 000 000元,已提折旧1 100 000元,未计提减值准备;该项设备已由购买单位运走。

(11)一项工程完工交付生产使用,已办理竣工手续,固定资产价值3 900 000元。

(12)销售一批不需用原材料,开出的增值税专用发票上注明的价款为60 000元,增值税额为7 800元,款项尚未收到。该批原材料的实际成本为50 000元,材料已发出。

(13)6月月末将临街的一门面房出租,该门面房原价为180 000元,已提折旧60 000元,按照租赁合同每月收取租金30 000元(不含税,增值税税率为9%)。天途公司对投资性房地产采用成本模式进行后续计量,当年6个月租金均已收存银行。

(14)购入一套管理用软件,支付的价款为530 000元,增值税额为31 800元,已用转账支票付讫。

(15)用银行存款支付广告费共计95 400元,其中增值税额为5 400元。

(16)基本生产领用原材料1 340 000元;领用低值易耗品200 000元,采用一次摊销法核算。

(17)将金额为468 000元的商业承兑汇票到银行办理贴现,贴现息为14 000元。

(18)分配水电费139 696元,其中基本生产车间应负担83 000元、行政管理部门应负担36 696元、销售部门应负担20 000元。

(19)计提固定资产折旧1 100 000元,其中计入制造费用720 000元、管理费用279 000元、销售费用86 000元、其他业务成本15 000元。

(20)计提由在建工程负担的长期借款利息费用75 000元,长期借款为分期付息。

(21)摊销管理用无形资产150 000元;以现金缴纳印花税3 000元;以银行存款支付长期借款利息75 000元。

(22)计算并结转本期完工产品成本2 891 700元。公司没有期初在产品,本期生产的产品全部完工入库。

(23)年末计提应收账款的坏账准备6 000元。

(24)子公司宣告发放现金股利200 000元,持有子公司表决权为80%。

(25)计提本期城市维护建设税为49 352.06元,教育费附加为21 150.88元。

(26)以银行存款缴纳增值税 811 509.43 元(包括转让金融商品应交增值税 21 509.43 元)、城市维护建设税 56 805.66 元、教育费附加 24 345.28 元。

(27)以银行存款支付现金股利 100 000 元,以银行存款偿还应付账款 600 000 元。

(28)年末预收某公司货款 1 200 000 元存入银行。

(29)公司按照税法规定计算确定的应交所得税为 280 747.91 元,本期递延所得税资产增加 1 500 元,递延所得税负债减少 50 000 元。

(30)将各损益类账户结转本年利润。

(31)结转本年净利润,提取法定盈余公积 84 774.37 元,向投资者分配股利 400 000 元。

(32)将利润分配各科目的余额转入"未分配利润"明细科目。

3. 天途公司 2022 年 12 月 31 日有关账户的科目余额如表 2—6 所示。

表 2—6　　　　　　　　　　　　　　科目余额表
2022 年 12 月 31 日　　　　　　　　　　　　　　单位:元

账户名称	借方余额	账户名称	贷方余额
库存现金	75 600	短期借款	0
银行存款	8 414 899.63	应付账款	465 696
其他货币资金	30 000	预收账款	1 200 000
应收账款	2 616 000	其他应付款	12 000
其他应收款	16 000	应付职工薪酬	335 000
坏账准备	−18 000	应交税费	182 259.91
应收股利	160 000	应付股利	400 000
原材料	2 550 000	应付利息	75 000
周转材料	374 000	长期借款	1 000 000
库存商品	3 491 700		
长期股权投资	6 000 000	实收资本	30 000 000
投资性房地产	180 000	资本公积	2 100 000
投资性房地产累计折旧	−75 000	其他综合收益	
固定资产	14 680 000	盈余公积	584 774.37
累计折旧	−4 105 000	利润分配	
在建工程	1 793 000	(未分配利润)	1 112 969.35
无形资产	2 030 000		
累计摊销	−750 000		
递延所得税资产	4 500		
合　计	37 467 699.63	合　计	37 467 699.63

要求:

(1)根据上述资料编制会计分录。

(2)编制天途公司 2022 年 12 月 31 日资产负债表如表 2—7 所示。

表2—7 资产负债表 会企01表

编制单位：天途公司　　　　　　　　　　2022年12月31日　　　　　　　　　　单位：元

资　　产	期末余额	年初余额	负债和所有者权益（或股东权益）	期末余额	年初余额
流动资产：			流动负债：		
货币资金			短期借款		
交易性金融资产			交易性金融负债		
衍生金融资产			衍生金融负债		
应收票据			应付票据		
应收账款			应付账款		
预付款项			预收款项		
其他应收款			合同负债		
存货			应付职工薪酬		
合同资产			应交税费		
持有待售资产			其他应付款		
一年内到期的非流动资产			持有待售负债		
其他流动资产			一年内到期的非流动负债		
流动资产合计			其他流动负债		
非流动资产：			流动负债合计		
债权投资			非流动负债：		
其他债权投资			长期借款		
长期应收款			应付债券		
长期股权投资			其中：优先股		
其他权益工具投资			永续债		
其他非流动金融资产			长期应付款		
投资性房地产			预计负债		
固定资产			递延收益		
在建工程			递延所得税负债		
生产性生物资产			其他非流动负债		
油气资产			非流动负债合计		
无形资产			负债合计		
开发支出			所有者权益（或股东权益）：		
商誉			实收资本（或股本）		
长期待摊费用			其他权益工具		
递延所得税资产			其中：优先股		
其他非流动资产			永续债		
非流动资产合计			资本公积		
			减：库存股		
			其他综合收益		

续表

资　产	期末余额	年初余额	负债和所有者权益 （或股东权益）	期末余额	年初余额
			盈余公积		
			未分配利润		
			所有者权益(或股东权益)合计		
资产总计			负债和所有者权益 （或股东权益）总计		

项目三　利润表

- 知识目标

  理解：利润表的概念和作用；使用利润表的注意事项。
  熟悉：利润表的结构、分析的目的和内容；利润表的编制原理。
  掌握：编制利润表应注意的问题；利润表主要项目的分析内容与重点。

- 技能目标

  运用利润表的内容，进行利润表的编制，并对利润表不同项目分别进行详细分析。

- 素质目标

  能够对企业利润表及其相关资料进行整理，运用各种分析方法对企业的经营成果进行有效分析，并能根据分析结果提出改善企业经营管理的合理建议。

- 思政目标

  能按照利润表主要项目的分析内容，结合财经法规和企业要求，自主解决利润表业务处理中出现的常见问题。培养认真、细致、严谨的工作态度，形成良好的工作习惯；明确学习的重要性，树立工匠精神，增强学习信心；提高会计工作责任感，培养乐于奉献会计事业的情怀；学法知法守法，公私分明、克己奉公，树立良好职业形象，维护会计行业声誉。

- 项目引例

规模大、利润低的反思

2018年里，有10家左右的企业宣布进入养猪行列，其中不乏地产商、投资机构等。在暴涨暴跌的"猪周期"影响下，许多散户"退烧"，选择退出市场。是什么原因造成这巨大的反差？大企业纷纷进军养殖业是有巨大利润吗？让我们以温氏股份为例来进行分析。

温氏股份是全国规模最大的肉鸡养殖上市公司，有肉鸡7.76亿只；温氏股份还是全国规模最大的种猪育种和肉猪养殖上市企业，有肉猪1 904.17万头；截至2017年年底，温氏已有262家控股公司，分布在全国20多个省，资产规模达到了490亿元。养猪、养鸡能做到这样的规模，温氏可以说是做得非常大了。遗憾的是，温氏虽然很大，但是不强。有对比，就会有伤害。牧原股份虽然只有100亿元的收入，不到温氏的1/5；但是在2017年，牧原的盈利能力要比温氏好很多，无论是从销售的角度看(毛利率与净利率),还是从股东的角度看(净资产收益率)。更令人意外的是温氏2017年的利润下滑了四成。温氏营业收入、净利润和经营现金流三者纷纷下降,净资产收益率只有2016年的一半。

资料来源:李贺、王晓佳主编:《财务报表分析》,上海财经大学出版社2020年版,第42页。

请分析:温氏为什么会规模大而利润低?

● 引例导学

2017年上半年,受H7N9的影响,肉鸡销售价格同比下降了30.19%,温氏的养鸡业务出现亏损;下半年,H7N9事件的影响逐渐消退,肉鸡销售价格快速上涨,温氏的养鸡业务实现盈利。2017年温氏肉鸡的销量比2016年同比下滑8.49%。这也反映了畜禽疫病是温氏面临的主要风险之一。2017年温氏的肉猪销量比2016年同比增长了11.18%。但是,由于受到市场供求变化的影响,猪肉销售价格同比下降了18.59%。温氏营业收入下滑、毛利下降以及利润减少,都跟猪肉价格下降有关。本项目将对利润表进行详细解读。

任务一 利润表认知

一、利润表概述

利润表(Income Statement)是反映企业一定会计期间经营成果的会计报表。通过利润表记载的收入、费用、利润的金额和构成情况,能够反映企业经营的业绩和管理者的经营能力;通过利润表的分析,可以评价企业的获利能力,预测企业的经营前途及利润增减趋势。

根据我国企业会计准则的规定,利润表主要包括以下7个方面的内容。

(一)营业收入

$$营业收入=主营业务收入+其他业务收入$$

(二)营业利润

营业利润=营业收入-营业成本-税金及附加-销售费用-管理费用-研发费用-财务费用-资产减值损失-信用减值损失+其他收益(-其他损失)+投资收益(-投资损失)+净敞口套期收益(-净敞口套期损失)+公允价值变动收益(-公允价值变动损失)+资产处置收益(-资产处置损失)

(三)利润总额

$$利润总额=营业利润+营业外收入-营业外支出$$

(四)净利润

$$净利润=利润总额-所得税费用$$

(五)其他综合收益的税后净额

本项目反映企业根据会计准则规定未在当期损益中确认的各项利得和损失扣除所得税影响后的净额,包括不能重分类进损益的其他综合收益和以后将重分类进损益的其他综合收益。

(六)综合收益总额

$$综合收益总额=净利润+其他综合收益的税后净额$$

(七)每股收益

每股收益包括基本每股收益和稀释每股收益两项指标。

利润表补充资料部分提供的内容主要有以下几个方面:

(1)出售、处置部门或被投资单位所得收益。企业有时出于某种原因出售或处置内部具有单独的业务活动、流水线或具有某类客户的部门,如子公司、分厂、车间等。在会计期内,为了使利润表具有预测价值和可比性,应当将本期出售或处置单独业务部门所发生的收益项目,在利润表的补充资料中进行单独披露。

(2)自然灾害发生的损失。自然灾害是在极少数情况下才会发生的"非常项目"。该项目产生的损失已经记入利润表"营业外支出"项目,将此作为利润表的补充资料单独列示,主要目的是引起报表使用者的注意。

(3)会计政策变更与会计估计变更增加(或减少)净利润。企业由于内部、外部的各种原因,需要变更原有的一些会计估计和会计确认、计量或报告的方法,不仅要直接调整利润表主表的相关费用项目,而且应在利润表的补充资料中作单独列示。

(4)债务重组损失。当企业进行债务重组时,对债务人来说,重组日重组债务的账面价值与其转让的非现金资产账面价值的差额,除了可以作为资本公积外,也可以列作当期损失。对债权人来说,重组日重组债权的账面价值大于其受让的现金资产时,则列为损失。利润表中只列示了营业外损失项目的汇总数,而在补充资料中将重组损失单列,以便报表使用者了解这一信息对企业利润的影响。

二、利润表的作用

利润既是企业经营业绩的综合体现,又是进行利润分配的依据,因此,利润表是财务报表中的主要报表。其作用主要表现在以下几个方面:

（一）可以反映企业的经营成果和获利能力

经营成果是一个绝对值指标,由一定期间的收入扣抵相关成本费用后的余额来反映,体现着企业资本增值或财富增长的规模,利润表直接揭示了企业一定期间经营成果形成的信息。获利能力是一个相对值指标,是企业运用一定的经济资源获取经营成果的能力,有关获利能力的信息,利润表虽未直接反映,但可以通过分析利润表和其他财务报表提供的资料得到。

（二）有利于考核与评价企业管理人员的经营业绩

在现代企业制度下,企业的所有权与经营权相分离,因此,如何考核经营管理者的经营业绩,就成为一个重要而又现实的问题,也是企业所有者关心的首要问题。利润表所反映的经营成果,是企业生产经营过程中投入与产出对比的结果,它集中体现了企业在生产、经营、理财、投资等各项经营活动中的管理效率和效益,是一项综合性的信息。通过比较企业前后期的经营成果及其变动情况,比较企业与同行业其他企业的经营成果,可以考核企业管理人员的经营业绩,评价其功过得失,从而总结经验,改善经营管理,提高业绩水平。

（三）可以分析企业未来利润的发展趋势

某一期经营成果的好坏不足以说明企业长期的业绩,通过多期利润表中相关指标的比较,可以评价企业利润的完成情况,分析企业各项收入、成本、利润的变动规律,从而预测企业未来利润的发展趋势及获利能力,这些信息无论是对管理层,还是对投资者的决策,都是至关重要的。

（四）有助于评估企业取得未来现金流量的风险和不确定性

通过利润表中各项收入和费用项目的结构和相互之间的关系,可以评估企业未来现金流量的风险和不确定性。例如,将收入分为营业收入和营业外收入,当期营业收入比重越大,以后各期企业获取未来现金流量的风险就越小;反之,则说明企业获取未来现金流量的不确定性增加,风险加大。

三、使用利润表的注意事项

（一）会计利润与现金流量

利润表中的利润并不完全代表现金流量。利润表是按照权责发生制原则编制的，即确认一笔收入但现金尚未收到的时候，利润表中已经将该项计入，支出也是一样。

（二）未能反映的项目

会计是按收入实现原则确认损益的，对于那些未实现的资产持有损益，会计不予确认。如对持有至到期证券投资的未实现利得，虽然可预见其对企业业绩会产生有利影响，但由于其价值的变化尚未确定，因而不予确认，未列入利润表中。同时，会计确认遵循可计量原则，对于不可计量的项目，会计不予确认，如企业品牌的提升等。目前，对于未实现和不可计量的项目的确认和报告框架尚未形成。

（三）会计方法的影响

无论是在理论上还是在实务中，对一些收入和费用项目的计量，都允许选择不同的会计方法。同一会计事项采用不同的会计方法，计算出的会计利润会有所不同。即使在经营情况完全相同的情况下，两家企业采用不同的会计方法会报告不同的利润，造成数据之间缺乏可比性。

（四）主观判断的因素

对于一些需要进行会计估计的收入和费用（或损失）项目的计量，由于受到主观判断的影响，会造成高估或低估。例如，对资产减值的估计，在缺乏可参考的市场价值时，只能依靠人为的主观判断，不同的会计人员在判断上会出现差异。可见，主观判断的不同会直接影响财务报表的结果，从而影响报表使用者的分析。

四、利润表的结构

我国企业的利润表采用多步式格式。多步式利润表是从营业收入开始，依次分步计算出营业利润、利润总额和净利润。

利润表一般由表头、表体两部分组成。表头部分应列明报表名称、编制单位名称、编制日期、报表编号和计量单位。表体部分是利润表的主体，列示了形成经营成果的各个项目和计算过程。

我国一般企业利润表格式如表3-1所示。

表3-1　　　　　　　　　　　　　　利　润　表　　　　　　　　　　　　　　会企02表
编制单位：　　　　　　　　　　　　____年____月　　　　　　　　　　　　单位:元

项　目	本期金额	上期金额
一、营业收入		
减:营业成本		
税金及附加		
销售费用		
管理费用		
研发费用		
财务费用		
其中:利息费用		
利息收入		

续表

项　　目	本期金额	上期金额
资产减值损失		
信用减值损失		
加：其他收益		
投资收益（损失以"－"号填列）		
其中：对联营企业和合营企业的投资收益		
净敞口套期收益（损失以"－"号填列）		
公允价值变动收益（损失以"－"号填列）		
资产处置收益（损失以"－"号填列）		
二、营业利润（亏损以"－"号填列）		
加：营业外收入		
减：营业外支出		
三、利润总额（亏损总额以"－"号填列）		
减：所得税费用		
四、净利润（净亏损以"－"号填列）		
（一）持续经营净利润（净亏损以"－"号填列）		
（二）终止经营净利润（净亏损以"－"号填列）		
五、其他综合收益的税后净额		
（一）不能重分类进损益的其他综合收益		
1. 重新计量设定受益计划变动额		
2. 权益法下不能转损益的其他综合收益		
3. 其他权益工具投资公允价值变动		
4. 企业自身信用风险公允价值变动		
……		
（二）将重分类进损益的其他综合收益		
1. 权益法下可转损益的其他综合收益		
2. 其他债权投资公允价值变动		
3. 金融资产重分类计入其他综合收益的金额		
4. 其他债权投资信用减值准备		
5. 现金流量套期储备		
6. 外币财务报表折算差额		
……		
六、综合收益总额		
七、每股收益		

续表

项　目	本期金额	上期金额
（一）基本每股收益		
（二）稀释每股收益		

五、利润表分析的目的

利润表分析的目的包括以下方面：

(1)可正确评价企业各方面的经营业绩。由于利润受各环节的影响，因此，通过不同环节的利润分析，可以准确地说明各环节的业绩。

(2)可及时、准确地发现企业经营管理中存在的问题。正因为分析不仅能明确业绩，而且能发现问题，所以通过对利润表的分析，可发现企业在各环节存在的问题或不足，为进一步改进企业经营管理工作指明了方向。

(3)可为投资者、债权人的投资与信贷决策提供正确信息。无论是投资者还是债权人，他们通过对利润表的分析，了解企业的经营潜力及发展前景，从而作出准确的投资和信贷决策。

六、利润表分析的内容

（一）利润表结构分析

利润表结构分析，也称为利润表垂直分析，是通过编制利润表结构分析表来进行分析，将利润表中各项目与营业收入进行比较，计算出各项目占营业收入的比重，并将各项目比重与历史数据、行业水平进行比较，分析说明企业利润构成各项目的结构及增减变动情况等。

（二）利润表趋势分析

利润表趋势分析，也称为利润表水平分析，是通过对企业利润表中各项目在若干期的观察，计算其增减变动额和增减变动百分比，从而了解企业收入、成本费用项目的变动情况，据以判断、预测企业经营成果的变化趋势。

（三）利润表具体项目分析

利润表具体项目分析，就是在利润表结构、趋势分析的基础上，对企业利润表中构成利润的各项目进一步深入分析。

任务二　利润表编制

一、利润表的内容

利润表一般由表首、正表和补充资料三部分构成。

（一）表首

表首主要包括报表名称、编制单位、编制日期、报表编号和数量单位等要素。

（二）正表

正表是利润表的主体部分，主要反映收入、费用和利润各项目的具体内容及其相互关系，一般设有"上期金额"和"本期金额"两栏。

（三）补充资料

补充资料主要是用于列示影响本期会计报表金额或未来经营活动，而在本期利润表中无法或不便于表达的项目,以便于报表使用者准确地分析企业的经营成果。

二、利润表的编制原理

利润表的编制依据是收入、费用与利润三者之间的相互关系,即"收入-费用=利润"。

企业在生产经营过程中不断地发生各种费用支出,同时取得各种收入,收入减去费用,剩下的部分就是企业的盈利。取得的收入和发生的相关费用的对比情况就是企业的经营成果。如果企业经营不当,发生的生产经营费用超过取得的收入,企业就发生了亏损;反之,就能取得一定的利润。企业应定期核算经营成果,并将核算结果编制成利润表。

三、编制利润表应注意的问题

(一)注意"利得"和"损失"

"利得"和"损失"并没有作为单独的利润表要素,在计算利润时,却又作为单独的要素出现,这就使得利润要素的定义与内容不能相互协调,在一定程度上导致了会计理论研究和实务操作的混乱。这就要求在进行利润核算与编制利润表时,注意对利润表要素的理解和运用,既能体现基本准则的纲要地位,又能在实际业务的处理中,灵活运用,从而编制出科学、合理的利润表。

(二)注意利润表结构上的变化

利润表将"资产减值损失""信用减值损失""投资收益""净敞口套期收益""公允价值变动收益""资产处置收益"等投资活动导致的损益全部归入"营业利润",即企业在计算营业利润时要减去"资产减值损失"和"信用减值损失"部分,加上"投资收益""净敞口套期收益""公允价值变动收益""资产处置收益"部分。

(三)注意年度利润表中净利润项目的填列

在进行年度利润表的编制时,转入"利润分配——未分配利润"科目的数字应是全年实现的净利润,而不仅仅是12月当月实现的净利润。

四、利润表的编制方法

(一)"上期金额"栏填列方法

利润表"上期金额"栏内各项目数字,应根据上年该期利润表"本期金额"栏内所列数字填列。

(二)"本期金额"栏填列方法

利润表"本期金额"栏内各项目数字,除"基本每股收益"和"稀释每股收益"项目外,应当按照相关账户的发生额分析填列。

1."营业收入"项目

本项目反映企业经营主要业务和其他业务所确认的收入总额。该项目应根据"主营业务收入"和"其他业务收入"账户的发生额分析填列。

2."营业成本"项目

本项目反映企业经营主要业务和其他业务所发生的成本总额。该项目应根据"主营业务成本"和"其他业务成本"账户的发生额分析填列。

3."税金及附加"项目

本项目反映企业经营业务应负担的消费税、城市维护建设税、教育费附加、资源税、土地增值税、房产税、车船税、城镇土地使用税、印花税等相关税费。该项目应根据"税金及附加"账户的发生额分析填列。

4."销售费用"项目

本项目反映企业在销售商品过程中发生的包装费、广告费等费用,以及为销售商品而专设的销售机构的职工薪酬、业务费等经营费用。该项目应根据"销售费用"账户的发生额分析填列。

5."管理费用"项目

本项目反映企业为组织和管理企业生产经营所发生的管理费用。该项目应根据"管理费用"账户的发生额分析填列。

6."研发费用"项目

本项目反映企业进行研究与开发过程中发生的费用化支出。该项目应根据"管理费用"账户下的"研究费用"明细账户的发生额分析填列。

7."财务费用"项目

"财务费用"项目下的"利息费用"项目,反映企业为筹集生产经营所需资金等而发生的应予费用化的利息支出。该项目应根据"财务费用"账户的相关明细账户的发生额分析填列。该项目作为"财务费用"项目的其中项,以正数填列。

"财务费用"项目下的"利息收入"项目,反映企业按照相关会计准则确认的应冲减财务费用的利息收入。该项目应根据"财务费用"账户的相关明细账户的发生额分析填列。该项目作为"财务费用"项目的其中项,以正数填列。

8."资产减值损失"项目

本项目反映企业计提各项资产减值准备所形成的损失。该项目应根据"资产减值损失"账户的发生额分析填列。

9."信用减值损失"项目

本项目反映企业计提的各项金融工具减值准备所形成的预期信用损失。该项目应根据"信用减值损失"账户的发生额分析填列。

10."其他收益"项目

"其他收益"项目,反映计入其他收益的政府补助,以及其他与日常活动相关且计入其他收益的项目。该项目应根据"其他收益"账户的发生额分析填列。企业作为个人所得税的扣缴义务人,根据《中华人民共和国个人所得税法》收到的扣缴税款手续费,应作为其他与日常活动相关的收益在该项目中填列。

11."投资收益"项目

本项目反映企业确认的投资收益或投资损失。本项目应根据"投资收益"账户的发生额分析填列;如为投资损失,以"-"号填列。

12."净敞口套期收益"项目

本项目反映净敞口套期下被套期项目累计公允价值变动转入当期损益的金额或现金流量套期储备转入当期损益的金额。该项目应根据"净敞口套期损益"账户的发生额分析填列;如为套期损失,以"-"号填列。

13."公允价值变动收益"项目

本项目反映企业交易性金融资产、交易性金融负债、采用公允价值模式计量的投资性房地产等公允价值变动形成的应计入当期损益的利得或损失。该项目应根据"公允价值变动损益"账户分析填列;如为公允价值变动损失,以"-"号填列。

14."资产处置收益"项目

本项目反映企业出售划分为持有待售的非流动资产(金融工具、长期股权投资和投资性房地产除外)或处置组(子公司和业务除外)时确认的处置利得或损失,以及处置未划分为持有待售的固定资产、在建工程、生产性生物资产及无形资产而产生的处置利得或损失。债务重组中因处置非流动资产产生的利得（或损失）和非货币性资产交换中换出非流动资产产生的利得（或损失）也包括在本项目内。该项目应根据"资产处置损益"账户的发生额分析填列；如为处置损失，以"一"号填列。

15."营业利润"项目

本项目反映企业营业活动产生的利润。如为亏损，以"一"号填列。

16."营业外收入"项目

本项目反映企业发生的除营业利润以外的收益，主要包括债务重组利得、与企业日常活动无关的政府补助、盘盈利得、捐赠利得（企业接受股东或股东的子公司直接或间接的捐赠，经济实质属于股东对企业的资本性投入的除外）等。该项目应根据"营业外收入"账户的发生额分析填列。

17."营业外支出"项目

"营业外支出"项目，反映企业发生的除营业利润以外的支出，主要包括债务重组损失、公益性捐赠支出、非常损失、盘亏损失、非流动资产毁损报废损失等。该项目应根据"营业外支出"科目的发生额分析填列。"非流动资产毁损报废损失"通常包括因自然灾害发生毁损、已丧失使用功能等原因而报废清理产生的损失。企业在不同交易中形成的非流动资产毁损报废利得或损失不得相互抵销，应分别在"营业外收入"项目和"营业外支出"项目进行填列。

18."利润总额"项目

本项目反映企业实现的利润总额。如为亏损总额，以"一"号填列。

19."所得税费用"项目

本项目反映企业应从当期利润中扣除的所得税费用。该项目应根据"所得税费用"账户的发生额分析填列。

20."净利润"项目

"（一）持续经营净利润"和"（二）终止经营净利润"项目，分别反映净利润中与持续经营相关的净利润以及与终止经营相关的净利润；如为净亏损，以"一"号填列。该两个项目应按照《企业会计准则第42号——持有待售的非流动资产、处置组和终止经营》的相关规定分别列报。

21."其他综合收益的税后净额"项目

"其他权益工具投资公允价值变动"项目，反映企业指定为以公允价值计量且其变动计入其他综合收益的非交易性权益工具投资发生的公允价值变动。该项目应根据"其他综合收益"账户的相关明细账户的发生额分析填列。

"企业自身信用风险公允价值变动"项目，反映企业指定为以公允价值计量且其变动计入当期损益的金融负债，由企业自身信用风险变动引起的公允价值变动而计入其他综合收益的金额。该项目应根据"其他综合收益"账户的相关明细账户的发生额分析填列。

"其他债权投资公允价值变动"项目，反映企业分类为以公允价值计量且其变动计入其他综合收益的债权投资发生的公允价值变动。企业将一项以公允价值计量且其变动计入其他综合收益的金融资产重分类为以摊余成本计量的金融资产，或重分类为以公允价值计量且其变动计入当期损益的金融资产时，之前计入其他综合收益的累计利得或损失从其他综合收益中转出的金额作为该项目的减项。该项目应根据"其他综合收益"账户下的相关明细账户的发生额分析填列。

"金融资产重分类计入其他综合收益的金额"项目，反映企业将一项以摊余成本计量的金融资产重分类为以公允价值计量且其变动计入其他综合收益的金融资产时，计入其他综合收益的原账面价值与公允价值之间的差额。该项目应根据"其他综合收益"账户下的相关明细账户的发生额分析填列。

"其他债权投资信用减值准备"项目，反映企业按照《企业会计准则第22号——金融工具确认和计量》（财会〔2017〕7号）第十八条分类为以公允价值计量且其变动计入其他综合收益的金融资产的损失准备。该项目应根据"其他综合收益"账户下的"信用减值准备"明细账户的发生额分析填列。

"现金流量套期储备"项目,反映企业套期工具产生的利得或损失中属于套期有效的部分。该项目应根据"其他综合收益"账户下的"套期储备"明细账户的发生额分析填列。

22."综合收益总额"项目

综合收益是指企业在某一期间除与所有者以其所有者身份进行的交易之外的其他交易或事项所引起的所有者权益变动。本项目金额等于本表"净利润"项目和"其他综合收益的税后净额"项目的合计数。

23."每股收益"项目

本项目反映普通股或潜在普通股已公开交易的企业以及正处于公开发行普通股或潜在普通股过程中的企业的每股收益信息。它包括基本每股收益和稀释每股收益。

(1)"基本每股收益"项目,反映企业普通股股东持有每一股份所能享有企业的利润或承担企业的亏损。

企业应当按照归属于普通股股东的当期净利润除以当期实际发行在外普通股加权平均数计算确定。

(2)"稀释每股收益"项目,反映企业存在稀释性潜在普通股的情况下,以基本每股收益为基础,考虑稀释性潜在普通股影响的每股收益。

企业存在稀释性潜在普通股的,应当根据其影响分别调整归属于普通股股东的当期净利润以及发行在外普通股的加权平均数,并据以计算稀释每股收益。

【学中做3—1】 (多项选择题)资产负债表依据(   )分析填制,利润表依据(   )分析填制。

1. 期初余额　　　　B. 期末余额　　　　C. 本期发生额　　　　D. 上期发生额

五、编制利润表举例

【做中学3—1】 仍以做中学2—1海达股份有限公司为例说明利润表的编制方法,如表3—2所示。

表3—2　　　　　　　　　　　　　　利　润　表　　　　　　　　　　　　　会企02表
编制单位:海达股份有限公司　　　　　　　2022年度　　　　　　　　　　　　　单位:元

项目	本期金额	上期金额(略)
一、营业收入	3 000 000	
减:营业成本	1 800 000	
税金及附加	10 000	
销售费用	40 000	
管理费用	164 720	
研发费用		
财务费用	80 000	
其中:利息费用	80 000	
利息收入		

续表

项　　目	本期金额	上期金额(略)
信用减值损失		
资产减值损失	44 000	
加:其他收益		
投资收益(损失以"—"号填列)	70 720	
其中:对联营企业和合营企业的投资收益		
以摊余成本计量的金融资产终止确认收益(损失以"—"号填列)		
净敞口套期收益(损失以"—"号填列)		
公允价值变动收益(损失以"—"号填列)		
资产处置收益(损失以"—"号填列)		
二、营业利润(亏损以"—"号填列)	932 000	
加:营业外收入	800	
减:营业外支出		
三、利润总额(亏损总额以"—"号填列)	932 800	
减:所得税费用	233 200	
四、净利润(净亏损以"—"号填列)	699 600	
(一)持续经营净利润(净亏损以"—"号填列)		
(二)终止经营净利润(净亏损以"—"号填列)		
五、其他综合收益的税后净额		
(一)不能重分类进损益的其他综合收益		
1. 重新计量设定受益计划变动额		
2. 权益法下不能转损益的其他综合收益		
3. 其他权益工具投资公允价值变动		
4. 企业自身信用风险公允价值变动		
……		
(二)将重分类进损益的其他综合收益		
1. 权益法下可转损益的其他综合收益		
2. 其他债权投资公允价值变动		
3. 金融资产重分类计入其他综合收益的金额		
4. 其他债权投资信用减值准备		
5. 现金流量套期储备		
6. 外币财务报表折算差额		
……		
六、综合收益总额		

项　目	本期金额	上期金额（略）
七、每股收益		
（一）基本每股收益		
（二）稀释每股收益		

项目练习

一、单项选择题

1. 反映企业某一会计期间经营成果的财务报表是（　　）。
   A. 资产负债表　　　B. 利润表　　　C. 现金流量表　　　D. 股东权益变动表
2. 企业专设销售机构发生的各项经费应记入（　　）项目。
   A."管理费用"　B."销售费用"　C."财务费用"　D."销售成本"
3. 与营业收入相关的，已经确定了归属期和归属对象的成本是指（　　）。
   A. 营业成本　　　B. 其他业务成本　　　C. 财务费用　　　D. 销售成本
4. 企业行政管理部门为组织和管理经营活动而发生的各项费用是指（　　）。
   A. 管理费用　　　B. 销售费用　　　C. 财务费用　　　D. 销售成本
5. 企业在筹集资金过程中发生的各项费用是指（　　）。
   A. 管理费用　　　B. 销售费用　　　C. 财务费用　　　D. 销售成本

二、多项选择题

1. 通过利润表，可以获取的企业信息有（　　）。
   A. 一定期间的收入状况　　　　　　B. 一定期间的成本费用状况
   C. 企业获利能力　　　　　　　　　D. 企业的财务状况
2. 企业税金及附加主要包括（　　）。
   A. 增值税　　　B. 消费税　　　C. 资源税　　　D. 城市维护建设税
3. 下列各项中，属于企业营业外收入的有（　　）。
   A. 固定资产出售净收益　　　　　　B. 罚款收入
   C. 政府补助收入　　　　　　　　　D. 提供劳务收入
4. 对利润表项目进行阅读与分析应主要对（　　）进行阅读与分析。
   A. 收入类项目　　B. 费用类项目　　C. 利润类项目　　D. 工时消耗
5. 从销售费用的基本构成及功能看，有些与企业的业务规模有关，它们是（　　）。
   A. 运输费　　　B. 包装费　　　C. 保险费　　　D. 销售佣金

三、判断题

1. 利润表可以反映企业一定时期的经营成果，因此有时称之为静态报表。（　　）
2. 利润表的格式有单步式与多步式，单步式利润表因其计算方法简单而被企业广泛采用。（　　）
3. 利润表的表首是利润表的主要部分，它能反映企业收入、费用和利润各项目的内容及相互关系。（　　）

4. 职工教育经费计入企业当期的管理费用。( )
5. 基本每股收益是净利润的抵减项目。( )

四、分析题

沿用项目二的项目练习分析题的资料,根据天途公司2022年度有关资料,编制该公司2022年度利润表。

1. 天途公司2022年度损益类账户发生额如表3—3所示。

表3—3　　　　　　　　　　　损益类账户发生额　　　　　　　　　　　单位:元

账户名称	借方发生额	贷方发生额
主营业务收入		5 000 000.00
其他业务收入		240 000.00
公允价值变动损益		
投资收益	21 509.43	340 000.00
营业外收入		
主营业务成本	3 200 000.00	
其他业务成本	65 000.00	
税金及附加	73 502.94	
销售费用	482 000.00	
管理费用	540 996.00	
财务费用	14 000.00	
信用减值损失	6 000.00	
资产处置损益	100 000.00	
所得税费用	229 247.91	

要求:

编制天途公司2022年度利润表,如表3—4所示。

表3—4　　　　　　　　　　　利　润　表　　　　　　　　　　　会企02表
编制单位:天途公司　　　　　　　　　　　2022年度　　　　　　　　　　　单位:元

项　目	本期金额	上期金额
一、营业收入		
减:营业成本		
税金及附加		
销售费用		
管理费用		
研发费用		
财务费用		

续表

项　目	本期金额	上期金额
其中：利息费用		
利息收入		
资产减值损失		
信用减值损失		
加：其他收益		
投资收益（损失以"－"号填列）		
其中：对联营企业和合营企业的投资收益		
净敞口套期收益（损失以"－"号填列）		
公允价值变动收益（损失以"－"号填列）		
资产处置收益（损失以"－"号填列）		
二、营业利润（亏损以"－"号填列）		
加：营业外收入		
减：营业外支出		
三、利润总额（亏损总额以"－"号填列）		
减：所得税费用		
四、净利润（净亏损以"－"号填列）		
（一）持续经营净利润（净亏损以"－"号填列）		
（二）终止经营净利润（净亏损以"－"号填列）		
五、其他综合收益的税后净额		
（一）不能重分类进损益的其他综合收益		
1. 重新计量设定受益计划变动额		
2. 权益法下不能转损益的其他综合收益		
3. 其他权益工具投资公允价值变动		
4. 企业自身信用风险公允价值变动		
……		
（二）以后将重分类进损益的其他综合收益		
1. 权益法下可转损益的其他综合收益		
2. 其他债权投资公允价值变动		
3. 金融资产重分类计入其他综合收益的金额		
4. 其他债权投资信用减值准备		
5. 现金流量套期储备		
6. 外币财务报表折算差额		
……		

续表

项　目	本期金额	上期金额
六、综合收益总额		
七、每股收益		
（一）基本每股收益		
（二）稀释每股收益		

制表人：　　　　　　　　　　　　　　会计主管：

项目四　现金流量表

● 知识目标

　　理解：现金流量表概念和作用；使用现金流量表的注意事项。
　　熟悉：现金流量表的结构、分析的目的和内容；现金流量表的编制原理。
　　掌握：编制现金流量表应注意的问题；现金流量表主要项目的分析内容与重点。

● 技能目标

　　运用现金流量表的内容，进行现金流量表的编制，并对现金流量表不同项目分别进行详细分析。

● 素质目标

　　能够对现金流量表及其相关资料进行整理，运用各种分析方法对企业的现金流量进行有效分析，并能根据分析结果提出改善企业经营管理的合理建议。

● 思政目标

　　能按照现金流量表主要项目的分析内容，结合财经法规和企业要求，自主解决现金流量表业务处理中出现的常见问题；培养专业知识的运用能力和技能；今后在职业岗位上尊重自我、尊重职业；增加文化自信，树立民族文化自信心和爱国主义情怀；不断适应新形势新要求，与时俱进、开拓创新，努力推动会计事业高质量发展。

● 项目引例

净利润大减的利弊

　　净利润增长率很重要，但仅看这个指标还远远不够，对上市公司而言赚到"真金白银"才是正经事。观察企业的净利润与经营活动现金净流量之间的关系，是检查企业的"体质"和竞争力的基础。企业的获利增加，经营活动现金流量也增加，则说明企业的营运比较正常；可如果企业的净利润与经营活动现金流量呈反向变动，则说明企业存在某些问题。

　　2016年上半年，中文在线净利润的增长率为9%，可是经营活动现金流量不仅减少了，而且下降幅度高达21.8%。由此说明，企业虽然账面上有钱，可实际上企业并没有那么多现金。这样一来，企业的经营风险、偿债风险等都要变大。造成这种现象的原因主要有两个：一是应收账款大量增加,二是存货大量增加。通过分析发现,中文在线2016年上半年应收账款和存货同时增加,表明企业在进行扩张。投资者喜欢能拿到"真金白银"的公司,但是现金流状况不好的公司,情况就一定不好吗?

资料来源:李贺、王晓佳主编:《财务报表分析》,上海财经大学出版社2020年版第55页,有改动。

请分析:中文在线现金流相对于净利润大减肯定是坏事吗?

● 引例导学

答案是否定的,一些公司由于处于扩张阶段,现金流情况看起来糟糕,恰恰是公司为了开拓市场而采取的措施,而如果运行得当,将获得不错的回报,当然这还要看公司具体做得怎么样。通过本项目的学习对上述问题进行解读。

任务一 现金流量表认知

一、现金流量表概述

现金流量表(Statement of Cash Flows)是指反映企业在一定会计期间现金和现金等价物流入和流出的报表。从编制原则上看,现金流量表按照收付实现制原则编制,将权责发生制下的盈利信息调整为收付实现制下的现金流量信息,便于信息使用者了解企业净利润的质量。从内容上看,现金流量表被划分为经营活动、投资活动和筹资活动三个部分,每类活动又分为各具体项目,这些项目从不同角度反映企业业务活动的现金流入与流出,弥补了资产负债表和利润表提供信息的不足。会计中利润表的重点在于公司的净收益,而财务管理关注的是现金流量。资产的价值是由其所产生的现金流量所决定的。公司的净收益固然重要,但现金流量更为重要,因为偿还债务、购买资产和支付股利等企业正常运作都缺少不了现金。企业的长期目标应该是投资者的现金流量最大化。资产负债表上的账面资产和利润表中的会计利润并不能代表企业实际可支配的货币资金。因此,现金流量表逐渐取代财务状况变动表,成为第三张主要的财务报表。

二、现金流量表的作用

现金流量表所提供的是一个企业在一定期间现金流入与现金流出的基本信息,它对于评价企业产生未来净现金流量的能力、偿还债务和支付股利的能力、企业外部筹资的需求、净收益与现金收支之间的差异,以及企业现金和非现金筹资与投资活动等都有着十分重要的意义。具体而言,现金流量表具有以下作用:

(一)有利于分析、评价和预测企业产生未来现金流量的能力

通过现金流量表可以揭示过去现金流入与流出及现金流量净额变动的原因,分析来自经营活动的净收益和现金净流量之间、投资和筹资活动与现金净流量之间的关系。这些以现金流量为基础的信息既有利于估量企业生成现金及现金等价物的能力,评价和比较不同企业未来现金流量的现值,又可以评价企业的财务结构以及企业为适应外部经济环境变化而对其现金流量金额、时间和不确定性进行调整的能力。

(二)有利于分析、评价和预测企业偿还债务和支付股利的能力

评价企业是否具有偿还债务和发放股利的能力,最直接的方法就是分析企业的经营活动现金流量。企业经营活动的净现金流量代表企业自我创造现金的能力。虽然企业可以通过对外筹资取

得现金,但债务本息的偿还最终取决于企业经营活动的净现金流入。因此,经营活动的净现金流入占总现金流入的比例越高,表明企业的财务基础越稳固、支付能力越强。

(三)有利于分析、评价和预测企业经营净收益与经营活动产生净现金流量之间差异的原因

资产负债表说明的是某一特定时日的资产和权益变动的结果,并不表明其变动的过程和原因;利润表所提供的是本期经营的结果,这一结果同企业经营活动所取得的净现金流入并不吻合。因此,要评价、分析企业经营净收益与经营活动产生净现金流量的差异及其原因,只能借助现金流量表,这样可以使得投资者、债权人等更合理地预测企业未来的现金流量,评价净收益的可靠性。

(四)有利于分析、评价和预测企业现金和非现金筹资、投资活动的有效性

通过对现金流量表中筹资和投资活动现金流量信息的分析,可以评价企业筹资和投资活动的有效性、企业筹资使用的效果以及企业投资的回报率。这些信息有助于财务报表的外部使用者更好地评价企业经营者的业绩和能力,有助于管理者更有效地计划和使用现金,提高现金的使用效率。

三、使用现金流量表的注意事项

(一)现金流量表的概念和原则

要正确理解现金流量表,必须明确"现金"的概念和报表编制的原则。在现金流量表中提及现金时,除非同时提及现金等价物,均包括现金和现金等价物。现金(Cash)是指企业库存现金以及可以随时用于支付的存款。现金等价物(Cash Equivalents)是指企业持有的期限短、流动性强、易于转换为已知金额现金、价值变动风险很小的投资。另外,传统的记账基础是权责发生制。但在编制现金流量表时,将收入和费用计入实际收付期,即将权责发生制转换为收付实现制。

(二)国内外现金流量表的差异

我国新企业会计准则下的现金流量表与国外的现金流量表在分类和格式上仍有一定差异。即使都将现金流量分为三类,但每一类所包括的具体内容仍然存在差异。我国将收到的股利和利息归为投资活动现金流量,支付的股利和利息归为筹资活动现金流量,而美国将它们都归为经营活动现金流量。国际会计准则允许企业自由选择。在格式上,国际会计准则和美国都鼓励采用直接法,但也允许采用间接法。

(三)现金流出

一般认为,企业现金流入越多,流出越少,对企业越有利。实际上,这种理解是片面的。企业在投资活动中发生的各项现金支出,实际上反映了其为拓展业务所做的努力。尤其对于正处于成长期的企业,大量的现金流出是十分必要的。有时由于大量的现金流出会导致企业投资活动乃至企业整体现金流量净额出现负数的情况,也是正常的。因此,对现金净流出的企业,在分析时要深入了解、具体对待。

(四)非现金性项目

有些成本和费用项目会减少利润,但没有现金的流出,如固定资产折旧、无形资产摊销等。折旧和摊销是非现金费用,但是由于税法允许其冲减应税收入,因此,在企业有盈利的情况下,可以减少应纳税额,也就是说,折旧和摊销会以减少纳税的方式减少现金流出。

【注意】无论是资产负债表、利润表还是现金流量表,在财务分析中都发挥着非常重要的作用,但单独一张报表都不能作为财务分析的唯一依据,而应该将所有报表以及其他资料结合在一起共同分析,才能了解企业的全面情况,得出正确的结论。

四、现金及现金等价物的定义

现金流量表中的现金是指企业库存现金以及可以随时用于支付的存款。具体来说,现金流量

表中的"现金"包括"现金"账户核算的库存现金,还包括企业"银行存款"账户核算的存入金融企业、随时可用于支付的存款,也包括"其他货币资金"账户核算的外埠存款、银行汇票存款、银行本票存款、信用卡存款、信用证保证金存款和存出投资款等其他货币资金。

所谓现金等价物,是指企业持有的期限短、流动性强、易于转换为已知金额现金、价值变动风险很小的投资。现金等价物虽然不是现金,但因其支付能力与现金差别不大,可视为现金。一项投资被确认为现金等价物必须同时具备四个条件:期限短、流动性强、易于转换为已知金额现金、价值变动风险很小。所谓期限短,通常是指在3个月或更短时间内即到期或即可转换为现金的投资。也就是说,期限短的主要标志是购买日至到期日在3个月或更短时间内转换为已知现金金额的投资。至于哪些投资可视为现金等价物,应依据其定义确定。例如,短期股票投资因其价值变动风险较大,就不应当被视为现金等价物。

五、现金流量的分类

现金流量表首先要对企业各项经营业务产生或运用的现金流量进行合理的分类。通常,按照企业经营业务发生的性质将企业一定期间内产生的现金流量归为以下三类:

(一)经营活动产生的现金流量

经营活动是指企业除投资活动和筹资活动以外的所有交易和事项。各类企业由于行业特点不同,对经营活动的认定存在一定的差异。对工商企业而言,经营活动主要包括销售商品、提供劳务、购买商品、接受劳务、支付职工薪酬、支付税费等。对商业银行而言,经营活动主要包括吸收存款、发放贷款、同业存放、同业拆借等。对保险公司而言,经营活动主要包括原保险业务和再保险业务等。对证券公司而言,经营活动主要包括自营证券、代理承销证券、代理兑付证券、代理买卖证券等。

(二)投资活动产生的现金流量

投资活动是指企业长期资产的购建和不包括在现金等价物范围内的投资及其处置活动。长期资产是指固定资产、无形资产、在建工程、其他资产等持有期限在一年或一个营业周期以上的资产。投资活动,既包括实物资产投资,也包括金融资产投资。之所以将"包括在现金等价物范围内的投资"排除在外,是因为已经将包括在现金等价物范围内的投资视同现金。不同企业由于行业特点不同,对投资活动的认定也存在差异。例如,交易性金融资产所产生的现金流量,对工商企业而言,属于投资活动现金流量,而对证券公司而言,则属于经营活动现金流量。

(三)筹资活动产生的现金流量

其中,资本既包括实收资本(或股本),也包括资本溢价(或股本溢价);债务是指对外举债,包括向银行借款、发行债券和偿还债务等。

此外,对于企业日常活动之外的、不经常发生的特殊项目,如自然灾害损失、保险赔款、捐赠等,应当归并到相关类别中,并单独反映。例如,对于自然灾害损失和保险赔款,如果能够确认属于流动资产损失,应当列入经营活动产生的现金流量;属于固定资产损失,应当列入投资活动产生的现金流量。

六、现金流量表分析的目的

现金流量表主要提供有关企业现金流量方面的信息,编制现金流量表的目的主要是向企业外部投资者提供企业一定会计期间内现金和现金等价物流入与流出的信息,以便于报表使用者了解和评价企业获取现金与现金等价物的能力,并据以评估和预测企业未来现金流量。因此,分析现金流量表在评价企业经营业绩、衡量企业经济资源和财务风险、预测企业未来前景等方面有十分重要

的作用。具体如下:

(一)有助于投资者、债权人分析企业未来的现金流量

投资者、债权人从事投资与信贷的主要目的是为了取得收益并增加未来的现金流量。投资者在作出是否投资的决策时需考虑原始投资的保障、股利的获得以及股票市价变动等有利或不利因素的影响。债权人在作出是否贷款的决策时,关心的是能否按时获得利息和到期足额收回本金,而所有这些都取决于企业本身的现金流量的金额、时间及不确定性。只有企业能产生必要的现金流量,才有能力按期还本付息和支付稳定的股利。因此,现金流量表提供的信息能帮助投资者、债权人评估企业未来的现金流量,进而帮助他们作出是否投资和贷款的决策。

(二)有助于投资者、债权人分析企业偿还债务、支付股利和对外筹资的能力

投资者和债权人想要评估企业偿还债务、支付股利的能力,最直接有效的方法是分析企业的现金流量,即企业产生现金的能力。企业产生现金的能力,从根本上讲取决于经营活动的净现金流入。因此,经营活动产生的净现金流入占现金来源总额的比重越高,企业偿还债务、支付股利和对外筹资的能力越强。现金流量表披露的经营活动产生的净现金流入信息有助于投资者和债权人进行这方面的分析与评价。

(三)有助于财务报表使用者分析本期净利润与经营活动现金流量之间差异的原因

利润表中列示的净利润指标,是按权责发生制编制的,不能反映企业经营活动产生了多少现金,也没有反映投资和筹资活动对企业财务状况的影响。通过现金流量表,可以掌握企业经营活动、投资活动和筹资活动产生的现金流量,将经营活动产生的现金流量与净利润相比较,可以从现金流量的角度了解企业净利润的质量,并进一步判断哪些因素影响现金流入,从而为分析和判断企业的财务前景提供信息。

(四)有助于报表使用者分析报告期内与现金有关和无关的投资及筹资活动

现金流量表除披露经营活动的现金流量、投资及筹资活动的现金流量外,还披露那些虽与现金流量无关,但用于企业的筹资及投资活动的支出。这些信息对报表使用者作出正确的投资与信贷决策、评估企业未来的现金流量,同样具有重要的意义。

七、现金流量表分析的主要内容

现金流量表分析的主要内容包括以下两个方面:

(一)现金流量表结构分析

现金流量表结构分析,又称为现金流量表的垂直分析,它是通过编制现金流量表的结构分析表来进行纵向比较分析,将现金流量表各项目与总现金流入(或流出)和现金净流量进行比较,分析说明现金流入、现金流出的构成及现金余额是如何形成的,说明影响企业现金增减变动的因素,并据以了解企业现金充裕或紧张的原因,进一步预测企业在未来期间的现金流量的变动趋势。

(二)现金流量表趋势分析

现金流量表趋势分析,又称为现金流量表的水平分析,它是通过对企业连续两期或多期现金流量表中的数据进行比较,计算其增减变动的数额和增减变动的百分比,从而了解企业经营活动、投资活动和筹资活动变动的方向、数额与幅度,据以判断企业现金状况的变化趋势。

任务二 现金流量表编制

一、现金流量表的内容

现金流量表一般由表首、正表和补充资料三部分构成。

(一)表首

表首主要包括报表名称、编制单位、编制日期、报表编号和数量单位等要素。

(二)正表

正表是现金流量表的主体和核心。在现金流量表中,现金流量分为三个方面:

1. 经营活动产生的现金流量

经营活动,是指企业投资活动和筹资活动以外的所有交易和事项。也就是除归属于投资活动和筹资活动以外的所有交易和事项都可归属于经营活动。由经营活动而取得的现金收入和发生的现金支出构成经营活动产生的现金流量。

2. 投资活动产生的现金流量

投资活动,是指企业长期资产的购建和不包括在现金等价物范围内的投资及其处置活动。这里的长期资产主要包括固定资产、在建工程、无形资产和其他长期资产。需要注意的是,投资活动与投资是两个不同的概念,投资分为短期投资与长期投资,购建固定资产是投资活动,但却不是一项投资;购买3个月内到期的债券属于短期投资,但它却不是投资活动。由投资活动而取得的现金收入或发生的现金支出构成投资活动产生的现金流量。

3. 筹资活动产生的现金流量

筹资活动,是指导致企业资本及债务规模及其构成发生变化的活动。这里所说的资本,包括实收资本(股本),也包括资本溢价(股本溢价);这里所说的债务是指对外举债,包括向银行借款、发行债券等。但是应付账款、应付票据等属于经营活动,不属于筹资活动,不包括在此处所说的债务之列。由筹资活动而取得的现金收入和发生的现金支出构成筹资活动产生的现金流量。

(三)补充资料

补充资料主要用于对正表内容进行补充。

【学中做4-1】 (多项选择题)现金流量分为( )。

A. 经营活动产生的现金流量　　B. 投资活动产生的现金流量
C. 筹资活动产生的现金流量　　D. 非经常项目产生的现金流量

二、现金流量表的编制原理

现金流量表以现金及现金等价物为基础编制,分为经营活动、投资活动和筹资活动,按照收付实现制原则编制,将权责发生制下的盈利信息调整为收付实现制下的现金流量信息。

(一)现金

现金,是指企业库存现金以及可以随时用于支付的存款。不能随时用于支付的存款不属于现金。现金主要包括以下方面:

1. 库存现金

库存现金是指企业持有可随时用于支付的现金,与"库存现金"科目的核算内容一致。

2. 银行存款

银行存款是指企业存入金融机构、可以随时用于支付的存款,与"银行存款"科目核算内容基本一致,但不包括不能随时用于支付的存款。例如,不能随时支取的定期存款等不应作为现金;提前通知金融机构便可支取的定期存款则应包括在现金范围内。

3. 其他货币资金

其他货币资金是指存放在金融机构的外埠存款、银行汇票存款、银行本票存款、信用卡存款、信用证保证金存款等,与"其他货币资金"科目核算内容一致。

(二)现金等价物

现金等价物,是指企业持有的期限短、流动性强、易于转换为已知金额现金、价值变动风险很小的投资。其中,"期限短"一般是指从购买日起3个月内到期,如可在证券市场上流通的3个月内到期的短期债券等。现金等价物虽然不是现金,但其支付能力与现金的差别不大,可视为现金。例如,企业为保证支付能力,必须手持必要的现金,但为了不使现金闲置,可以购买短期债券,在需要现金时,随时可以变现。不同企业现金及现金等价物的范围可能不同。企业应当根据具体情况,确定现金及现金等价物的范围,一经确定不得随意变更。如果发生变更,应当按照会计政策变更处理。

【学中做4-2】(多项选择题)下列各项,属于现金流量表中现金及现金等价物的有( )。
A. 库存现金　　　　　　　　　　B. 其他货币资金
C. 3个月内到期的债券投资　　　　D. 随时用于支付的银行存款

三、编制现金流量表应注意的问题

(一)现金流量表中的现金与库存现金的区分

现金流量表中的现金是指企业的库存现金以及随时可用于支付的存款。它既包括会计核算中"库存现金"账户核算的库存现金,又包括企业"银行存款"账户核算的存入金融机构、随时可以用于支付的存款,还包括"其他货币资金"账户核算的外埠存款、银行汇票存款、银行本票存款等其他货币资金。从这个意义上讲,现金流量表中的现金很接近于会计核算中的货币资金,但又不同于货币资金,它是将货币资金中不能随时用于支取的定期存款等扣除在外,因此,现金流量表中的"现金"=库存现金+银行存款+其他货币资金-不能随时用于支付的存款。如果企业同时还拥有期限短、流动性强、易于转换为已知金额现金、价值变动风险很小的投资(通常指3个月以内到期),即现金等价物,也应视为现金。此时,现金流量表中的"现金"=库存现金+银行存款+其他货币资金-不能随时用于支付的存款+现金等价物。

(二)现金流量与经济活动的区分

现金流量是指企业在一定会计期间内现金流入和流出的数量。企业所有的经济活动不外乎分为三种类型:①借贷双方均不涉及现金的业务活动,如存货形式之间的转换、成本与费用的结转等;②借贷双方均是现金的业务活动,如"库存现金""银行存款""其他货币资金"和现金等价物之间的转换;③借贷双方一方是现金,另一方是非现金的业务活动,如销售商品同时收讫货款、购买存货支付货款等。在这三种类型的经济活动中,第①类经济活动由于借贷双方均不涉及现金,因此并不产生现金流量;第②类经济活动借贷双方均为现金,属于现金形式上的转换,并不引起现金总量的变化,也不构成现金流量;只有第③类经济活动借贷双方一方为现金而另一方为非现金的业务活动,才构成现金的流入或流出,从而引起企业现金总量的增减变化。

四、现金流量表的格式和填列方法

(一)现金流量表的格式

我国的现金流量表包含正表和补充资料两部分。正表是现金流量表的主体和核心,反映企业在一定会计期间各类现金流入量、流出量和净流量的信息。现金流量表补充资料包括以下三部分内容:将净利润调节为经营活动的现金流量(即按间接法编制的经营活动现金流量)、不涉及现金收支的重大投资和筹资活动、现金及现金等价物净变动情况。

(二)现金流量表的填列方法

1. 经营活动产生的现金流量的填列方法

在我国,企业经营活动产生的现金流量应当采用直接法填列。直接法是指通过现金收入和现金支出的主要类别列示经营活动的现金流量。

(1)"销售商品、提供劳务收到的现金"项目,反映企业销售商品、提供劳务实际收到的现金,包括应向购买者收取的增值税销项税额,具体包括本期销售商品、提供劳务收到的现金,以及前期销售商品、提供劳务本期收到的现金和本期预收的账款,减去本期销售本期退回的商品和前期销售本期退回的商品支付的现金。企业销售材料和代购代销业务收到的现金,也在本项目反映。本项目可以根据"库存现金""银行存款""应收票据""应收账款""预收账款""主营业务收入""其他业务收入"科目的记录分析填列。

(2)"收到的税费返还"项目,反映企业收到返还的各种税费,如收到的增值税、消费税、关税、所得税、教育费附加返还款等。

(3)"收到其他与经营活动有关的现金"项目,反映企业除了上述各项目外,收到的其他与经营活动有关的现金,如罚款、经营租赁固定资产收到的现金、投资性房地产收到的租金收入、流动资产损失中由个人赔偿的现金、除税费返还外的其他政府补助收入等。其他现金流入如价值较大的,应单列项目反映。本项目可以根据"库存现金""银行存款""管理费用"或"销售费用"等科目的记录分析填列。企业实际收到的政府补助,无论是与资产相关还是与收益相关,均在"收到其他与经营活动有关的现金"项目填列。

(4)"购买商品、接受劳务支付的现金"项目,反映企业购买材料和商品、接受劳务实际支付的现金,包括支付的货款以及与货款一并支付的增值税进项税额,具体包括本期购买材料和商品、接受劳务支付的现金,以及本期支付前期购买商品、接受劳务的未付款项和本期预付款项,本期发生的购货退回收到的现金应从本项目内扣除。为购置存货而发生的借款利息资本化部分,应在"分配股利、利润或偿付利息支付的现金"项目中反映。本项目可以根据"库存现金""银行存款""应付票据""应付账款""预付账款""主营业务成本""其他业务成本"等科目的记录分析填列。

(5)"支付给职工以及为职工支付的现金"项目,反映企业实际支付给职工,以及为职工支付的现金,包括为获得职工提供的服务,本期实际给予职工各种形式的报酬以及其他相关支出,如支付给职工的工资、奖金、各种津贴和补贴等,以及为职工支付的其他费用。支付的在建工程人员的工资,在"购建固定资产、无形资产和其他长期资产支付的现金"项目中反映。

企业为职工支付的医疗、养老、失业、工伤等社会保险基金、补充养老保险、住房公积金,企业为职工缴纳的商业保险金,因解除与职工劳动关系给予的补偿,现金结算的股份支付,以及企业支付给职工或为职工支付的其他福利费等,应根据职工的性质和服务对象,分别在"购建固定资产、无形资产和其他长期资产支付的现金"和"支付给职工以及为职工支付的现金"项目中反映。

本项目可以根据"应付职工薪酬""库存现金""银行存款"等科目的记录分析填列。

(6)"支付的各项税费"项目,反映企业按规定支付的各种税费,包括本期发生并支付的税费,以及本期支付以前各期发生的税费和本期预交的税费,如支付的增值税、所得税、消费税、印花税、房产税、土地增值税、车船税、教育费附加。其不包括计入固定资产价值、实际支付的耕地占用税,也不包括本期退回的增值税、所得税等,本期退回的增值税、所得税等在"收到的税费返还"项目反映。本项目可以根据"应交税费""库存现金""银行存款"等科目的记录分析填列。

(7)"支付其他与经营活动有关的现金"项目,反映企业除上述各项目外,支付的其他与经营活动有关的现金,如经营租赁支付的租金、罚款支出、支付的差旅费、业务招待费、支付的保险费等,其他现金流出如价值较大的,应单列项目反映。本项目可以根据有关科目的记录分析填列。

2. 投资活动产生的现金流量的填列方法

(1)"收回投资收到的现金"项目,反映企业出售、转让或到期收回除现金等价物以外的交易性金融资产、债权投资、其他债权投资、长期股权投资、其他权益工具投资而收到的现金，以及收回债权投资、其他债权投资本金而收到的现金，不包括长期债权投资收回的利息，以及收回的非现金资产。本项目可以根据"交易性金融资产""债权投资""其他债权投资""长期股权投资""其他权益工具投资""库存现金""银行存款"等科目的记录分析填列。

（2）"取得投资收益收到的现金"项目，反映因各种投资而分得的现金股利、利润、利息等，不包括股票股利。本项目可以根据"库存现金""银行存款""应收股利""应收利息""投资收益"等科目的记录分析填列。

（3）"处置固定资产、无形资产和其他长期资产收回的现金净额"项目，反映企业处置固定资产、无形资产和其他长期资产所取得的现金，扣除为处置这些资产而支付的有关费用后的净额。由于自然灾害所造成的固定资产等长期资产损失而收到的保险赔偿收入，也在本项目反映。如果收回的现金净额为负数，则应在"支付的其他与投资活动有关的现金"项目中反映。本项目可以根据"固定资产清理""库存现金""银行存款"等科目的记录分析填列。

（4）"处置子公司及其他营业单位收到的现金净额"项目，反映企业处置子公司及其他营业单位所取得的现金，减去子公司及其他营业单位持有的现金和现金等价物以及相关处置费用后的净额。本项目可以根据有关科目的记录分析填列。

（5）"收到其他与投资活动有关的现金"项目，反映企业除了上述项目以外，收到的其他与投资活动有关的现金流入。其他与投资活动有关的现金，如果价值较大，应单独反映。本项目可以根据有关科目的记录分析填列。

（6）"购建固定资产、无形资产和其他长期资产支付的现金"项目，反映企业购买、建造固定资产，取得无形资产和其他长期资产（如投资性房地产）所支付的现金，不包括为购建固定资产、无形资产和其他长期资产而发生的借款利息资本化的部分（在"分配股利、利润或偿付利息支付的现金"项目中反映），也不包括融资租入固定资产支付的租赁费（在"支付其他与筹资活动有关的现金"项目中反映）。本项目可以根据"固定资产""在建工程""工程物资""无形资产""库存现金""银行存款"等科目的记录分析填列。

（7）"投资支付的现金"项目，反映企业进行权益性投资所支付的现金，包括企业取得除现金等价物之外的交易性金融资产、债权投资、其他债权投资、长期投资投资、其他权益工具投资而支付的现金，以及支付的佣金、手续费等附加费用。

值得注意的是，企业进行债权或股权投资时，实际支付的价款中包含的已宣告但尚未领取的现金股利或已到付息期但尚未领取的债券利息，应在投资活动的"支付的其他与投资活动有关的现金"项目反映；收回购买股票和债券时支付的已宣告但尚未领取的现金股利或已到付息期但尚未领取的债券利息，应在投资活动的"收到的其他与投资活动有关的现金"项目反映。本项目可以根据"交易性金融资产""债权投资""其他债权投资""长期股权投资""其他权益工具投资""库存现金""银行存款"等科目的记录分析填列。

（8）"取得子公司及其他营业单位支付的现金净额"项目，反映企业购买子公司及其他营业单位购买出价中以现金支付的部分，减去子公司或其他营业单位持有的现金和现金等价物后的净额。本项目可以根据"长期股权投资""库存现金""银行存款"等科目的记录分析填列。

（9）"支付的其他与投资活动有关的现金"项目，反映企业除了上述项目以外，支付的其他与投资活动有关的现金流出。其他现金流出如价值较大的，应单列项目反映。本项目可以根据"应收股利""应收利息""银行存款""库存现金"等科目的记录分析填列。

3. 筹资活动产生的现金流量的填列方法

现金流量表需要单独反映筹资活动产生的现金流量，通过现金流量表中反映的筹资活动的现金流量,可以帮助投资者和债权人预计对企业未来现金流量的要求权,以及获得前期现金流入而付出的代价。筹资活动的现金流量各项目的内容如下:

(1)"吸收投资收到的现金"项目,反映企业收到的投资者投入的现金,包括以发行股票、债券等方式筹集资金实际收到的股款净额(发行收入扣除佣金等发行费用后的净额)。以发行股票方式筹集资金而由企业直接支付的审计、咨询等费用,以及发行债券支付的发行费用在"支付的其他与筹资活动有关的现金"项目反映,不从本项目扣除。本项目可以根据"实收资本(或股本)""资本公积""库存现金""银行存款"等科目的记录分析填列。

(2)"取得借款收到的现金"项目,反映企业举借各种短期、长期借款所收到的现金以及发行债券实际收到的款项净额(发行收入扣除直接支付的佣金等发行费用后的净额)。本项目可以根据"短期借款""长期借款""交易性金融负债""应付债券""库存现金""银行存款"等科目的记录分析填列。

(3)"收到其他与筹资活动有关的现金"项目,反映企业除上述各项目外,收到的其他与筹资活动有关的现金流入,如接受现金捐赠等。其他现金流入价值较大的,应单列项目反映。本项目可根据有关科目的记录分析填列。

(4)"偿还债务支付的现金"项目,反映企业以现金偿还债务的本金,包括偿还金融企业的借款本金、偿还债券本金等。企业偿付的借款利息、债券利息,不在本项目反映。本项目可以根据"短期借款""交易性金融负债""长期借款""应付债券""库存现金""银行存款"等科目的记录分析填列。

(5)"分配股利、利润和偿付利息支付的现金"项目,反映企业实际支付的现金股利、支付给其他单位的利润或用现金支付的借款利息、债券利息。本项目可以根据"应付股利""应付利息""利润分配""财务费用""在建工程""制造费用""研发支出""库存现金""银行存款"等科目的记录分析填列。

(6)"支付其他与筹资活动有关的现金"项目,反映企业除上述各项目外,支付的其他与筹资活动有关的现金流出,如以发行股票、债券方式筹集资金而由企业直接支付的审计、咨询等费用,融资租赁各期支付的现金、以分期付款方式购建固定资产、无形资产等各期支付的现金等。其他现金流出如价值较大的,应单列项目反映。本项目可根据有关科目的记录分析填列。

4. 汇率变动对现金及现金等价物的影响

该项目反映企业外币现金流量及境外子公司的现金流量折算为记账本位币时,采用现金流量发生日的即期汇率或即期汇率的近似汇率折算的记账本位币金额与"现金及现金等价物净增加额"中外币现金净增加额按期末汇率折算的记账本位币金额之间的差额。汇率变动对现金的影响额应当作为调节项目,在现金流量表中单独列报。

在编制现金流量表时,对当期发生的外币业务,也可不必逐笔计算汇率变动对现金的影响,可以通过现金流量表补充资料中"现金及现金等价物净增加额"与现金流量表中"经营活动产生的现金流量净额""投资活动产生的现金流量净额""筹资活动产生的现金流量净额"三项之和比较,其差额即为"汇率变动对现金及现金等价物的影响"。

5. 现金流量表补充资料

除现金流量表反映的信息外,企业还应在附注中披露将净利润调节为经营活动现金流量、不涉及现金收支的重大投资和筹资活动、现金及现金等价物净变动情况等信息。

(1)将净利润调节为经营活动现金流量

将净利润调节为经营活动现金流量,实际上是采用间接法列报经营活动现金流量,就是将按权责发生制原则确定的净利润调整为现金净流入,并剔除投资活动和筹资活动对现金流量的影响。

企业应当在附注中披露将净利润调节为经营活动现金流量的信息。至少应当单独披露对净利润进行调节的下列项目:"资产减值准备""固定资产折旧""无形资产摊销""长期待摊费用摊销""处置固定资产、无形资产和其他长期资产的损失(减:收益)""固定资产报废损失""公允价值变动损失""财务费用""投资损失(减:收益)""递延所得税资产减少(增加以'—'号填列)""递延所得税负债增加(减少以'—'号填列)""存货的减少(减:增加)""经营性应收项目的减少(减:增加)""经营性应付项目的增加(减:减少)"。

补充资料中"现金及现金等价物净增加额"与现金流量表中的"五、现金及现金等价物净增加额"的金额相等。

(2) 不涉及现金收支的重大投资和筹资活动

不涉及现金收支的投资和筹资活动,反映企业一定期间内影响资产或负债但不形成该期现金收支的所有投资和筹资活动的信息,具体有以下项目:"债务转为资本""一年内到期的可转换公司债券""融资租入固定资产"。

五、现金流量表主表及附注

(一)现金流量表主表

现金流量表主表(格式见表4—1)主要反映经营活动现金流入与流出、投资活动现金流入与流出、筹资活动现金流入与流出的具体项目和内容。

表4—1　　　　　　　　　　　　现金流量表　　　　　　　　　　　　会企03表
编制单位：　　　　　　　　　　　2022年度　　　　　　　　　　　　单位:元

项　目	行次	本期金额	上期金额
一、经营活动产生的现金流量			
销售商品、提供劳务收到的现金			
收到的税费返还			
收到其他与经营活动有关的现金			
现金流入小计			
购买商品、接受劳务支付的现金			
支付给职工以及为职工支付的现金			
支付的各项税费			
支付其他与经营活动有关的现金			
现金流出小计			
经营活动产生的现金流量净额			
二、投资活动产生的现金流量			
收回投资收到的现金			
取得投资收益收到的现金			
处置固定资产、无形资产和其他长期资产收回的现金净额			
处置子公司及其他营业单位收到的现金净额			
收到其他与投资活动有关的现金			
现金流入小计			
购建固定资产、无形资产和其他长期资产支付的现金			

续表

项　目	行次	本期金额	上期金额
投资支付的现金			
取得子公司及其他营业单位支付的现金净额			
支付其他与投资活动有关的现金			
现金流出小计			
投资活动产生的现金流量净额			
三、筹资活动产生的现金流量			
吸收投资收到的现金			
取得借款收到的现金			
收到其他与筹资活动有关的现金			
现金流入小计			
偿还债务支付的现金			
分配股利、利润或偿付利息支付的现金			
支付其他与筹资活动有关的现金			
现金流出小计			
筹资活动产生的现金流量净额			
四、汇率变动对现金及现金等价物的影响			
五、现金及现金等价物净增加额			
加：期初现金及现金等价物余额			
六、期末现金及现金等价物余额			

（二）现金流量表附注

现金流量表附注（格式见表 4－2）是现金流量表的补充资料部分，其主要包括以下三部分内容：将净利润调节为经营活动现金流量、不涉及现金收支的重大投资和筹资活动、现金及现金等价物净变动情况。

1. 将净利润调节为经营活动现金流量

现金流量表准则规定企业应当在附注中披露将净利润调节为经营活动现金流量的信息。本部分以净利润为起点，将以权责发生制为基础的净利润调节为以收付实现制为基础的经营活动现金流量。这是现金流量表编制方法中的间接法。间接法的原理分析如下：

根据现行利润表，净利润等于广义收入减去广义费用。广义收入包括计入当期损益的利得，广义费用包括计入当期损益的损失。

$$净利润 = 广义收入 - 广义费用 \tag{1}$$

将等式(1)中的广义收入分为经营活动收入与非经营活动收入，将广义费用分为经营活动费用与非经营活动费用；再进一步将经营活动收入分解为经营活动现金收入和经营活动非现金收入，将经营活动费用分解为经营活动现金费用和经营活动非现金费用。这样，等式(1)可变换得到等式(2)：

$$净利润 = \begin{pmatrix} 经营活动 \\ 现金收入 \end{pmatrix} + \begin{pmatrix} 经营活动 \\ 非现金收入 \end{pmatrix} + \begin{pmatrix} 非经营 \\ 活动收入 \end{pmatrix} - \begin{pmatrix} 经营活动 \\ 现金费用 \end{pmatrix} + \begin{pmatrix} 经营活动 \\ 非现金费用 \end{pmatrix} + \begin{pmatrix} 非经营 \\ 活动费用 \end{pmatrix} \tag{2}$$

将等式(2)进行移项后得到等式(3):

$$\genfrac{}{}{}{}{\text{经营活动}}{\text{现金收入}} - \genfrac{}{}{}{}{\text{经营活动}}{\text{现金费用}} = \text{净利润} + \left[\left(\genfrac{}{}{}{}{\text{经营活动}}{\text{非现金费用}} + \genfrac{}{}{}{}{\text{非经营}}{\text{活动费用}}\right) - \left(\genfrac{}{}{}{}{\text{经营活动}}{\text{非现金收入}} + \genfrac{}{}{}{}{\text{非经营}}{\text{活动收入}}\right)\right] \quad (3)$$

等式(3)表明,经营活动现金流量净额(即等式左边)等于净利润加上经营活动非付现费用及非经营活动费用,减去经营活动非收现收入及非经营活动收入(即等式右边)。

现金流量表准则规定,企业在现金流量表附注部分至少应当单独披露对净利润进行调节的下列项目:①资产减值准备;②固定资产折旧、油气资产折耗、生产性生物资产折旧;③无形资产摊销;④长期待摊费用摊销;⑤处置固定资产、无形资产和其他长期资产的损益;⑥固定资产报废损益;⑦公允价值变动损益;⑧财务费用;⑨投资损益;⑩递延所得税资产和递延所得税负债;⑪存货;⑫经营性应收项目;⑬经营性应付项目。这些项目的具体编制和填列在下文再作展开。

表 4-2　　　　　　　　　　　　　现金流量表附注　　　　　　　　　　会企 03 表附注

编制单位:　　　　　　　　　　　　　2022 年度　　　　　　　　　　　　　单位:元

1.将净利润调节为经营活动现金流量:	行次	本期金额
净利润		
加:资产减值准备		
固定资产折旧、油气资产折耗、生产性生物资产折旧		
无形资产摊销		
长期待摊费用摊销		
处置固定资产、无形资产和其他长期资产的损失(收益以"-"号填列)		
固定资产报废损失(收益以"-"号填列)		
公允价值变动损失(收益以"-"号填列)		
财务费用(收益以"-"号填列)		
投资损失(收益以"-"号填列)		
递延所得税资产减少(增加以"-"号填列)		
递延所得税负债增加(减少以"-"号填列)		
存货的减少(增加以"-"号填列)		
经营性应收项目的减少(增加以"-"号填列)		
经营性应付项目的增加(减少以"-"号填列)		
其他		
经营活动产生的现金流量净额		
2.不涉及现金收支的重大投资和筹资活动:		
债务转为资本		
一年内到期的可转换公司债券		
融资租入固定资产		
3.现金及现金等价物净变动情况:		
现金的期末余额		

续表

减：现金的期初余额		
加：现金等价物的期末余额		
减：现金等价物的期初余额		
现金及现金等价物净增加额		

2. 不涉及现金收支的重大投资和筹资活动

该部分反映企业一定期间内影响资产或负债但不形成该期现金收支的所有重大的投资和筹资活动的信息。这些重大的投资及筹资活动虽然在本期不涉现金收支，但对以后各期的现金流量会产生重大影响，为便于信息使用者对企业未来现金流量做出预测和判断，故应予以披露。在现金流量表附注中应当披露的不涉及现金收支的重大投资及筹资活动主要包括：①债务转为资本。本项目反映企业本期转为资本的债务金额。②一年内到期的可转换公司债券。本项目反映企业一年内到期的可转换公司债券的本息。③融资租入固定资产。本项目反映企业本期融资租入的固定资产。

3. 现金及现金等价物净变动情况

该部分主要反映现金及现金等价物的净变动情况，可用现金及现金等价物的期末余额减去期初余额得到。该部分内容可用以检验主表中用直接法编制的现金流量净额是否准确，起到表与表之间的相互核对作用。

六、现金流量表编制方法

（一）直接法和间接法

经营活动产生的现金流量是一项重要的指标，它可以说明企业在不动用外部筹得资金的情况下，通过经营活动产生的现金流量是否足以偿还负债、支付股利和对外投资。经营活动产生的现金流量通常可以采用直接法和间接法两种方法反映。

直接法（Direct Method）又称利润表法，它直接分项目列示经营活动对现金流量的影响。这种方法以同期利润表、比较资产负债表以及有关账户的明细资料为依据，以利润表中的各收入、费用项目为起算点，分别调整与经营活动有关的流动资产和流动负债的增减变动，将权责发生制确认的本期各项收支分析调整为以收付实现制为基础的经营活动现金流量，即以实际现金收支表达各项经营活动现金流量，不影响现金流量的收入与费用，以及营业外收支不必调整。

【提示】直接法能较详细地列示来自经营活动的各项现金流入量与现金流出量，揭示了现金流量与企业经营活动的内在联系。采用直接法有助于报表使用者预测企业未来经营活动产生的现金流量，正确评价企业的偿债能力和变现能力。

间接法（Indirect Method）又称调整法，是以本期净利润（亏损）为起算点，调整经营活动中不影响现金的收入、费用、营业外收支以及与经营活动有关的流动资产和流动负债的增减变化，来确定经营活动所提供的净现金流量。

【提示】间接法有助于分析净利润与经营活动净现金流量的差异，反映现金流量表与利润表和资产负债表之间的联系，对于真实评估企业业绩、帮助内部管理者进行相关决策都很有价值。

具体到两种方法的比较，虽然间接法由于可以直接利用利润表和资产负债表上的现成数据，在操作上更为简便，但从理论上说直接法是更为可取的。它可以提供经营活动中特定现金来源（流入）与使用（流出）的详尽信息，项目对应关系清晰易懂，可以避免在"经营活动的现金流量"项目下报告非现金项目（如折旧、资产处置利得或损失）的混乱及其可能产生的误导。

【注意】我国企业会计准则规定企业应当采用直接法编报现金流量表,同时要求在附注中提供以净利润为基础调节经营活动现金流量的信息。

(二)工作底稿法及其编制程序

采用工作底稿法编制现金流量表,是以工作底稿为手段,以利润表和资产负债表数据为基础,对每一项目进行分析并编制调整分录,从而编制出现金流量表。具体来说,运用工作底稿法编制现金流量表的工作程序如下:

第一步,将资产负债表的期初数和期末数过入工作底稿的期初数栏和期末数栏。

第二步,对当期业务进行分析并编制调整分录。编制调整分录时,要以利润表项目为基础,从"营业收入"开始,结合资产负债表项目逐一进行分析。调整分录中,有关现金和现金等价物的事项,分别记入"经营活动产生的现金流量""投资活动产生的现金流量""筹资活动产生的现金流量"有关项目。借记表示现金流入,贷记表示现金流出。

第三步,将调整分录过入工作底稿中的相应部分。

第四步,核对调整分录,借贷合计应相等,资产负债表项目期初数加减调整分录中的借贷金额以后,应当等于期末数。

第五步,根据工作底稿中的现金流量表项目部分编制正式的现金流量表。

【做中学4—1】 仍以做中学2—1海达股份有限公司为例,按照工作底稿法编制该公司2022年的现金流量表,具体过程如下:

第一步,将资产负债表的期初数和期末数过入工作底稿的期初数栏和期末数栏。

第二步,对当期业务进行分析并编制调整分录。编制调整分录时,要以利润表为基础,从"营业收入"开始,结合资产负债表项目逐一进行分析。本例调整分录如下:

(1)分析调整营业收入:

  借:经营活动现金流量——销售商品、提供劳务收到的现金　　2 296 000
    应收账款　　432 000
    应收票据　　662 000
   贷:营业收入　　3 000 000
    应交税费　　390 000

(2)分析调整营业成本:

  借:营业成本　　1 800 000
    应付票据　　234 000
   贷:经营活动现金流量——购买商品、接受劳务支付的现金　　1 453 280
    存货　　580 720

(3)分析调整税金及附加:

  借:税金及附加　　10 000
   贷:经营活动现金流量——支付的各项税费　　10 000

(4)分析调整销售费用:

  借:销售费用　　40 000
   贷:经营活动现金流量——支付其他与经营活动有关的现金　　40 000

(5)分析调整管理费用:

  借:管理费用　　164 720
   贷:经营活动现金流量——支付其他与经营活动有关的现金　　164 720

(6)分析调整财务费用:

借:财务费用　　　　　　　　　　　　　　　　　　　　　　　　　　　　80 000
　　　　　贷:应付利息　　　　　　　　　　　　　　　　　　　　　　　　　　30 000
　　　　　　　长期借款　　　　　　　　　　　　　　　　　　　　　　　　　50 000
(7)分析调整资产减值损失:
　　　借:资产减值损失　　　　　　　　　　　　　　　　　　　　　　　　　44 000
　　　　　贷:固定资产　　　　　　　　　　　　　　　　　　　　　　　　　40 000
　　　　　　　经营活动现金流量——支付其他与经营活动有关的现金　　　　　4 000
(8)分析调整投资收益:
　　　借:投资活动现金流量——取得投资收益收到的现金　　　　　　　　　　50 000
　　　　　　　　　　　　　——收回投资收到的现金　　　　　　　　　　　140 720
　　　　　贷:投资收益　　　　　　　　　　　　　　　　　　　　　　　　　70 720
　　　　　　　交易性金融资产　　　　　　　　　　　　　　　　　　　　　120 000
(9)分析调整营业外收入:
　　　借:投资活动现金流量——处置固定资产、无形资产和其他长期资产收回的现金净额
　　　　　　　　　　　　　　　　　　　　　　　　　　　　　　　　　　　3 000
　　　　　贷:营业外收入　　　　　　　　　　　　　　　　　　　　　　　　800
　　　　　　　固定资产　　　　　　　　　　　　　　　　　　　　　　　　　2 200
(10)分析调整所得税费用:
　　　借:所得税费用　　　　　　　　　　　　　　　　　　　　　　　　　233 200
　　　　　递延所得税资产　　　　　　　　　　　　　　　　　　　　　　　11 000
　　　　　贷:应交税费　　　　　　　　　　　　　　　　　　　　　　　　244 200
(11)分析调整坏账准备:
　　　借:经营活动现金流量——支付其他与经营活动有关的现金　　　　　　　4 000
　　　　　贷:应收账款——坏账准备　　　　　　　　　　　　　　　　　　　4 000
(12)分析调整长期待摊费用:
　　　借:经营活动现金流量——支付其他与经营活动有关的现金　　　　　　20 000
　　　　　　　　　　　　　——购买商品、接受劳务支付的现金　　　　　　140 000
　　　　　贷:长期待摊费用　　　　　　　　　　　　　　　　　　　　　　160 000
(13)分析调整固定资产:
　　　借:固定资产　　　　　　　　　　　　　　　　　　　　　　　　　　162 000
　　　　　贷:投资活动现金流量——购建固定资产、无形资产和其他长期资产支付的现金
　　　　　　　　　　　　　　　　　　　　　　　　　　　　　　　　　　162 000
(14)分析调整累计折旧:
　　　借:经营活动现金流量——支付其他与经营活动有关的现金　　　　　　30 000
　　　　　　　　　　　　　——购买商品、接受劳务支付的现金　　　　　　150 000
　　　　　贷:固定资产　　　　　　　　　　　　　　　　　　　　　　　　180 000
(15)分析调整在建工程:
　　　借:在建工程　　　　　　　　　　　　　　　　　　　　　　　　　　228 000
　　　　　贷:投资活动现金流量——购建固定资产、无形资产和其他长期资产支付的现金
　　　　　　　　　　　　　　　　　　　　　　　　　　　　　　　　　　200 000
　　　　　　　应付职工薪酬　　　　　　　　　　　　　　　　　　　　　　28 000

(16)分析调整无形资产摊销：
  借：经营活动现金流量——支付其他与经营活动有关的现金 60 000
    贷：无形资产 60 000
(17)分析调整短期借款：
  借：短期借款 600 000
    贷：筹资活动现金流量——偿还债务支付的现金 600 000
  借：筹资活动现金流量——取得借款收到的现金 800 000
    贷：短期借款 800 000
(18)分析调整应付职工薪酬（工资）：
  借：应付职工薪酬 600 000
    贷：经营活动现金流量——支付给职工以及为职工支付的现金 600 000
  借：经营活动现金流量——购买商品、接受劳务支付的现金 552 000
        ——支付其他与经营活动有关的现金 48 000
    贷：应付职工薪酬 600 000
(19)分析调整应付职工薪酬（养老保险）：
  借：经营活动现金流量——购买商品、接受劳务支付的现金 77 280
       ——支付其他与经营活动有关的现金 6 720
    贷：应付职工薪酬 84 000
(20)分析调整应交税费：
  借：应交税费 497 800
    贷：经营活动现金流量——购买商品、接受劳务支付的现金 59 800
        ——支付的各项税费 438 000
(21)分析调整应付利息：
  借：应付利息 30 000
    贷：筹资活动现金流量——分配股利、利润或偿付利息支付的现金 30 000
(22)分析调整长期借款：
  借：一年内到期的非流动负债 600 000
    贷：筹资活动现金流量——偿还债务支付的现金 600 000
(23)结转净利润：
  借：净利润 699 600
    贷：未分配利润 699 600
(24)提取盈余公积及分配股利：
  借：未分配利润 182 940
    贷：盈余公积 104 940
      应付股利 78 000
(25)调整现金净变化额：
  借：货币资金 11 920
    贷：现金及现金等价物净增加额 11 920
第三步，将调整分录过入工作底稿的相应部分，如表4—3所示。

表 4—3　　　　　　　　　　　　　现金流量表工作底稿　　　　　　　　　　　　单位：元

项　目	期初数	调整分录 借方	调整分录 贷方	期末数
一、资产负债表项目				
借方项目：				
货币资金	1 641 800	(25)11 920		1 653 720
交易性金融资产	120 000		(8)120 000	0
应收票据	468 000	(1)662 000		1 130 000
应收账款	1 000 000	(1)432 000	(11)4 000	1 428 000
其他应收款	420 000			420 000
预付款项	400 000			400 000
存货	1 960 000		(2)580 720	1 379 280
长期股权投资	500 000			500 000
固定资产	2 500 000	(13)162 000	(7)40 000 (9)2 200 (14)180 000	2 439 800
在建工程	1 320 000	(15)228 000		1 548 000
无形资产	600 000		(16)60 000	540 000
长期待摊费用	160 000		(12)160 000	
递延所得税资产		(10)11 000		11 000
借方项目合计	11 089 800			11 453 800
贷方项目：				
短期借款	600 000	(17)600 000	(17)800 000	800 000
应付票据	234 000	(2)234 000		0
应付账款	1 560 000			1 560 000
应付职工薪酬	202 000	(18)600 000	(15)28 000 (18)600 000 (19)84 000	314 000
应付股利			(24)78 000	78 000
应交税费	38 000	(20)497 800	(1)390 000 (10)244 200	174 400
其他应付款	40 000			40 000
应付利息	2 000	(21)30 000	(6)30 000	2 000
一年内到期的非流动负债	600 000	(22)600 000		0
长期借款	1 400 000		(6)50 000	1 450 000

续表

项 目	期初数	调整分录 借方	调整分录 贷方	期末数
递延所得税负债				
股本	6 000 000			6 000 000
资本公积	13 800			13 800
盈余公积	200 000		(24)104 940	304 940
未分配利润	200 000	(24)182 940	(23)699 600	716 660
贷方项目合计	11 089 800			11 453 800
二、利润表项目				
营业收入			(1)3 000 000	3 000 000
营业成本		(2)1 800 000		1 800 000
税金及附加		(3)10 000		10 000
销售费用		(4)40 000		40 000
管理费用		(5)164 720		164 720
财务费用		(6)80 000		80 000
投资收益			(8)70 720	70 720
营业外收入			(9)800	800
资产减值损失		(7)44 000		44 000
所得税费用		(10)233 200		233 200
净利润		(23)699 600		699 600
三、现金流量表项目				
(一)经营活动产生的现金流量				
销售商品、提供劳务收到的现金		(1)2 296 000		2 296 000
经营活动现金流入小计				2 296 000
购买商品、接受劳务支付的现金		(12)140 000 (14)150 000 (18)552 000 (19)77 280	(2)1 453 280 (20)59 800	593 800
支付给职工以及为职工支付的现金			(18)600 000	600 000
支付的各项税费			(3)10 000 (20)438 000	448 000
		(11)4 000 (12)20 000		

续表

项　目	期初数	调整分录 借方	调整分录 贷方	期末数
支付其他与经营活动有关的现金		(14)30 000	(4)40 000	
		(16)60 000	(5)164 720	
		(18)48 000	(7)4 000	40 000
			(19)6 720	
经营活动现金流出小计				1 681 800
经营活动产生的现金流量净额				614 200
(二)投资活动产生的现金流量				
收回投资收到的现金		(8)140 720		140 720
取得投资收益收到的现金		(8)50 000		50 000
处置固定资产、无形资产和其他长期资产收回的现金净额		(9)3 000		3 000
投资活动现金流入小计				193 720
购建固定资产、无形资产和其他长期资产支付的现金			(13)162 000 (15)200 000	362 000
投资活动现金流出小计				362 000
投资活动产生的现金流量净额				−168 280
(三)筹资活动产生的现金流量				
取得借款收到的现金		(17)800 000		800 000
筹资活动现金流入小计				800 000
偿还债务支付的现金			(17)600 000 (22)600 000	1 200 000
分配股利、利润或偿付利息支付的现金			(21)30 000	30 000
筹资活动现金流出小计				1 230 000
筹资活动产生的现金流量净额				−430 000
(四)现金及现金等价物净增加额			(25)11 920	11 920
调整分录借贷合计		11 700 900	11 700 900	—

　　第四步,核对调整分录。
　　第五步,根据工作底稿中的现金流量表项目部分编制正式的现金流量表,如表4—4所示。

表4—4　　　　　　　　　　　　　现金流量表　　　　　　　　　　　　　会企03表
编制单位:海达股份有限公司　　　　　　　2022年度　　　　　　　　　　　单位:元

项　目	本期金额	上期金额(略)
一、经营活动产生的现金流量:		
销售商品、提供劳务收到的现金	2 296 000	

续表

项　目	本期金额	上期金额(略)
收到的税费返还		
收到其他与经营活动有关的现金		
经营活动现金流入小计	2 296 000	
购买商品、接受劳务支付的现金	593 800	
支付给职工以及为职工支付的现金	600 000	
支付的各项税费	448 000	
支付其他与经营活动有关的现金	40 000	
经营活动现金流出小计	1 681 800	
经营活动产生的现金流量净额	614 200	
二、投资活动产生的现金流量：		
收回投资收到的现金	140 720	
取得投资收益收到的现金	50 000	
处置固定资产、无形资产和其他长期资产收回的现金净额	3 000	
处置子公司及其他营业单位收到的现金净额		
收到其他与投资活动有关的现金		
投资活动现金流入小计	193 720	
购建固定资产、无形资产和其他长期资产支付的现金	362 000	
投资支付的现金		
取得子公司及其他营业单位支付的现金净额		
支付其他与投资活动有关的现金		
投资活动现金流出小计	362 000	
投资活动产生的现金流量净额	−168 280	
三、筹资活动产生的现金流量：		
吸收投资收到的现金		
取得借款收到的现金	800 000	
收到其他与筹资活动有关的现金		
筹资活动现金流入小计	800 000	
偿还债务支付的现金	1 200 000	
分配股利、利润或偿付利息所支付的现金	30 000	
支付其他与筹资活动有关的现金		
筹资活动现金流出小计	1 230 000	
筹资活动产生的现金流量净额	−430 000	
四、汇率变动对现金及现金等价物的影响		

续表

项　目	本期金额	上期金额（略）
五、现金及现金等价物净增加额	11 920	
加：期初现金及现金等价物余额	1 641 800	
六、期末现金及现金等价物余额	1 653 720	

项目练习

一、单项选择题

1. 能使经营现金流量减少的项目是（　　）。
   A. 无形资产摊销　　　　　　　　B. 出售长期资产利得
   C. 存货增加　　　　　　　　　　D. 应收账款减少
2. 在企业处于高速成长阶段，投资活动现金流量往往是（　　）。
   A. 流入量大于流出量　　　　　　B. 流出量大于流入量
   C. 流入量等于流出量　　　　　　D. 不一定
3. 根据《企业会计准则第31号——现金流量表》的规定，支付的现金股利归属于（　　）。
   A. 经营活动　　B. 筹资活动　　C. 投资活动　　D. 销售活动
4. 企业采用间接法确定经营活动现金流量时，应该在净利润的基础上（　　）。
   A. 加上投资收益　　　　　　　　B. 减去预提费用的增加
   C. 减去固定资产折旧　　　　　　D. 加上投资损失
5. 下列财务活动中不属于企业筹资活动的是（　　）。
   A. 发行债券　　B. 分配股利　　C. 吸收权益性投资　　D. 购建固定资产

二、多项选择题

1. 现金流量表中现金所包括的具体内容有（　　）。
   A. 库存现金　　B. 银行存款　　C. 短期证券　　D. 发行债券
2. 属于筹资活动现金流量的项目有（　　）。
   A. 短期借款增加　　B. 资本净增加　　C. 增加长期投资　　D. 偿还长期债务
3. 从净利润调整为经营活动现金流量，应调增的项目有（　　）。
   A. 流动负债减少　　B. 财务费用　　C. 不减少现金费用　　D. 非流动资产增加
4. 下列活动中，属于经营活动产生的现金流量有（　　）。
   A. 销售商品收到的现金　　　　　B. 分配股利支出的现金
   C. 提供劳务收到的现金　　　　　D. 出售设备收到的现金
5. 下列项目中，属于现金流入项目的有（　　）。
   A. 经营成本节约额　　　　　　　B. 回收垫支的流动资金
   C. 建设投资　　　　　　　　　　D. 固定资产残值变现收入

三、判断题

1. 固定资产折旧的变动不影响当期现金流量的变动。　　　　　　　　　　　　（　　）
2. 经营活动产生的现金流量大于零说明企业盈利。　　　　　　　　　　　　　（　　）

3. 企业分配股利必然引起现金流出量的增加。（　　）
4. 利息支出将对筹资活动现金流量和投资活动现金流量产生影响。（　　）
5. 企业支付所得税将引起筹资活动现金流量的增加。（　　）

四、分析题

1. 龙腾公司被核定为增值税一般纳税人，增值税税率为13%，所得税税率为25%，2021年资产负债表（部分）如表4—5所示。

表4—5　　　　　　　　　　　　　资产负债表

编制单位：龙腾公司　　　　　　　2021年12月31日　　　　　　　　　　　　　　　单位：元

资产	期末余额	负债和所有者权益（或股东权益）	期末余额
流动资产：		流动负债：	
货币资金	194 315.52	短期借款	
交易性金融资产		交易性金融负债	
应收票据		应付票据	
应收账款	4 984 620.66	应付账款	983 625.51
预付款项	730 660.09	预收款项	5 022.50
其他应收款	7 903.80	应付职工薪酬	18 944.10
存货	2 363 430.51	应交税费	116 671.17
持有待售资产		其他应付款	21 324 055.31
一年内到期的非流动资产		持有待售负债	
其他流动资产		一年内到期的非流动负债	
流动资产合计	8 280 930.58	其他流动负债	
非流动资产：		流动负债合计	22 448 318.59
债权投资		非流动负债：	
其他债权投资		长期借款	
长期应收款		应付债券	
长期股权投资	6 051 064.43	其中：优先股	
投资性房地产		永续债	
固定资产	16 186 570.16	长期应付款	
在建工程		预计负债	
生产性生物资产		递延收益	
油气资产		递延所得税负债	
无形资产	348 967.40	其他非流动负债	
开发支出		非流动负债合计	
商誉		负债合计	22 448 318.59

续表

资　产	期末余额	负债和所有者权益（或股东权益）	期末余额
长期待摊费用		所有者权益(或股东权益)：	
递延所得税资产	99 212.41	实收资本(或股本)	10 000 000.00
其他非流动资产		其他权益工具	
非流动资产合计	22 685 814.40	其中:优先股	
		永续债	
		资本公积	207 080.94
		减:库存股	
		其他综合收益	
		专项储备	
		盈余公积	53 236.19
		未分配利润	−1 741 890.74
		所有者权益(或股东权益)合计	8 518 426.39
资产总计	30 966 744.98	负债和所有者权益(或股东权益)总计	30 966 744.98

2022年有关账户年末余额如表4－6所示。

表4－6　　　　　　　　　　　　账户年末余额表　　　　　　　　　　　　单位:元

一级账户	二级账户	期末借方余额	期末贷方余额
库存现金		5 724.00	
银行存款		591 267.70	
其他货币资金		1 340.00	
应收账款		6 022 896.94	
预付账款		440 825.59	
其他应收款		9 053.13	
坏账准备	应收账款		852 896.94
	其他应收款		953.13
生产成本		83 577.14	
原材料		1 917 266.23	
库存商品		250 364.12	
自制半成品		120 564.34	
长期股权投资		6 051 064.43	
固定资产		55 387 410.77	
累计折旧			37 110 413.14

续表

一级账户	二级账户	期末借方余额	期末贷方余额
固定资产减值准备			10 413.14
在建工程		547 630.56	
无形资产		397 900.00	
累计摊销			56 227.47
递延所得税资产		99 212.41	
交易性金融负债			2 393.00
应付账款			1 164 056.85
预收账款			5 000.50
其他应付款			24 411 388.60
应付职工薪酬			8 007.86
应交税费			104 459.18
长期借款			500 000.00
股本			10 000 000.00
资本公积			207 080.94
盈余公积			53 236.19
利润分配	未分配利润	2 560 429.58	
合计		74 486 526.94	74 486 526.94

请你利用上述资料为龙腾公司编制2022年度资产负债表。

根据提供的相关资料,编制资产负债表,如表4—7所示。

表4—7　　　　　　　　　　　　资产负债表

编制单位:龙腾公司　　　　　　　　2022年12月31日　　　　　　　　　　　　单位:元

资产	年初余额	期末余额	负债和所有者权益 (或股东权益)	年初余额	期末余额
流动资产:			流动负债:		
货币资金			短期借款		
交易性金融资产			交易性金融负债		
应收票据			应付票据		
应收账款			应付账款		
预付款项			预收款项		
其他应收款			应付职工薪酬		
存货			应交税费		
持有待售资产			其他应付款		
一年内到期的非流动资产			持有待售负债		

续表

资　产	年初余额	期末余额	负债和所有者权益 （或股东权益）	年初余额	期末余额
其他流动资产			一年内到期的非流动负债		
流动资产合计			其他流动负债		
非流动资产：			流动负债合计		
债权投资			非流动负债：		
其他债权投资			长期借款		
长期应收款			应付债券		
长期股权投资			其中：优先股		
投资性房地产			永续债		
固定资产			长期应付款		
在建工程			预计负债		
生产性生物资产			递延收益		
油气资产			递延所得税负债		
无形资产			其他非流动负债		
开发支出			非流动负债合计		
商誉			负债合计		
长期待摊费用			所有者权益（或股东权益）：		
递延所得税资产			实收资本（或股本）		
其他非流动资产			其他权益工具		
非流动资产合计			其中：优先股		
			永续债		
			资本公积		
			减：库存股		
			其他综合收益		
			专项储备		
			盈余公积		
			未分配利润		
			所有者权益（或股东权益）合计		
资产总计			负债和所有者权益 （或股东权益）总计		

2. 龙腾公司核算本年利润的方法为表结法，2022年1—12月各损益类账户结转到"本年利润"账户的累计发生额如表4—8所示。

表4—8　　　　　　　　　　　　损益类账户的累计发生额　　　　　　　　　　　　　单位:元

账户名称	借方累计发生额	贷方累计发生额
主营业务收入		20 603 367.64
其他业务收入		18 051.81
主营业务成本	18 745 972.80	
其他业务成本	4 451.81	
税金及附加	138 009.01	
销售费用	162 555.29	
管理费用	533 853.30	
财务费用	11 309.16	
资产减值损失	1 559 211.89	
营业外支出	284 595.03	

根据相关资料,编制该公司2022年度利润表,如表4—9所示。

表4—9　　　　　　　　　　　　　　　利润表
编制单位:龙腾公司　　　　　　　　　　2022年度　　　　　　　　　　　　　　单位:元

项目	上期金额(略)	本期金额
一、营业收入		
减:营业成本		
税金及附加		
销售费用		
管理费用		
研发费用		
财务费用		
其中:利息费用		
利息收入		
信用减值损失		
资产减值损失		
加:其他收益		
投资收益(损失以"—"号填列)		
其中:联营企业和合营企业的投资收益		
公允价值变动收益(损失以"—"号填列)		
资产处置收益(损失以"—"号填列)		
二、营业利润(亏损以"—"号填列)		
加:营业外收入		
减:营业外支出		

续表

项 目	上期金额（略）	本期金额
三、利润总额（亏损总额以"—"号填列）		
减：所得税费用		
四、净利润（净亏损以"—"号填列）		
（一）持续经营净利润（净亏损以"—"号填列）		
（二）终止经营净利润（净亏损以"—"号填列）		
五、其他综合收益的税后净额		
六、综合收益总额		
七、每股收益		
（一）基本每股收益		
（二）稀释每股收益		

3. 龙腾公司 2022 年度资产负债表和利润表情况如上述 1、2 题所示，其他资料如下：

(1) 管理费用中包含职工薪酬 30 853 元，其他管理费用 990 元。

(2) 资产减值损失中包含计提坏账准备 8 900 元。

(3) 存货中生产成本、制造费用的组成：职工薪酬 193 577 元、折旧费 45 250 元。

(4) 应付职工薪酬的期初余额中无应付在建工程人员的部分，应付职工薪酬的期末余额中应付在建工程人员的部分为 7 630 元。

(5) 应交税费的组成：本期增值税进项税额 3 187 572.18 元、销项税额 3 505 641.31 元、已交增值税 218 300 元。

(6) 营业外支出的构成：处置固定资产净损失 284 595.03 元，其中支付清理费用 2 000 元、收到残值收入 1 200 元。

(7) 本期增加的固定资产中有 15 000 元是接受捐赠取得的。

请根据以上相关资料，完成现金流量表的编制。

龙腾公司 2022 年度现金流量表如表 4—10 所示。

表 4—10　　　　　　　　　　　　　现金流量表

编制单位：龙腾公司　　　　　　　　2022 年度　　　　　　　　　　　　　　　单位：元

项 目	本年数	上年数（略）
一、经营活动产生的现金流量：		
销售商品、提供劳务收到的现金		
收到的税费返还		
收到其他与经营活动有关的现金		
经营活动现金流入小计		
购买商品、接受劳务支付的现金		
支付给职工以及为职工支付的现金		
支付的各项税费		

续表

项　目	本年数	上年数(略)
支付其他与经营活动有关的现金		
经营现金活动流出小计		
经营活动产生的现金流量净额		
二、投资活动产生的现金流量：		
收回投资收到的现金		
处置子公司及其他营业单位收到的现金净额		
取得投资收益收到的现金		
处置固定资产、无形资产和其他长期资产收回的现金净额		
收到其他与投资活动有关的现金		
投资活动现金流入小计		
购建固定资产、无形资产和其他长期资产支付的现金		
投资支付的现金		
取得子公司及其他营业单位支付的现金净额		
支付其他与投资活动有关的现金		
投资活动现金流出小计		
投资活动产生的现金流量净额		
三、筹资活动产生的现金流量：		
吸收投资收到的现金		
借款收到的现金		
收到其他与筹资活动有关的现金		
筹资活动现金流入小计		
偿还债务支付的现金		
分配股利、利润或偿付利息支付的现金		
支付其他与筹资活动有关的现金		
筹资活动现金流出小计		
筹资活动产生的现金流量净额		
四、汇率变动对现金及现金等价物的影响		
五、现金及现金等价物净增加额		
加：期初现金及现金等价物余额		
六、期末现金及现金等价物余额		

项目五　所有者权益变动表

- **知识目标**

    理解：所有者权益变动表概念。
    熟悉：所有者权益变动表的结构。
    掌握：所有者权益变动表主要项目的分析内容与重点。

- **技能目标**

    运用所有者权益变动表的内容，进行所有者权益变动表的编制，并对所有者权益变动表不同项目分别进行详细分析。

- **素质目标**

    能够对所有者权益变动表及其相关资料进行整理，运用各种分析方法对所有者权益变动表进行有效分析，并能根据分析结果提出改善企业经营管理的合理建议。

- **思政目标**

    能按照所有者权益变动表主要项目的分析内容，结合财经法规和企业要求，自主解决所有者权益变动表业务处理中出现的常见问题。培养规范、严谨细致的职业精神，培养学以致用的专业意识和创新精神；树立正确的价值观，坚持准则，守责敬业。

- **项目引例**

引进新的战略投资者会导致所有者权益变化吗？

2023 年 1 月 1 日，华盛公司增资扩股，将注册资本由 10 000 万元增加到 12 000 万元。东海、南科、奥华同意投资者方太公司投入 4 000 万元，取得华盛公司 25% 的股份。

请会计张红作出相关账务处理。相关原始凭证：①原股东的股东大会决议；②修改后的公司章程；③评估公司的评估报告；④聘请会计师事务所出具的验资报告；⑤方太公司缴存投资款的银行回单。

业务产生：企业为引进新的战略投资者，以及扩大股本，对现注册资本进行增加，在扩资过程中产生的资本溢价。

请针对上述内容，作出相关处理程序。

- **引例导学**

所有者权益是指企业资产扣除负债后由所有者享有的剩余权益，其金额为资产减去负债后的余额。公司所有者权益又称为股东权益。

所有者权益包括实收资本(或股本)、其他权益工具、资本公积(含资本溢价或股本溢价、其他资本公积)、其他综合收益、盈余公积和未分配利润。其中,盈余公积和未分配利润又合称为留存收益。

所有者权益具有以下特征:

(1)除非发生减资、清算或分派现金股利,企业不需要偿还所有者权益。

(2)企业清算时,只有在清偿所有的负债后,所有者权益才返还给所有者。

(3)所有者凭借所有者权益能够参与企业利润的分配。

任务一 所有者权益变动表认知

一、所有者权益变动表概述

所有者权益变动表(Statement of Changes in Owner's Equity),是指反映构成所有者权益各组成部分当期增减变动情况的报表。对于综合收益和由所有者(或股东,下同)的资本交易引致的所有者权益的变动,应当分别列示。

按来源构成的不同,所有者权益可以分为外部投入的实收资本(或股本)和资本公积,以及内部积累形成的盈余公积与未分配利润。外部来源的实收资本(或股本)和资本公积的多少体现了公司外延式扩张的能力,内部来源的盈余公积和未分配利润的大小则表明资本保值、增值的能力和对债务的保障能力,体现了资本的内涵式增长水平。

所有者权益增减变动表全面反映了企业的股东权益在年度内的变化情况,便于会计信息使用者深入分析企业股东权益的增减变化情况,进而对企业的资本保值增值情况作出正确判断,从而提供对决策有用的信息。

二、所有者权益变动表的结构

企业至少应当在所有者权益变动表上单独列示反映下列信息的项目:①综合收益总额;②会计政策变更和差错更正的累积影响金额;③所有者投入资本和向所有者分配利润等;④提取的盈余公积;⑤实收资本或资本公积、盈余公积、未分配利润的期初和期末余额及其调节情况。企业应当以矩阵的形式列示所有者权益变动表:一方面,列示引致所有者权益变动的交易或事项,按所有者权益变动的来源对一定时期所有者权益变动情况进行全面反映;另一方面,按照所有者权益各组成部分(包括实收资本、其他权益工具、资本公积、库存股、其他综合收益、盈余公积、未分配利润)及其总额列示相关交易或事项对所有者权益的影响。

我国一般企业所有者权益变动表格式如表5-1所示。

表5-1 所有者权益变动表 会企04表

编制单位: 2022年度 单位:元

项 目	本年金额									上年金额(略)
	实收资本(或股本)	其他权益工具			资本公积	减:库存股	其他综合收益	盈余公积	未分配利润	所有者权益合计	各栏目内容同"本年金额"栏
		优先股	永续债	其他							
一、上年年末余额											
加:会计政策变更											
前期差错更正											

续表

项目	本年金额									上年金额(略)
	实收资本(或股本)	其他权益工具			资本公积	减:库存股	其他综合收益	盈余公积	未分配利润	所有者权益合计	各栏目内容同"本年金额"栏
		优先股	永续债	其他							
其他											
二、本年年初余额											
三、本年增减变动金额(减少以"－"号填列)											
(一)综合收益总额											
(二)所有者投入和减少资本											
1. 所有者投入的普通股											
2. 其他权益工具持有者投入资本											
3. 股份支付计入所有者权益的金额											
4. 其他											
(三)利润分配											
1. 提取盈余公积											
2. 对所有者(或股东)的分配											
3. 其他											
(四)所有者权益内部结转											
1. 资本公积转增资本(或股本)											
2. 盈余公积转增资本(或股本)											
3. 盈余公积弥补亏损											
4. 设定受益计划变动额结转留存收益											
5. 其他综合收益结转留存收益											
6. 其他											
四、本年年末余额											

任务二　所有者权益变动表编制

一、所有者权益变动表的列报格式和填列方法

(一)所有者权益变动表的列报格式

1. 以矩阵形式列报

为了说明构成所有者权益的各组成部分当期的增减变动情况,所有者权益变动表应当以矩阵的形式列示。一方面,列示引致所有者权益变动的交易或事项,改变了以往仅仅按照所有者权益的各组成部分反映所有权权益变动情况,而是从所有者权益变动的来源对一定时期所有者权益变动

情况进行全面反映;另一方面,按照所有者权益各组成部分(包括实收资本、资本公积、其他综合收益、盈余公积、未分配利润和库存股等)及其总额列示交易或事项对所有者权益的影响。

2. 列示比较信息

根据《企业会计准则》的规定,企业需要提供比较所有者权益变动表,因此,所有者权益变动表就各项目再分为"本年金额"和"上年金额"两栏分别填列。

(二)所有者权益变动表的填列方法

1. 所有者权益变动表各项目的填列说明

(1)"上年年末余额"项目,反映企业上年资产负债表中实收资本(或股本)、其他权益工具、资本公积、库存股、其他综合收益、专项储备、盈余公积、未分配利润的年末余额。

(2)"会计政策变更"和"前期差错更正"项目,分别反映企业采用追溯调整法处理的会计政策变更的累积影响金额和采用追溯重述法处理的会计差错更正的累积影响金额。

(3)"本年增减变动额"项目:

①"净利润"项目,反映企业当年实现的净利润(或净亏损)金额,并对应列在"未分配利润"栏。

②"其他综合收益"项目,反映企业当年根据《企业会计准则》规定未在损益中确认的各项利得和损失扣除所得税影响后的净额,并对应列在"资本公积"栏。

③"净利润"和"其他综合收益"小计项目,反映企业当年实现的净利润(或净亏损)金额和当年计入其他综合收益金额的合计额。

动漫视频

其他综合收益

④"所有者投入和减少资本"项目,反映企业当年所有者投入的资本和减少的资本。其中:

"所有者投入资本"项目,反映企业接受投资者投入形成的实收资本(或股本)和资本溢价或股本溢价,并对应列在"实收资本"和"资本公积"栏。

实收资本是投资者按照企业章程或合同、协议的约定,投入企业的形成法定资本的价值。一般情况下,实收资本无须返还给投资者,它是企业持续经营最稳定的物质基础。实收资本的变动将会影响企业原有投资者对企业的所有权和控制权,并且对企业的偿债能力、获利能力等都会产生重大影响。分析时,可将该项目与负债进行比较,观察企业财务结构的稳定性和风险程度,还应关注其增加的原因,是资本公积或盈余公积转入,还是增发新股转入。

资本公积是企业收到投资者的超出其在企业注册资本(或股本)中所占份额的投资,以及直接计入所有者权益的利得和损失等。分析时应注意企业是否存在通过资本公积项目来改善财务状况的情况。如果该项目的数额本期增长过大,就应进一步了解资本公积的构成。了解企业是否把一些其他项目混入资本公积之中,造成企业资产负债率的下降,以达到粉饰企业信用形象的目的。

【提示】 实收资本(或股本)和资本公积均是外部投入资本,将两者之和与所有者权益总额进行比较,可以分析判断公司的成长性。

"股份支付计入所有者权益的金额"项目,反映企业处于等待期中的权益结算的股份支付当年计入资本公积的金额,并对应列在"资本公积"栏。

⑤"利润分配"下各项目,反映当年对所有者(或股东)分配的利润(或股利)金额和按照规定提取的盈余公积金额,并对应列在"未分配利润"和"盈余公积"栏。其中:

"提取盈余公积"项目,反映企业按照规定提取的盈余公积。

"对所有者(或股东)的分配"项目,反映对所有者(或股东)分配的利润(或股利)金额。

盈余公积是公司从历年实现的利润中提取的公共积累资金,主要包括法定盈余公积、任意盈余公积等。提取盈余公积是对将利润分配给股东的一种限制,法定盈余公积和任意盈余公积的主要用途是弥补亏损、转增资本和有限制地分配利润等。分析时,应注意以下四个方面:

第一,盈余公积是否按规定计提。企业多计盈余公积,既可提高企业的偿债能力,又能提高企业的获利能力,但盈余公积的计提是有相关规定的,防止企业违规计提粉饰报表。

第二,盈余公积的使用是否恰当。盈余公积的用途主要是弥补亏损、转增资本和扩大生产经营,观察是否有违规使用盈余公积的现象。

第三,盈余公积数量。盈余公积来源于净利润,留存于公司用于维持和扩大再生产的需要,因此,对公司的发展而言,盈余公积越多越好。如果盈余公积很少,则说明通过内部积累用于企业发展的资金不足。

第四,盈余公积结构。根据所有者权益变动表揭示的盈余公积变动情况信息,从侧面反映了公司利润分配政策以及其他财务政策意图:一方面,由于法定盈余公积是按照规定标准提取的,而任意盈余公积则是公司酌情掌握的,因此,如果任意盈余公积所占的比重较大,则说明公司意在加强积累,着眼于公司长远发展;另一方面,运用盈余公积弥补亏损、转增资本和在限定条件下发放股利同样传递出公司不同的财务意图。因此,分析企业盈余公积的使用情况可以获知其中所传达的企业财务政策信息。

未分配利润是企业净利润分配后的剩余部分,即净利润中尚未指定用途的、归所有者享有的部分。它是企业留待以后年度进行分配的结存利润,企业对于这部分利润的使用分配具有较大的自主权。分析时,应注意企业当年的利润分配政策是否改变。未分配利润项目是各年累积的结果,只有把其数额与年初数进行比较,才能看出本年度未分配利润的增减情况;分析时应该区分报告年度利润分配前与分配后的未分配利润项目,年度利润分配前的未分配利润的增减变动是报告期间内实现全部利润影响的结果,而年度利润分配后的未分配利润的增减变动是报告期间内全部利润已经分配以后的当期留存利润影响的结果。

【提示】盈余公积和未分配利润属于公司的留存收益,是经营积累的结果,通常把两者之和与所有者权益进行比较,这样可以反映公司投入资本的保值增值程度(已扣除已分配股利或利润以后的)。

【学中做5—1】(多项选择题)盈余公积包括的项目有(　　)。
A. 法定盈余公积　　B. 任意盈余公积　　C. 法定公益金　　D. 非常盈余公积

⑥"所有者权益内部结转"下各项目,反映不影响当年所有者权益总额的所有者权益各组成部分之间当年的增减变动。它包括下面内容:

"资本公积转增资本(或股本)"项目,反映企业以资本公积转增资本或股本的金额。

"盈余公积转增资本(或股本)"项目,反映企业以盈余公积转增资本或股本的金额。

"盈余公积弥补亏损"项目,反映企业以盈余公积弥补亏损的金额。

2. 上年金额栏的填列方法

所有者权益变动表"上年金额"栏内各项数字,应根据上年度所有者权益变动表"本年金额"栏内所列数字填列。如果上年度所有者权益变动表规定的各项目名称和内容与本年度不一致,应对上年度所有者权益变动表各项目的名称和数字按本年度的规定进行调整,填入所有者权益变动表"上年金额"栏内。

3. 本年金额栏的填列方法

所有者权益变动表"本年金额"栏内各项数字一般应根据"实收资本(或股本)""其他权益工具""资本公积""库存股""其他综合收益""专项储备""盈余公积""利润分配""以前年度损益调整"等科目的发生额分析填列。

库存股反映企业持有的尚未注销或转让的本公司股份的金额。分析时应关注以下方面:

第一,库存股回收规模。分析企业持有的库存股的累计金额和股份数量以及当期的增减变化情况,对于评价企业货币资金充裕程度及其对期末净资产的影响具有重要意义。

第二,库存股持有的目的。分析企业持有库存股的目的是注销一部分股份、用于股权激励还是其他方面,这对于预测企业未来的财务状况具有重要的价值。

【注意】企业的净利润及其分配情况作为所有者权益变动的组成部分,不需要单独设置利润分配表列示。

二、编制所有者权益变动表的举例

【做中学5-1】 以做中学2-1、做中学3-1中的海达股份有限公司为例说明所有者权益变动表的编制方法,如表5-2所示。

表5-2　　　　　　　　　　　　　所有者权益变动表　　　　　　　　　　　　　会企04表
编制单位:海达股份有限公司　　　　　　　　2022年度　　　　　　　　　　　　　单位:元

项目	本年金额									上年金额
^	实收资本（或股本）	其他权益工具			资本公积	减:库存股	其他综合收益	专项储备	盈余公积	未分配利润	所有者权益合计	(略)
^	^	优先股	永续债	其他	^	^	^	^	^	^	^	^
一、上年年末余额	6 000 000				13 800				200 000	200 000	6 413 800	
加:会计政策变更												
前期差错更正												
其他												
二、本年年初余额	6 000 000				13 800				200 000	200 000	6 413 800	
三、本年增减变动金额(减少以"—"填列)									104 940	516 660	621 600	
(一)综合收益总额										699 600	699 600	
(二)所有者投入和减少资本												
1.所有者投入的普通股												
2.其他权益工具持有者投入资本												
3.股份支付计入所有者权益的金额												
4.其他												
(三)利润分配												
1.提取盈余公积									104 940	−104 940	0	
2.对所有者(或股东)的分配										−78 000	−78 000	
3.其他												
(四)所有者权益内部结转												
1.资本公积转增资本(或股本)												

续表

项目	本年金额											上年金额
	实收资本（或股本）	其他权益工具			资本公积	减:库存股	其他综合收益	专项储备	盈余公积	未分配利润	所有者权益合计	（略）
		优先股	永续债	其他								
2.盈余公积转增资本（或股本）												
3.盈余公积弥补亏损												
4.设定受益计划变动额结转留存收益												
5.其他综合收益结转留存收益												
6.其他												
四、本年年末余额	6 000 000				13 800				304 940	716 660	7 035 400	

项目练习

一、单项选择题

1. 下列各项中，不属于所有者权益变动表中单独列示的项目的是（　　）。
   A. 所有者投入资本　　　　　　　B. 综合收益总额
   C. 会计估计变更　　　　　　　　D. 会计政策变更

2. 下列各项中，不属于所有者权益变动表项目的是（　　）。
   A. 提取盈余公积　　　　　　　　B. 应付债券
   C. 综合收益总额　　　　　　　　D. 所有者投入和减少资本

3. 下列项目中，应在所有者权益变动表中反映的是（　　）。
   A. 支付职工薪酬　　　　　　　　B. 盈余公积转增股本
   C. 赊购商品　　　　　　　　　　D. 购买商品支付的现金

4. 下列各项中，不在所有者权益变动表中列示的项目是（　　）。
   A. 综合收益总额　　　　　　　　B. 所有者投入和减少资本
   C. 利润分配　　　　　　　　　　D. 每股收益

二、多项选择题

1. 下列各项中，企业应当在所有者权益变动表中单独列示反映的信息有（　　）。
   A. 向所有者（或股东）分配利润　　B. 所有者投入资本
   C. 提取的盈余公积　　　　　　　D. 综合收益总额

2. 下列属于企业所有者权益变动表中应单独列示的项目有（　　）。
   A. 综合收益总额　　　　　　　　B. 提取的盈余公积
   C. 实收资本　　　　　　　　　　D. 会计政策变更

3. 下列项目中，应在所有者权益变动中反映的项目有（　　）。
   A. 未分配利润　　　　　　　　　B. 直接记入所有者权益变动表的利得
   C. 直接计入当期损益的损失　　　D. 盈余公积转增股本

三、判断题

1. 所有者权益变动表是反映构成所有者权益各组成部分当期增减变动情况的报表。（   ）

2. 所有者权益变动表"未分配利润"栏目的本年年末余额应当与本年资产负债表"未分配利润"项目的年末余额相等。（   ）

3. 所有者权益变动表能够反映所有者权益各组成部分当期增减变动情况，有助于报表使用者理解所有者权益增减变动的原因。（   ）

4. 所有者权益变动表中本年年末未分配利润的金额与资产负债表中年末的未分配利润的金额一样。（   ）

5. 企业所有者权益变动表中的"综合收益总额"项目，应根据企业当年的"净利润"和"其他综合收益的税后净额"的合计数计算填列。（   ）

四、分析题

沿用项目二的项目练习分析题和项目三的项目练习分析题的资料，根据天途公司2022年度有关资料，编制该公司2022年度所有者权益变动表（见表5—3）。

表5—3　　　　　　　　　　　　　所有者权益变动表　　　　　　　　　　　　会企04表

编制单位：天途公司　　　　　　　　　　　　2022年度　　　　　　　　　　　　　单位：元

项目	本年金额									上年金额（略）
	实收资本（或股本）	其他权益工具			资本公积	减：库存股	其他综合收益	盈余公积	未分配利润	所有者权益合计	各栏目内容同"本年金额"栏
		优先股	永续债	其他							
一、上年年末余额											
加：会计政策变更											
前期差错更正											
其他											
二、本年年初余额											
三、本年增减变动金额（减少以"—"号填列）											
（一）综合收益总额											
（二）所有者投入和减少资本											
1. 所有者投入的普通股											
2. 其他权益工具持有者投入资本											
3. 股份支付计入所有者权益的金额											
4. 其他											
（三）利润分配											
1. 提取盈余公积											
2. 对所有者（或股东）的分配											
3. 其他											
（四）所有者权益内部结转											

续表

项　目	本年金额									上年金额（略）
^	实收资本（或股本）	其他权益工具			资本公积	减：库存股	其他综合收益	盈余公积	未分配利润	所有者权益合计	各栏目内容同"本年金额"栏
^	^	优先股	永续债	其他	^	^	^	^	^	^	^
1. 资本公积转增资本（或股本）											
2. 盈余公积转增资本（或股本）											
3. 盈余公积弥补亏损											
4. 设定受益计划变动额结转留存收益											
5. 其他综合收益结转留存收益											
6. 其他											
四、本年年末余额											

项目六　财务能力分析

- **知识目标**

    理解:偿债能力、营运能力、盈利能力、发展能力等指标的概念。
    熟悉:偿债能力、营运能力、盈利能力、发展能力包含的内容。
    掌握:偿债能力、营运能力、盈利能力、发展能力等指标的特点和计算方法。

- **技能目标**

    能计算企业的盈利能力、营运能力、偿债能力和发展能力的相关指标;能对各指标的结果进行客观分析,并能根据分析结果提出改善企业经营管理的合理建议;能够对杜邦财务分析体系的有关指标及其计算结果进行分析;能够运用沃尔评分法对企业进行分析。

- **素质目标**

    能够对企业偿债能力指标、营运能力指标、盈利能力指标和发展能力指标进行计算与分析,并综合运用到实际案例中,提出改善企业经营管理的合理建议。

- **思政目标**

    能够正确地理解"不忘初心"的核心要义和精神实质;树立正确的世界观、人生观和价值观,做到学思用贯通、知信行统一;通过财务能力分析知识,通过利用不同的分析方法,分析财务数据存在的异常情况,辨别财务舞弊造假案例,并认识财务舞弊案例产生的社会后果,提高自身的社会责任感,塑造自身诚实守信的优良职业品质和职业素养;坚持学习,守正创新。始终秉持专业精神,勤于学习、锐意进取,持续提升会计专业能力。

- **项目引例**

财务分析能力的重要性

2018年3月14日上午,证监会组织召开稽查执法专场新闻通气会,通报了三起资本市场违法违规案件,包括一起信息披露违法违规案、两起操纵市场案。其中,厦门北八道集团因涉嫌多账户、运用杠杆资金巨额操纵多只次新股股票,证监会对北八道集团作出没一罚五的顶格处罚,罚没款总计约55亿元,是证监会开出的史上最大罚单。

2017年2月至5月,北八道集团通过多个配资中介筹集资金数十亿元,利用300多个股票账户、100多台电脑、10多位操盘手同时交易,采用频繁对倒成交、盘中拉抬股价、快速封涨停等异常交易手法,连续炒作多只次新股,涉嫌操纵市场。北八道集团的违规操作标的主要是次新股,涉嫌操纵的次新股包括张家港行、江阴银行、和胜股份等,操纵期间累计获利9.45亿元。

北八道集团所谓的赚钱手法,是在前期疯狂买入次新股股票,吸引大量的市场目光,普通投资者误以为有利好消息而跟风买进,北八道集团利用完被操纵股票后转手便抛售股票,这种突击买入、大举卖出的手法十分凶残,导致张家港行当时的股价发生剧烈波动,在30个交易日内股价就翻了一番。张家港行于2017年1月24日在深交所挂牌上市,它是当年唯一一家在A股成功上市的银行。张家港行上市后,在不到3个月的时间里,股价一度从4.37元/股的发行价涨至30.41元/股,最高涨幅达595.88%。

在张家港行挂牌上市满一年之际,又出现了连续跌停。2018年1月24日,张家港行6.53亿股限售股解禁上市。按此前一天收盘价计算,解禁市值为96.45亿元。就在限售股解禁当天,张家港行的股价遭遇开盘即跌停,此后一天也同样出现开盘跌停。两日成交额达到4.1亿元。时至2018年3月,张家港行市值已跌去近400亿元,不过其24倍的市盈率仍然是26家A股上市银行之首。3只被操纵的次新股中,有两只为银行股,银行股全行业平均市盈率只有不到10倍,但这些次新股操纵者,竟能把银行股市盈率炒到70多倍。

资料来源:李贺、王晓佳主编:《财务报表分析》,上海财经大学出版社2020年版,第89页,有改动。

请分析:如果你是投资者,如何运用偿债能力指标、营运能力指标、盈利能力指标、发展能力指标发现张家港行被操控的问题,从而规避盲目跟风的风险?

● 引例导学

作为财务报表使用人,我们可逐一对各类指标进行计算,不仅要将其与该企业的历史指标相比较,而且要注意与行业平均值相比较,找出其中有重大异常变化的比率,判断其是否符合逻辑。如本案例中,张家港行这只银行股2017年1月上市,发行价为每股4.37元,经过了三轮大幅暴涨后,股价上涨到了每股30元左右,暴涨了7倍。从市盈率来看,当时各大银行的市盈率平均低于10倍,但张家港行的市盈率超过了70倍。2016年张家港行的每股盈利是0.42元,每股30元的股价对应市盈率71倍左右,就值得谨慎的投资者进一步地观察。另外,对于各指标不能仅单一地进行分析和考察,还要注意指标与指标间的逻辑关系和配比关系,找出其中不易被察觉的隐患。本项目将对财务能力分析进行解读。

任务一 财务分析的依据和内容

一、财务分析的依据

财务分析使用的数据大部分来自公开发布的财务报表,财务报表是财务分析最直接、最主要的依据。常用的财务报表主要有资产负债表、利润表和现金流量表。

(一)资产负债表

利用资产负债表,财务分析者可以了解企业资产、负债和股东权益的金额及结构情况,分析、评价企业资产质量以及短期偿债能力、长期偿债能力、利润分配能力等。表6—1为海达股份有限公司的资产负债表(简表)。

表 6—1　　　　　　　　　　　　　　资产负债表(简表)

编制单位:海达股份有限公司　　　　　2022 年 12 月 31 日　　　　　　　　　　　　　单位:万

资　产	年末余额	年初余额	负债和股东权益	年末余额	年初余额
流动资产:			流动负债:		
货币资金	585	325	短期借款	430	298
交易性金融资产	136	76	应付票据	53	26
应收票据	30	55	应付账款	480	550
应收账款	1290	1 150	预收款项	45	30
预付款项	140	50	应付职工薪酬	10	8
应收利息			应交税费	23	20
应收股利			应付利息	68	82
其他应收款	56	59	应付股利	270	50
存货	866	1067	其他应付款	113	100
一年内到期的非流动资产	268	30	一年内到期的非流动负债	325	170
其他流动资产	36		其他流动负债	24	33
流动资产合计	3 407	2 812	流动负债合计	1 841	1 367
非流动资产:			非流动负债:		
债权投资	430	503	长期借款	2 100	1 200
长期股权投资	120		应付债券	1 096	1 270
固定资产	6 670	5 298	长期应付款	325	270
在建工程	126	258	其他非流动负债		68
无形资产	50	78	非流动负债合计	3 521	2 808
长期待摊费用	44	98	负债合计	5 362	4 175
其他非流动资产	40		股东权益:		
非流动资产合计	7 480	6 235	股本	2 450	2 450
			资本公积	860	860
			减:库存股		
			其他综合收益		
			盈余公积	874	582
			未分配利润	1 341	980
			股东权益合计	5 525	4872
资产总计	10 887	9 047	负债和股东权益总计	10 887	9 047

(二)利润表

利润表是企业经营业绩的综合体现,是评价企业绩效的基础,为财务分析者提供企业生产经营成果、盈利能力等重要信息,有助于帮助财务分析者考核企业管理人员的业绩、预测企业发展趋势等。表 6—2 为海达股份有限公司的利润表(简表)。

表 6—2　　　　　　　　　　　　　　　利润表(简表)

编制单位:海达股份有限公司　　　　2022 年度　　　　　　　　　　　　　　　单位:万元

项　目	本年金额	上年金额
一、营业收入	14 740	14 030
减:营业成本	12 700	12 260
税金及附加	146	130
销售费用	105	99
管理费用	285	280
财务费用	380	353
资产减值损失		
加:公允价值变动收益(损失以"—"号填列)		
投资收益(损失以"—"号填列)	57	
二、营业利润	1 181	908
加:营业外收入	85	140
减:营业外支出	23	50
三、利润总额(亏损总额以"—"号填列)	1 243	998
减:所得税费用	320	265
四、净利润(净亏损以"—"号填列)	923	733

(三)现金流量表

企业编制现金流量表的目的是通过如实反映企业各项活动的现金流入、流出情况,从而有助于使用者评价企业的现金流和资金周转情况。表 6—3 为海达股份有限公司的现金流量表(简表)。

表 6—3　　　　　　　　　　　　　　现金流量表(简表)

编制单位:海达股份有限公司　　　　2022 年度　　　　　　　　　　　　　　　单位:万元

项　目	金　额
一、经营活动产生的现金流量	
销售商品、提供劳务收到的现金	14 600
收到的税费返还	400
收到的其他与经营活动有关的现金	650
经营活动现金流入小计	15 650
购买商品、接受劳务支付的现金	12 600
支付给职工以及为职工支付的现金	650
支付的各种税费	1 146
支付的其他与经营活动有关的现金	365
经营活动现金流出小计	14 761
经营活动产生的现金流量净额	889

续表

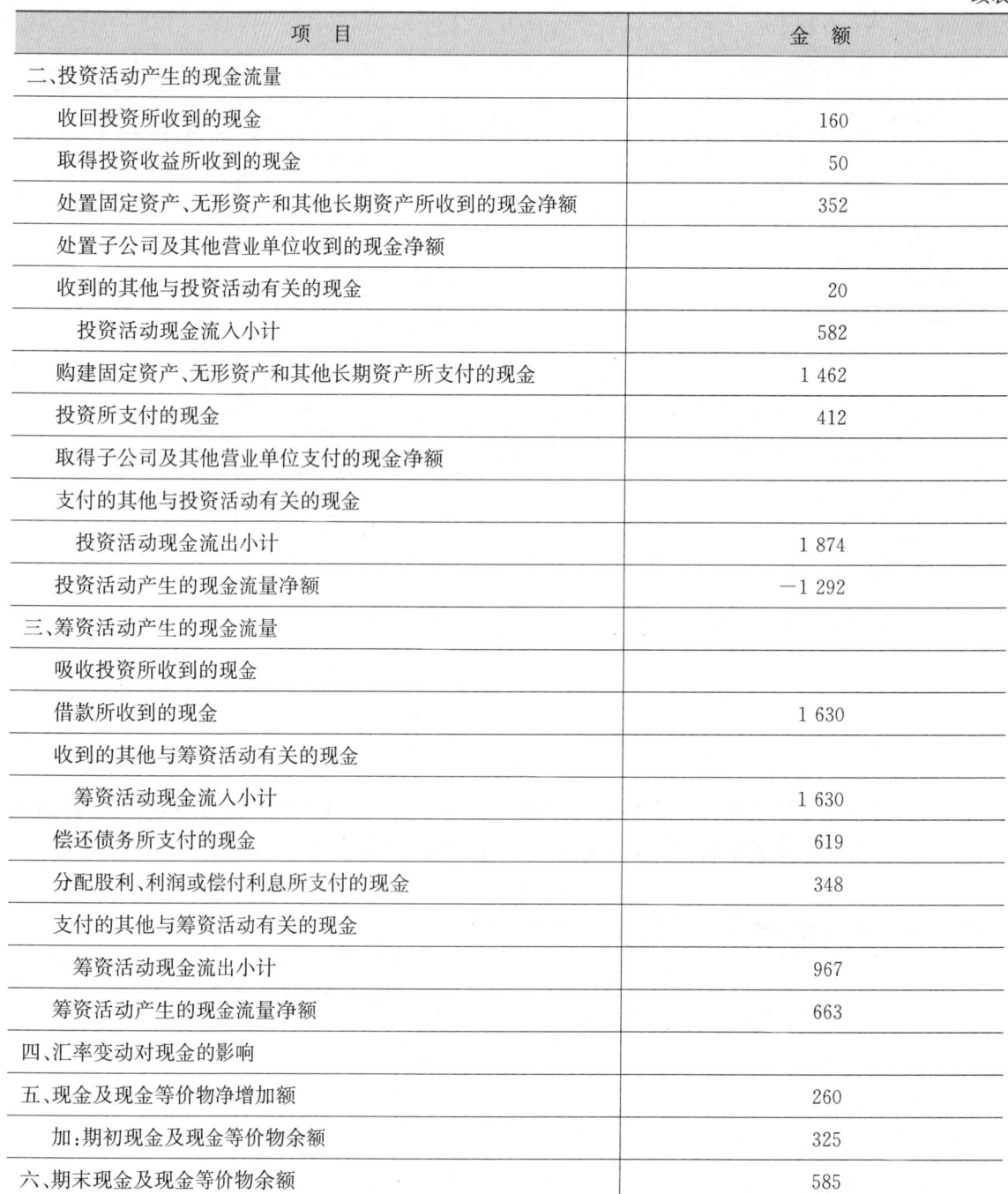

项　目	金　额
二、投资活动产生的现金流量	
收回投资所收到的现金	160
取得投资收益所收到的现金	50
处置固定资产、无形资产和其他长期资产所收到的现金净额	352
处置子公司及其他营业单位收到的现金净额	
收到的其他与投资活动有关的现金	20
投资活动现金流入小计	582
购建固定资产、无形资产和其他长期资产所支付的现金	1 462
投资所支付的现金	412
取得子公司及其他营业单位支付的现金净额	
支付的其他与投资活动有关的现金	
投资活动现金流出小计	1 874
投资活动产生的现金流量净额	－1 292
三、筹资活动产生的现金流量	
吸收投资所收到的现金	
借款所收到的现金	1 630
收到的其他与筹资活动有关的现金	
筹资活动现金流入小计	1 630
偿还债务所支付的现金	619
分配股利、利润或偿付利息所支付的现金	348
支付的其他与筹资活动有关的现金	
筹资活动现金流出小计	967
筹资活动产生的现金流量净额	663
四、汇率变动对现金的影响	
五、现金及现金等价物净增加额	260
加：期初现金及现金等价物余额	325
六、期末现金及现金等价物余额	585

二、财务分析的内容

（一）偿债能力分析

偿债能力是指企业偿还到期债务的能力。通过对企业财务报告等会计资料进行分析，可以了解企业的资产流动性、负债水平和偿还债务能力，从而评价企业财务风险，为管理者、投资者和债权人提供企业偿债能力的财务信息。

(二)营运能力分析

营运能力反映了企业对资产利用和管理的能力。企业的生产经营过程就是利用资产取得收益的过程。资产是企业生产经营活动的经济资源,对资产利用和管理的能力直接影响到企业收益,它体现了企业经营能力。对营运能力进行分析,可以了解到企业资产保值增值情况,分析企业资产利用效率、管理水平、资金周转状况、现金流量状况等,为评价企业经营管理水平提供依据。

(三)盈利能力分析

获取利润是企业的主要经营目标之一,它反映了企业的综合素质。企业要生存和发展,必须争取获得较高利润,这样才能在竞争中立于不败之地。投资者和债权人都非常关注企业的盈利能力,它可以提高企业偿还债务的能力,提升企业信誉。对企业盈利能力的分析不能仅看其获取利润的绝对数,还应分析其相对指标,这些都可以通过财务分析来实现。

(四)发展能力分析

无论是企业管理者还是投资者、债权人,都非常关心企业的发展能力,因为这关系到他们的切身利益。通过对企业发展能力进行分析,可以判断企业发展潜力,预测企业经营前景,从而为企业管理者和投资者进行经营决策与投资决策提供重要依据,避免决策失误给其带来重大经济损失。

任务二 偿债能力分析

偿债能力是指企业偿还到期债务(包括本金和利息)的能力。企业债务分为短期负债和长期负债,故偿债能力分析指标可相应分为短期偿债能力分析指标和长期偿债能力分析指标。

一、短期偿债能力分析指标

短期偿债能力是指企业对短期债务的清偿能力,主要通过流动资产对流动负债的保障程度来反映。分析企业短期偿债能力的指标主要有流动比率、速动比率、即付比率(现金比率)和现金流动负债比率等。通过这些比率还可以衡量企业流动资产的变现能力和资产的流动性,因此,这些比率也称为变现能力比率。

(一)短期偿债能力计算及分析

1. 流动比率

流动比率(Current Ratio)是指企业流动资产与流动负债的比率。其计算公式为:

$$流动比率 = \frac{流动资产}{流动负债} \times 100\%$$

【提示】计算公式中的流动资产包括货币资金、交易性金融资产(短期证券)、应收票据、应收账款和存货等项目,流动负债包括短期借款、应付票据、应付账款、一年内到期的非流动负债、应交税费和其他各项应付费用等项目。

该比率表明企业每1元流动负债有多少流动资产作为偿还保证。一般来说,分析期期末的流动资产将在下一个期间转变为现金,而分析期期末的流动负债将需要下一个期间动用现金支付,因此二者的比值能够在一定程度上反映企业短期债务的偿还能力。

【注意】用流动比率来衡量企业资产流动性的大小,自然要求企业的流动资产在清偿流动负债以后还有余力去应付日常经营活动中的其他资金需要。特别是对债权人来说,此项比率越高越好,因为该比率越高,债权越有保障。

一般认为,流动比率越高,流动负债的安全程度越高,企业短期偿债能力越强,短期债权人到期收回本息的可能性越大。但从企业的角度看,流动比率并不是越高越好,流动比率过高,可能说明企业的流动资产占用资金过多,资金的使用效率较低,这样必然造成企业机会成本的增加和获利能力的降低。

根据会计实务工作中的经验,国际上通常认为流动比率等于2(或200%)比较合理。这是因为流动资产中变现能力最差的存货金额约占流动资产总额的一半,余下的流动性较大的流动资产至少要等于流动负债,企业的短期偿债能力才会有保障。因此,在财务分析中,往往以2作为流动比率的比较标准。另外,流动比率太高也可能是企业流动资产或流动负债管理存在问题所导致的,如存货大量积压、大量应收账款迟迟不能收回、企业没能充分利用商业信用和现有的借款能力等。因此,对流动比率要具体情况具体分析。

由于市场经济中各种行业的经营性质或经营周期的不同,对资产流动性的要求并不一样,应该有不同的衡量标准,最后的结论只有与同行业平均流动比率、本企业历史流动比率进行比较才能确定。在利用流动比率进行财务分析时应注意以下方面:

(1)我国部分行业流动比率参考值为:汽车业1.1、房地产1.2、制药1.25、建材1.25、化工1.2、家电1.5、计算机2、电子1.45、商业1.65、机械1.8。需要指出的是,这种比较通常并不能说明流动比率为什么高或低,要找出过高或过低的原因还必须分析流动资产和流动负债所包括的内容以及经营相关因素。一般情况下,营业周期、流动资产中的应收账款和存货的数额与周转速度是影响流动比率的主要因素。

(2)从合理利用资金的角度而言,各行各业、各不同企业应根据自身的情况和行业特点,确定一个流动比率的最佳点。流动比率过高,往往说明企业在资金使用上不尽合理,应将其多余的资金用于收益性较好的投资或其他方面。如存货周转较快、结算资产较好的企业,其流动比率可以小于2,既能满足偿债需要,又使该比率不致过高。

(3)当企业用流动资产偿还流动负债或通过增加流动负债来购买流动资产时,流动比率计算公式的分子与分母将等量地增加或减少,并造成流动比率本身的变化。流动比率的这一特点,使得企业管理当局有可能在该比率不理想时,通过年末突击性偿还短期负债,下年初再举借新债等手段粉饰其流动比率的状况。

(4)流动资产的长期化问题。理论上说,流动资产是指能够在一年内变现或耗用的资产,实际上资产负债表上的流动资产总有一些是已经"沉淀"了一年以上,不可能在一年变现的,如长期积压的存货和长期挂账的应收款项等。从会计处理看,长期的欠款仍然反映在其收款项目中,被长期化了的"流动资产",数量再多也不表示企业的短期偿债能力强。如果一个企业的长期化流动资产数量较大,则较高的流动比率不仅不能说明企业的短期偿债能力强,而且给报表使用者造成一种假象。为使流动比率能如实反映企业的偿债能力,对于已经被长期化的那部分流动资产,最好是在计算流动比率时扣除。

(5)流动资产中虚拟资产的问题。在资产负债表的流动资产部分,有一些项目,如金融资产的公允价值部分等,实际是虚拟资产,不能用于偿还债务,计算流动比率时最好也要扣除。考虑以上两点,账面未扣除虚拟资产的流动比率就有可能高估企业的短期偿债能力。换句话说,实际的短期偿债能力可能并没有按账面数字计算的流动比率所反映的那么高。

(6)流动比率还会掩盖流动资产或流动负债的内部结构性矛盾,这也是流动比率指标的又一个缺陷,例如,有时流动比率高,可能是存货积压或滞销的结果,也可能是应收账款大量挂账或三角债的结果,甚至还可能是拥有过多的现金而未很好地加以利用的缘故,这些都会影响企业的正常经营和获利能力。

(7)流动资产的变现时间结构与流动负债的偿还时间结构很难做到一致,即使流动比率较高,有时也难以满足偿付流动负债的需要。为弥补流动比率的这一缺陷,财务人员还必须注意观察速动比率和现金比率等指标。因此,即使一个企业有一个较高的流动比率,也不要就此认为企业的短期偿债能力就一定好。这个道理说明,财务分析人员不能过分相信单纯依据资产负债表计算的财务指标。对流动比率指标如此,其他财务指标同样如此。

【做中学 6—1】 根据表 6—1 的资料,海达股份有限公司 2022 年年初与年末的流动比率计算如下:

$$2022\text{ 年年初流动比率} = \frac{2\ 812}{1\ 367} = 2.06$$

$$2022\text{ 年年末流动比率} = \frac{3\ 407}{1\ 841} = 1.85$$

以上计算结果表明,海达股份有限公司年初流动比率略高于公认标准 2,年末流动比率比年初有所下降,低于 2,年末流动资产为每 1 元流动负债提供的保障比年初降低了 0.21 元(2.06－1.85),说明其短期偿债能力有所下降,分析者需进一步查明偿债能力下降的原因。

2. 速动比率

速动比率(Quick Ratio)是指企业速动资产与流动负债的比率。速动比率是衡量企业流动资产中可立即用于偿还流动负债的能力,这个指标也被称为酸性测试比率(Acid-test Ratio)。构成流动资产的各项目流动性的差别很大,其中,部分可以在较短时间变现的称为速动资产(Quick Asset),包括货币资金、交易性金融资产和各种应收、预付款项等;速动资产之外的流动资产称为非速动资产,包括存货、一年内到期的非流动资产及其他流动资产。速动资产是指企业可以在较短时间内变现的资产。速动比率的计算公式为:

$$\text{速动比率} = \frac{\text{速动资产}}{\text{流动负债}} \times 100\%$$

流动资产中各项资产的变现能力不同,一般来说,货币资金本身不存在变现问题,交易性金融资产可以在需要时随时转化为现金,应收账款、应收票据等应收款项是企业可以强制对方兑现的债权,也可以在较短时间内变现,因此,以上资产被称为速动资产。而存货由于受类别、结构以及销售市场等因素的制约,在短期内按预期价格出售的可能性值得怀疑,在公司清算时也容易贬值,属于非速动资产。

由于企业流动资产中非速动资产主要由存货构成,因此速动资产常常简单地用"流动资产－存货"表示。速动比率通常表示为:

$$\text{速动比率} = \frac{\text{流动资产} - \text{存货}}{\text{流动负债}} \times 100\%$$

与流动比率相比,速动比率反映了企业运用能够迅速变现的资产偿还短期负债的能力。由于剔除了存货等变现能力较弱且不稳定的资产,因此,速动比率较之流动比率能够更加准确、可靠地评价企业资产的流动性及偿还短期负债的能力。一般情况下,速动比率越高,企业偿还流动负债的能力越强,对债权人越有利。但是,速动比率过高,说明企业现金及应收账款资金占用过多,这样就会大大增加企业的机会成本,造成企业盈利能力降低。

国际上通常认为,速动比率等于 1 较为适当,但如同流动比率一样,这并非统一的标准。不同的环境、不同的时期、不同的行业的速动比率有很大差别。

在利用速动比率进行财务分析时,应注意以下方面:

(1)如果流动比率较高,而流动资产的流动性却很低,则企业偿债能力仍然不高。在流动资产中,交易性金融资产可以立刻在市场上出售,转化为现金;应收票据和应收账款通常也可在较短时期内变为现金;存货则流动性较差,变现时间长,不包括在速动资产之内,如果一家企业流动比率过高,而速动比率较低,则往往说明企业有大量存货;至于预付费用,由于在流动资产总额中所占比重较小，一般不予考虑。因此，将现金、短期资产、应收票据及应收账款等项目合在一起，称作速动资产，其与流动负债的比率称为速动比率。速动比率是对流动比率的补充，它们的关系取决于存货的变化方向和变化速度，或两个比率同方向、同比例变化，或同方向、不同比例变化，或按不同方向变化。

（2）国际上通常认为，速动比率等于1较为适当，但如同流动比率一样，这并非统一的标准。不同的环境、不同的时期、不同的行业的速动比率有很大差别。一般认为，企业正常的速动比率为1，低于1的速动比率被认为是短期偿债能力偏低。但这个比率并不是绝对的，不同的行业应该有所差别，因此要参照同行业资料和本企业历史情况进行判断。部分行业速动比率的参考值为：汽车业0.85、房地产0.65、制药0.9、化工0.9、家电0.9、商业0.45、机械0.9。

它们表现出以下两个特点：第一，商业企业存货周转快，且所占比重较大，应付账款一般较多，在日常营业过程中产生大量货币资金可以应付支付需求，因此速动比率为0.5即属正常。要求其比率为1，等于要求其售前支付价款或售后立即付款，对商业行业既无必要，也不适合供大于销的市场基本格局。第二，一些行业如汽车，由于其生产技术特点，占用存货很多，要求其比率大于1既不合理也不现实。

（3）企业有时在计算速动比率之后，还可进行速动资产够用天数的分析。速动资产够用天数是指根据预计的营业开支，计算现有的速动资产足够支用的天数。其计算公式为：

$$速动资产够用天数 = \frac{速动资产}{预计每天营业开支}$$

其中：

$$预计每天营业开支 = \frac{预计年度营业开支 - 非现金开支}{360}$$

【做中学 6—2】 根据表6—1的资料，海达股份有限公司2022年年初与年末的速动比率计算如下：

$$2022年年初速动比率 = \frac{325+76+55+1\,150+50+59}{1\,367} = 1.25$$

$$2022年年末速动比率 = \frac{585+136+30+1\,290+140+56}{1\,841} = 1.21$$

以上计算结果表明，海达股份有限公司年末速动比率比年初略有降低，但均超过了1。结合上例，海达股份有限公司年末流动比率虽然比年初下降了，且低于2，但根据速动比率的计算结果分析，该公司快速偿还短期债务的能力并不弱。

3. 即付比率

即付比率是指企业现金类资产与流动负债的比率，也称现金比率（Cash Ratio）。与速动资产不同之处在于，现金类资产本身可以直接偿还债务，其他速动资产则需变现后才能偿债，而非速动资产需要等待不确定的时间，才能转换为不确定金额的现金。现金类资产包括货币资金、交易性金融资产等。即付比率的计算公式为：

$$即付比率 = \frac{现金类资产}{流动负债} \times 100\%$$

由于现金类资产是流动性最强、可直接用于偿债的资产，所以，在反映偿债能力方面即付比率比流动比率、速动比率更加稳健，反映企业随时还债的能力。即付比率越高，表明企业短期偿债能力越强。但过高的即付比率可能意味着存在过多的资金没有投入企业生产经营活动中，会影响企业的盈利能力。

【做中学 6—3】 根据表6—1的资料，海达股份有限公司2022年年初与年末的即付比率计算如下：

$$2022年年初即付比率=\frac{325+76}{1\ 367}=0.30$$

$$2022年年末即付比率=\frac{585+136}{1\ 841}=0.39$$

以上计算结果表明，海达股份有限公司年末即付比率比年初有所上升，年末现金资产为每1元流动负债提供的保障增加了0.09元(0.39－0.30)。

在利用即付比率(现金比率)进行财务分析时，应注意以下方面：

(1)现金类资产对流动负债比率反映企业的即刻变现能力，意味着作为偿债保证的资产是变现力为百分之百的资产，因而，以此偿还流动负债也具有百分之百的稳定性和安全性，以此衡量企业偿还流动负债能力更为稳健。

(2)企业在进行会计分析时需要从最保守的角度对流动性进行分析，如在企业已将应收账款和存货作为抵押品的情况下，或者当财务分析人员怀疑企业存货和应收账款存在流动性问题时，评价企业短期偿债能力的最好指标就是现金比率。但是，企业很少重视这个指标，因为如果要求企业有足够的现金等价物或短期证券以偿还流动负债是不现实的。如果企业的流动性不得不依赖于现金和短期证券，表明它的偿债能力可能是减弱了。除非企业处于财务困境中，否则分析者很少重视现金比率指标，但在某些企业，如存货和应收账款流转速度很慢和高度投机的企业，现金比率很重要。

(3)使用这一比率时，还必须注意现金及有价证券的内涵变化。比如某些限定用途、不得随便动用的现金，减少了企业实际可用的现金数量；而某些账面价值不能准确反映其市价变动的有价证券，应对其按照实际价格进行相应调整，才能揭示其真正的变现价值等。

(4)现金比率固然能反映企业的直接支付能力，但企业没必要总是保持足以偿还流动负债的货币资金和短期证券，因为这差不多相当于流动负债所筹集的资金没有得到利用。因此，在评价企业变现能力和短期偿债能力时，不宜将现金比率作为主要指标，它只是表明企业在最坏情况下对短期债务的应变能力。企业一旦面临财务危机，即使企业有较高的流动比率和速动比率，也往往无法满足债权人的要求。可见，采取现金比率来衡量企业的短期偿债能力是一种极其稳健的方法，一般情况下只将现金比率作为流动比率和速动比率的补充或辅助指标。

流动比率、速动比率与现金比率的关系如下：

(1)流动比率是以全部流动资产作为偿付流动负债的基础。它包括可变现能力较差的存货和1年内到期的非流动资产，若存货中存在超储积压物资时，会形成企业短期偿债能力较强的假象。

(2)速动比率以扣除变现能力较差的存货和1年内到期的非流动资产等作为偿付流动负债的基础，它弥补了流动比率的不足。

(3)现金比率以现金类资产作为偿付流动负债的基础，但现金持有量过大会对企业资产利用效果产生副作用，这一指标仅在企业面临财务危机时使用，相对于流动比率和速动比率来说，其作用力度较小。

4. 现金流动负债比率

现金流动负债比率是指企业经营现金净流量与流动负债的比率。这里的经营现金净流量，通常是指现金流量表中的"经营活动产生的现金流量净额"，它代表了企业生产经营产生现金的能力，已经扣除了经营活动自身所需的现金流出，是可以用来偿债的现金流量。现金流动负债比率的计算公式为：

$$现金流动负债比率=\frac{经营活动产生的现金流量净额}{流动负债}$$

【提示】 公式中流动负债,通常使用资产负债表中流动负债年初与年末的平均数。为了说明期末的现金流量对短期债务的保障程度,也可以使用期末数。

【注意】 与前述短期偿债能力指标比较,现金流动负债比率不再停留在对资产负债表的静态分析上,而是从动态角度反映经营活动取得的现金净流量对流动负债的保障程度,属动态指标。用该指标评价企业偿债能力要更加谨慎。该指标越大,表明企业经营活动产生的现金净流量对短期债务的保障程度越高。

【做中学 6—4】 根据表 6—1、表 6—3 的资料,并假设海达股份有限公司 2021 年度经营活动产生的现金流量净额为 580 万元,则该公司 2021 年度和 2022 年度现金流动负债比率为:

$$2021 年度现金流动负债比率 = \frac{580}{1\,367} = 0.42$$

$$2022 年度现金流动负债比率 = \frac{889}{1\,841} = 0.48$$

以上计算结果表明,与 2021 年相比,海达股份有限公司 2022 年每 1 元流动负债的经营现金流量的保障程度有所提高。

5. 到期债务本息偿付比率

到期债务本息偿付比率是指本期经营活动产生的现金流量净额与本期到期债务本息的比率,反映企业用经营活动创造的现金支付到期债务本金及利息的能力。其计算公式为:

$$到期债务本息偿付比率 = \frac{经营活动产生的现金流量净额}{本期到期债务本金 + 现金利息支出}$$

到期债务本息偿付比率越高,企业的偿债能力越强;反之,越弱。如果该指标小于 1,表明企业本期经营活动产生的现金不足以偿付本期到期的债务本息,企业必须通过对外筹资或出售资产才能保证债务本息的偿还。

【做中学 6—5】 根据表 6—3 的资料,并假设海达股份有限公司 2021 年度经营活动产生的现金流量净额为 580 万元、到期债务本金为 540 万元、现金利息支出为 210 万元;2022 年度现金利息支出为 298 万元,则该公司 2021 年度和 2022 年度到期债务本息偿付比率为:

$$2021 年度到期债务本息偿付比率 = \frac{580}{540+210} = 0.77$$

$$2022 年度到期债务本息偿付比率 = \frac{889}{619+298} = 0.96$$

以上计算结果表明,与 2021 年相比,海达股份有限公司 2022 年的到期债务本息偿付比率有较大程度提高,但仍不足 1,表明企业经营活动产生的现金不足以偿付到期的债务本息,企业必须通过对外筹资或出售资产才能保证债务本息的偿还。

(二)影响短期偿债能力的其他因素

上述变现能力指标的计算和分析中的绝大多数数据资料是从会计报表中取得的。当然,还有一些会计报表资料中没有反映出来的因素也会影响企业的短期偿债能力,甚至影响力相当大。会计报表的使用者多了解些这方面的情况,有利于做出正确的判断。

1. 增强变现能力的因素

企业流动资产的实际变现能力,可能比会计报表项目反映的变现能力要好一些。影响变现能力的其他因素主要有以下几个方面:

(1) 可动用的银行贷款指标

银行已同意、企业未办理贷款手续的银行贷款限额,可以随时增加企业的现金、提高支付能力。这一数据不反映在报表中,必要时应在财务状况说明书中予以说明。

(2)准备很快变现的长期资产

由于某种原因,企业可能将一些长期资产很快出售变为现金,增强短期偿债能力。企业出售长期资产,一般情况下都是要经过慎重考虑的,企业应根据近期利益和长期利益的辩证关系,正确做出是否出售长期资产的决策。

(3)偿债能力的声誉

如果企业的长期偿债能力一贯很好,有一定的声誉,在短期偿债能力方面出现困难时,可以很快地通过发行债券和股票等办法解决资金的短缺问题,提高短期偿债能力。这个增强变现能力的因素,取决于企业自身的信用声誉和当时的筹资环境。

2. 削弱变现能力的因素

削弱企业流动资产变现能力的因素,未在会计报表中反映的主要有以下几点:

(1)未作记录的或有负债

或有负债是有可能发生的债务,对这些或有负债,按照我国《企业会计准则》规定并不作为负债登记入账,也不在报表中反映。只有已办贴现的商业承兑汇票,作为附注列示在资产负债表的下端,其他的或有负债,包括售出产品可能发生的质量事故赔偿、尚未解决税额争议时可能出现的不利后果、诉讼案件和经济纠纷案可能败诉并需赔偿等都没有在报表中反映。这些或有负债一旦成为事实上的负债,将会加大企业的偿债负担。

(2)担保责任引起的负债

企业有可能以自己的一些流动资产为他人提供担保,如为他人向金融机构借款提供担保、为他人购物担保或为他人履行有关经济责任提供担保等。这种担保有可能成为企业的负债,增加偿债负担。

二、长期偿债能力分析指标

长期偿债能力是指企业偿还长期债务的能力,主要通过计算资产、负债和所有者权益之间的关系指标来分析企业资本结构是否合理,进而评价企业的长期偿债能力。反映企业长期偿债能力的指标主要有资产负债率、产权比率、权益乘数、已获利息倍数和现金利息保障倍数等。

(一)长期偿债能力计算及分析

1. 资产负债率

资产负债率(Debt Ratio)又称负债比率,是指企业负债总额与资产总额的比率。其计算公式为:

$$资产负债率=\frac{负债总额}{资产总额}\times100\%$$

资产负债率表明企业资产总额中债权人提供的资本所占的比重,反映企业资产对债权人权益的保障程度。

一般情况下,资产负债率越低,说明借入资金占全部资金的比重越小,负债越安全,企业长期偿债能力越强;资产负债率越高,说明借入资金占全部资金的比重越大,企业不能偿还负债的风险越高。因此,对债权人来说,该指标越小越好。但是,对企业所有者来说,如果该指标过小则表明企业对债务的财务杠杆利用不够,即没能充分利用负债经营的好处。

资产负债率反映了在总资产中有多大的比例是通过借债筹集的,即举债经营程度。它也可以用来衡量企业在清算时保护债权人利益的程度,即负债保障程度。从理论上讲,一般认为资产负债率为50%为宜,如果高于100%则表明企业资不抵债,视为达到破产界限。财务分析时,应结合行业特点、企业收支水平、收支现状、营业周期以及特定时期宏观信贷政策等多种因素综合考虑。

【做中学6—6】 根据表6—1的资料，海达股份有限公司2022年年初与年末的资产负债率为：

$$2022年年初资产负债率 = \frac{4\,175}{9\,047} \times 100\% = 46.01\%$$

$$2022年年末资产负债率 = \frac{5\,362}{10\,887} \times 100\% = 49.25\%$$

以上计算结果表明，与年初相比，海达股份有限公司2022年年末的负债程度有所提高，接近50%，虽然长期偿债能力有所下降，但海达股份有限公司加强了对财务杠杆的利用，资本结构比以前得到了优化。

在利用资产负债率进行财务分析时，应当注意以下方面：

(1)不同的信息使用者分析的角度不同。

①从债权人的角度来看，负债比率越小，表明所有者权益比率越大，企业的财力就越雄厚，偿债能力也就越强，债务的保障程度就越高，债权的风险也就越小；反之债权的风险就越大。因此，对债权人来讲，负债比率越小越好。尤其是在企业清算时，资产变现所得很可能低于其账面价值，所有者一般只承担有限责任，资产负债率过高，债权人可能蒙受损失。

②从投资者的角度来看，企业通过举债所筹措的资金与投资者提供的资本在经营活动中发挥同样的作用，从充分利用财务杠杆的角度，可能希望资产负债率高些，但该比率过高会影响企业的筹资能力。

③从企业管理当局的角度而言，负债比率反映了其经营策略。负债比率高，企业承担的风险就越大，但获利的机会也就越大；反之，则说明企业管理当局比较保守，缺乏举债经营意识。因此，企业在运用举债经营策略时，必须审慎考虑，权衡利弊，保持适度的比率。

(2)当资产负债率在50%与100%之间变化时，属于"黄灯区"，表明企业负债较重，企业资产的大部分或全部是负债形成的。这类企业的经营和财务风险较大，对投资者和债权人都不利。当这种情况发生时应及时发出警报，使企业迅速改善财务状况，以避免资不抵债情况的发生。

当资产负债率超过临界点，大于100%时，企业便进入"红灯区"，财务状况处于"红灯区"时，应对企业经营理财活动中存在的问题进行分析，找出亏损源，采取行之有效的、针对性极强的措施积极应对。

50%是美国的一个经验值。众所周知，美国是证券或股票市场高度发达的国家，许多企业能够通过发行股票来融资，这是美国企业能够将资产负债率保持50%或以下的重要条件。这个情况在中国或证券市场还不甚发达的其他国家很难实现或维持。

(3)实际上，即使是证券市场发达的国家，适度的资产负债率水平或适度的负债经营规模也要综合考虑若干因素来确定。所考虑的因素至少有以下几个方面：

①经济周期。从经济发展的不同阶段看，资产负债率与经济景气呈正相关关系。经济景气时，企业面临的经济环境与市场条件比较有利，产品销路好，举债可以增强企业的发展能力；反之，经济不景气时，产品销率下降，银根紧缩，举债容易增加风险和导致债务危机。

②行业性质。由于各行业的具体情况不同，因此其负债能力也有差别。企业负债率的差别主要有以下原因：

一是资产流动性。一般而言，资产流动性较强的行业，其周转能力和变现能力较强，可允许的资产负债率的适度规模也较大。如美国零售行业的资产负债率约为60%，而制造业企业的资产负债率则为50%左右。

二是资金密集度。属于资金密集型的行业，由于其资金利润率相对高，所以较之劳动密集型的行业,适度的负债规模增大。

三是行业成熟度。一般而言,属于发展速度快的新兴行业,资产负债率可以高一些,而已经进入成熟或衰退期的行业,则应逐步降低资产负债率。

③资金市场。直接融资市场比较发达时,企业的资产负债率可能较低;间接融资市场发达时,企业的资产负债率可能较高些。如日本企业资产负债率高的主要原因之一就是其资本市场发展较为缓慢,企业主要依靠银行间接融资。

④企业介入直接资本市场的程度。一般情况下,上市公司直接介入资本市场,因此其资产负债率也低于非上市公司。

⑤企业经济效益水平。获利能力越强,财务状况越好,变现能力越强的企业,就越有能力负担财务上的风险,可允许的适度负债水平也可以高些。

⑥文化传统和理财风险态度。在一个崇尚稳健和保守的文化环境中,一般不会过多地举债而增加财务风险。此外,经济学将人对风险的态度分为三种类型,即所谓风险偏好、风险中性和风险厌恶。负债的规模,无疑与企业经营者的风险态度有关,实际上也就是与举债者的心理素质有关。对企业来说,应当根据自身的实际情况,研究确定自身可容许的适度的负债规模,以防范财务风险和财务危机。

进入20世纪80年代以来,西方发达国家企业的资产负债率保持在60%~70%,90年代后,资产负债率已经降到50%左右,东南亚一些大型上市公司的资产负债率则更低一些。总体上看,我国企业目前的资产负债率水平还是偏高。若扣除数量较大的潜亏和损失挂账的虚数,平均负债水平可能会更高。还有相当部分企业的资产负债率已经超过了100%。企业负债的过度是由于预算软约束的经济体制和资产市场不发达造成的。

(4)根据以上的分析,降低资产负债率和优化资本结构的主要措施有以下几点:

①通过深化经济体制改革,建立健全的社会主义市场经济体制,强化企业的预算约束,减弱企业资金扩张和过度负债的欲望和冲动,使企业能够自主经营、自负盈亏,使企业真正确立起负债经营的风险意识。

②通过深化企业产权体制改革,完善企业法人治理结构,在企业内部建立起负债经营的自我约束体制,通过自我约束,有效地控制负债规模。

③大力发展和逐步完善直接资本市场,使更多的有发展前景的企业能够通过发行股票等直接融资方式解决发展中的资金问题,这是解决企业负债水平偏高的最根本途径。

2. 产权比率

产权比率也称负债权益比(Equity Ratio)、净资产负债率、权益负债率、债务股权比率,是指企业负债总额与所有者权益总额的比率。其计算公式为:

$$产权比率 = \frac{负债总额}{所有者权益总额} \times 100\%$$

产权比率反映在企业资本总额中,由债权人提供的资本与股东提供的资本之间的相对关系,也就是企业在清算时对债权人权益的保障程度,同时也反映了企业的基本财务结构是否处于稳定的状况。与资产负债率一样,如果产权比率过高,说明企业面临较高的财务风险;反之,则财务风险较低。

【注意】产权比率与资产负债率对评价企业偿债能力的作用基本相同,主要区别是:资产负债率侧重于分析债务偿付安全性的物质保障程度,产权比率则侧重于揭示财务结构的稳健程度以及权益资本对偿债风险的承受能力。

该指标反映了所有者权益对债权人权益的保障程度。一般情况下,产权比率越低,表明所有者权益对债权人权益的保障程度越高,企业的长期偿债能力越强,偿债风险越小,但同时导致企业财务杠杆利用不足;产权比率越高,负债程度越高,财务杠杆利用程度越高,但同时财务风险越大。如同对资产负债率的评价,对债权人来说,产权比率越低越好;对企业所有者来说,则希望产权比率要适度。从理论上讲,如果资产负债率的最佳标准是50%,那么产权比率为100%最适宜。

【做中学6—7】 根据表6—1的资料,海达股份有限公司2022年年初与年末的产权比率为:

$$年初产权比率 = \frac{4\ 175}{4\ 872} \times 100\% = 86\%$$

$$年末产权比率 = \frac{5\ 362}{5\ 525} \times 100\% = 97\%$$

以上计算结果表明,与年初相比,海达股份有限公司2022年年末的产权比率有所提高,加大了负债程度,与资产负债率反映的结果一致。

一般来说,产权比率指标为1为最佳,但也不能一概而论。产权比率低,是低风险、低报酬的财务结构;产权比率高,是高风险、高报酬的财务结构。从股东来看,在通货膨胀加剧时期,企业多借债可以减少利息负担和财务风险;在经济繁荣时期,多借债可以获得额外的利润,在经济萎缩时期,少借债可以减少利息负担和财务风险。

3. 权益乘数

权益乘数是指资产总额与所有者权益总额的比值。其计算公式为:

$$权益乘数 = \frac{资产总额}{所有者权益总额}$$

该指标反映了每1元权益资本驱动多少总资本在运行,它实际上反映了企业对债务资本的利用情况。在西方国家,权益乘数又被称为财务杠杆,它可以反映权益净利率与资产净利率之间的倍数关系。权益乘数越高,意味着负债程度越高,财务杠杆的作用越大,当然财务风险也会越大,此时,企业的长期偿债能力也就越低;权益乘数越低,偿债能力越强,但财务杠杆利用程度越不足。因此,权益乘数要适度。

【做中学6—8】 根据表6—1的资料,海达股份有限公司2022年年初与年末的权益乘数为:

$$2022年年初权益乘数 = \frac{9\ 047}{4\ 872} = 1.86$$

$$2022年年末权益乘数 = \frac{10\ 887}{5\ 525} = 1.97$$

以上计算结果表明,与年初相比,海达股份有限公司2022年年末负债程度有所提高,权益乘数增大了,与资产负债率和产权比率反映的结果是一致的。

实际上,资产负债率、产权比率、权益乘数三者在本质上是一回事,都是反映资产、负债、所有者权益这三大会计要素之间的关系,三者同方向变动:资产负债率越大,产权比率和权益乘数就越大;反之,资产负债率越小,产权比率和权益乘数也越小。它们之间的关系如下:

$$权益乘数 = \frac{1}{1-资产负债率} = 1 + 产权比率$$

另外,权益乘数的倒数又称为权益比率,也称所有者权益比率,即:

$$权益比率 = \frac{1}{权益乘数} = \frac{所有者权益总额}{资产总额}$$

所有者权益比率是企业所有者权益与总资产的比值,表明企业总资产中所有者投入资本的比重,从一个侧面反映企业资产对债权人的保障程度。该指标越大,说明企业所有者权益所占的比例越高,负债所占的比例越低,对企业债权人的保障程度越高;反之,企业债权人的保障程度越低。

从以上的计算公式看出,因为"资产＝负债＋所有者权益",所以资产负债率和所有者权益比率之和为1。所有者权益比率提高,资产负债率降低,就意味着企业的财务风险降低,长期偿债能力增强。

4. 已获利息倍数

已获利息倍数又称利息赚取倍数、利息保障倍数(Times Interest Earned),是指企业一定时期息税前利润与利息支出的比值,反映了企业用经营业务收益偿付借款利息的能力。其计算公式为:

$$已获利息倍数 = \frac{息税前利润}{利息支出}$$

公式中的分子"息税前利润"是指利润表中未扣除利息费用和所得税之前的利润,即:

$$息税前利润 = 利润总额 + 利息费用 = 净利润 + 所得税费用 + 利息费用$$

其中,利息费用是指计入利润表财务费用中的利息费用,而公式中的分母"利息支出"是指支付的全部利息,不仅包括财务费用中的利息费用,而且包括计入固定资产成本的资本化利息。

已获利息倍数表明1元的债务利息有多少元的息税前收益作保障。如果企业一直保持按时付息的信誉,则不仅原有负债可以正常延续,而且举借新债也比较容易。已获利息倍数越大,利息支付越有保障。从长期来看,要维持正常偿债能力,已获利息倍数至少应当大于1,若小于1,意味着企业实现的经营成果不足以支付当期利息,此时,财务风险较高,需引起高度重视。同时应注意,对企业和所有者来说,也并非已获利息倍数越大越好。如果一个很大的已获利息倍数不是高利润带来的,而是低利息导致的,则说明企业财务杠杆程度很低,未能充分利用举债经营的优势。

【做中学6－9】 根据表6－2的资料,并假设海达股份有限公司2022年财务费用中利息费用为280万元,2021年财务费用中利息费用为260万元,两年均无资本化利息,则该公司2021年和2022年已获利息倍数分别为:

$$2021年已获利息倍数 = \frac{998 + 260}{260} = 4.84$$

$$2022年已获利息倍数 = \frac{1\ 243 + 280}{280} = 5.44$$

以上计算结果表明,海达股份有限公司的已获利息倍数较高,能较好地保障利息的顺利支付。与2021年相比,2022年的息税前利润对利息的保障程度更是有所提高。

已获利息倍数反映企业收益为所需支付利息的多少倍,借以衡量企业对长期债务的保障程度、衡量债权人的风险大小,评价企业举债规模是否适当。利息保障倍数越大,说明企业支付利息和偿还债务的能力越强,债权人利益的保障程度越高。从长远看,企业的利息保障倍数至少要大于1,否则便不能举债经营。

合理确定企业的利息保障倍数需要将该企业的这一指标与其他企业,特别是本行业平均水平进行比较,来分析决定本企业的指标水平。同时,从稳健性的角度出发,最好比较本企业连续几年的该项指标,并选择最低指标年度的数据作为标准。这是因为,企业在经营好的年头要偿债,而在经营不好的年头也要偿还大约同量的债务。某一个年度利润很高,已获利息倍数也会很高,但不能年年如此。采用指标最低年度的数据,可保证最低的偿债能力。一般情况下应采纳这一原则,但遇到特殊情况,需要结合实际来确定。

在利用已获利息倍数指标进行财务分析时,应当注意以下几点:

(1)利息费用的计算。公式中的利息费用一般取当期利润表中的财务费用,但此数并不准确,因为借款利息费用应包括计入当期损益(财务费用)和予以资本化两部分,且当期财务费用项目不仅包括利息费用,而且包括汇兑损益、利息收入等内容。因此,计算利息费用应尽量通过有关账簿取得准确数据。

(2)利息费用的实际支付能力。由于到期债务是用现金支付的,而企业的当期利润是依据"权责发生制"原则计算出来的,这意味着企业当期可能的利润很高,但不一定具有支付能力。因此,使用这一指标进行分析时,还应注意企业的现金流量与利息费用的数量关系。

5. 现金利息保障倍数

现金利息保障倍数是指企业所得税前经营现金流量净额与现金利息支出的比值,反映的是企业用当期经营活动增加的现金支付当期利息的能力。其计算公式为:

$$现金利息保障倍数 = \frac{税前经营活动现金流量净额}{现金利息支出}$$

$$= \frac{经营活动现金流量净额 + 付现所得税}{现金利息支出}$$

现金利息保障倍数表明1元的现金利息支出有多少元的经营现金流量作保障。由于并非所有的利润都是当期的现金流入,也并非所有的利息支出和所得税都需要在当期用现金支付,因此用已获利息倍数来反映企业支付利息的能力并不十分准确。将已获利息倍数中的息税前利润用税前经营活动现金流量净额代替,利息支出用现金利息支出代替,就得到了现金利息保障倍数。它更明确地反映了企业实际偿付利息的能力。

【做中学6-10】 根据表6-3的资料,并假设海达股份有限公司2021年经营活动产生的现金流量净额为580万元,付现所得税为260万元,现金利息支出为210万元;2022年付现所得税为310万元,现金利息支出为298万元,则该公司2021年和2022年的现金利息保障倍数分别为:

$$2021年现金利息保障倍数 = \frac{580+260}{210} = 4$$

$$2022年现金利息保障倍数 = \frac{889+310}{298} = 4.02$$

以上计算结果表明,海达股份有限公司2021年和2022年两年的现金利息保障倍数基本相同,每1元的现金利息支出就有4元的经营活动产生的现金流量作保障,能较好地保障利息的顺利支付。

(二)影响长期偿债能力的其他因素

在分析企业长期偿债能力时,除对上述直接反映长期偿债能力的指标进行计算、分析,还要对一些影响企业长期偿债能力的财务项目或因素给予足够的重视,逐一加以考察。

1. 资产价值

资产负债表上的资产价值主要是以历史成本为基础确认计量的,这些资产的账面价值与实际价值往往有一定的差距。

(1)资产的账面价值可能被高估或低估

资产的账面价值是历史数据,而市场处于不断变化之中,某些资产的账面价值已不能完全反映其实际价值,如企业处于城市中心地段的厂房会发生大幅度增值(这部分增值没有确认,使其账面价值大大低于市场价值),而一些技术落后的设备其账面价值又会大大高于市场价值(技术落后市场价值已经贬值,而账面价值没有变动的话,账面价值虚增)。

(2)某些入账的资产毫无变现价值

这类项目包括长期待摊费用和某些人为制造的应收账款、存货等,前者已作为费用支出,只是因为会计上的配比原则才作为资产保留在账面上,而后者是粉饰的结果,这类资产的流动性几乎等于零,对于企业的偿债能力毫无意义。

(3)尚未全部入账的资产

按照现行会计准则,企业的资产并非全部在资产负债表中得到反映,一些非常重要的项目往往未被列作资产入账。如企业自行开发的、成本较低而计入期间费用的商标权、专利权等,其商用价值是不容忽视的。又如,一些企业的衍生金融工具是以公允价值披露在财务附注中的,这种揭示有助于使用者分析与之相关的企业的重大盈利机会或重大潜在风险。

2. 或有项目或承诺事项

或有项目是指在未来某事件发生或不发生的情况下,最终会带来收益、财产或损失、负债,但现在无法肯定的目前状况、条件或因素,如票据贴现、附有条件的捐赠财产、产品售后服务责任、未决诉讼等。或有项目的特点是现存条件的最终结果不确定,它的处理取决于未来的发展。由于或有项目是将来可能发生的,因而在企业财务报表往往并不反映,但这些项目一旦发生便会改变企业的财务状况。因此,在进行长期偿债能力分析时,就必须考虑它们的潜在影响。

【提示】根据我国《企业会计准则》的规定,或有负债不在资产负债表中反映。这些或有负债在资产负债表日还不能确定未来的结果如何,将来一旦成为企业的现实负债,就会对企业的财务状况产生重大影响。尤其是金额较大的或有负债,在评价偿债能力时必须予以关注。

承诺事项是指企业由具有法律效力的合同协议或协议的要求而引起义务的事项,例如,与贷款有关的承诺、信用证承诺、售后回购协议下的承诺。在未来的特定期间内,只要达到特定条件,即发生资产减少或负债增加。当企业参与合资时,通常要做出承诺,如要为合资企业的银行贷款提供担保,或者与合资企业签订长期的原材料购货合同。这类活动可能使得公司存在大量的不出现在资产负债表上的潜在负债或义务。这种潜在债务是所有合资企业,包括那些已经合并的企业都存在的。为了了解重要的潜在负债或承诺,应阅读与合资企业有关的附注,然后认真考虑这些因合资而使企业承担的附加或承诺的有关信息。无论是或有事项还是承诺事项,均有可能减弱企业长期偿债能力,必须对此严加观察和分析,以防患于未然。

3. 长期租赁

当企业急需某种设备或资产而又缺乏足够的资金时,可以通过租赁的方式解决。财产租赁有两种形式:融资租赁和经营租赁。

融资租赁是由租赁公司垫付资金购买设备后租给承租人使用,承租人按合同规定支付租金(包括设备买价、利息、手续费)。一般情况下,承租方在付清最后一笔租金后,设备的所有权归承租方所有,实际上属于变相的分期付款购买固定资产。因此,在融资租赁形式下,租入的固定资产作为企业的固定资产入账进行管理,相应的租赁费用作为长期负债处理。这种资本化的租赁,在分析长期偿债能力时,已经包括在债务比率指标计算之中。

经营租赁是指以出租人向承租人提供设备等资产的短期使用权为特征的租赁形式。对于经营租赁,由于设备的所有权最终属于出租人,因此承租方无须对租赁设备计提折旧,无须在资产负债表上反映,只需将租金计入费用。当企业的经营租赁量比较大、期限比较长或具有经常性时,则构成了一种长期性筹资,这种长期性筹资虽然不包括在长期负债之内,但到期时必须支付租金,会对企业的偿债能力产生影响。因此,如果企业经常发生经营租赁业务,应考虑租赁费用对偿债能力的影响。

4. 合资经营

合资经营就是指两个或两个以上企业为某一特定目的而建立的联合关系。某些合资经营可能采用合伙企业形式或其他非股份公司的企业形式,另外一类合资经营则是采用由两个或多个企业共同拥有的股份公司的形式。

由于合资企业有多种形式,对其会计处理的会计原则是很灵活的,即把合资企业视为投资还是应合并企业是关键问题。一些合资企业对母公司来说非常重要,这就有一个问题即母公司对其有控制能力还是仅仅有重要影响。当母公司有控制能力时通常要按持股比例与合资企业合并,而其他合资公司通常用权益法核算并在投资账户中反映。这两种情况都需要在附注中作为重要的信息揭示出来。

此外,国家信贷政策的调整、全球性或区域性经济发展状况等对长期偿债能力均有影响。只是这些影响大多难以进行准确的定量分析,其分析的准确性较多依赖于分析人员的专业判断。

任务三 营运能力分析

营运能力是指企业组织、管理和运营相关资产的效率和能力,常用资产周转速度来反映。衡量指标主要有周转率和周转期,衡量资产主要包括总资产、固定资产、流动资产、应收账款和存货。

周转率是指企业资产在一定时期内周转的次数,通常用企业一定时期资产的周转额与同期资产平均资金占用额的比值来反映。一般来说,周转次数越多,表明周转速度越快,企业营运能力越强。其计算公式为:

$$周转率 = \frac{一定时期内资产周转额}{同期资产平均资金占用额}$$

周转期是指资产周转一次所需要的时间(天数),可用计算期天数与周转次数之比来反映。一般来说,周转期越短,表明周转速度越快,资产营运能力越强。其计算公式为:

$$周转期 = \frac{计算期天数}{周转次数}$$

【提示】为简化起见,计算期天数一般每月按 30 天计算,每季按 90 天计算,每年按 360 天计算。

一、总资产周转速度

总资产是企业所拥有或控制的、能以货币计量的全部经济资源。企业的总资产周转能力集中反映在总资产周转率上,即总资产的销售水平上,因此总资产周转率可用于分析企业全部资产的使用效率。总资产周转率(Total Asset Turnover)用于衡量资产规模与销售水平之间的配比情况。反映总资产周转速度的指标包括总资产周转率和总资产周转期。

(1)总资产周转率,是企业一定时期的营业收入与总资产平均资金占用额的比值。其计算公式如下:

$$总资产周转率(次数) = \frac{营业收入}{总资产平均资金占用额}$$

(2)总资产周转期,是计算期天数与总资产周转率的比值。其计算公式如下:

$$总资产周转期(天数) = \frac{计算期天数}{总资产周转率} = \frac{计算期天数 \times 平均资产总额}{销售收入净额}$$

其中,平均资产总额应根据分析期的不同分别加以确定,并应当与分子的销售收入净额在时间上保持一致;为简化起见,平均资产总额一般以资产的期初数与期末数之和除以 2 来计算;销售收入净额等于销售收入减去销售折扣、折让后的余额。另外,对于计算期天数,为了计算方便,全年按 360 天计算、全季按 90 天计算、全月按 30 天计算。

有的企业在运用这一比率时用营业资产总额代替资产总额。所谓营业资产,是指在生产经营过程中投入使用的、与营业收入产生直接有关的资产,即从资产总额中减去非营业用资产(如用作长期投资的有价证券,出租的厂房、建筑物和机器设备等)后的余额。

总资产周转速度可以反映企业全部资产的使用效率。它是企业的全部资产价值在一定时期内完成周转的次数。根据会计恒等式"资产=负债+所有者权益",即企业的全部资产是企业的负债和所有者权益所代表的全部经济资源的投资对象,因此,总资产周转率又称投资周转率。一般来说,如果企业总资产周转率较高,周转期较短,说明企业利用全部资产进行经营的效果好、效率高;反之,如果总资产周转率较低,周转期较长,说明企业利用全部资产进行经营的效果差、效率低,最终会影响企业的获利能力。

总资产周转速度主要受到固定资产和流动资产周转速度的影响,因此,在分析总资产周转速度时需进一步分析固定资产和流动资产的周转速度。

【提示】通过该指标的对比分析,不但能够反映出企业本年度及以前年度总资产的营运效率及其变化,而且能够发现企业与同类企业在资金利用上的差距,促进企业提高资金的使用效果。

【做中学6—11】 根据表6—1、表6—2的资料,并假设海达股份有限公司2021年年初资产总额为9 100万元,则该公司2021年和2022年的总资产周转率和周转期分别为:

$$2021年总资产周转率=\frac{14\,030}{\frac{9\,100+9\,047}{2}}=1.55(次)$$

$$2021年总资产周转期=\frac{360}{1.55}=232.26(天)$$

$$2022年总资产周转率=\frac{14\,740}{\frac{9\,047+10\,887}{2}}=1.48(次)$$

$$2022年总资产周转期=\frac{360}{1.48}=243.24(天)$$

以上计算结果表明,与2021年相比,海达股份有限公司2022年的总资产周转速度变慢,该公司需进一步分析导致总资产周转速度变慢的原因,并分析固定资产和流动资产的周转速度。

为了更加深入地分析总资产的周转情况及影响其快慢的因素,企业应当在此基础上,进一步对总资产各个构成要素进行分析,以便查明总资产周转率升降的原因以及各要素对总资产周转率形成的不同作用,其中最主要的是对固定资产营运能力和流动资产营运能力的分析。

二、固定资产周转速度

反映固定资产周转速度的指标包括固定资产周转率和固定资产周转期。

固定资产周转率是企业一定时期的营业收入与固定资产平均资金占用额的比值。其计算公式如下:

$$固定资产周转率(次数)=\frac{营业收入}{固定资产平均资金占用额}$$

固定资产周转率指标没有绝对的判断标准,一般通过与企业原来的水平相比较加以考察,因为种类、数量、时间均基本相似的机器设备与厂房等外部参照物几乎不存在,即难以找到外部可资借鉴的标准企业和标准比率。一般情况下,固定资产周转率越高,表明企业固定资产利用越充分,说明企业固定资产投资得当,固定资产结构分布合理,能够较充分地发挥固定资产的使用效率,企业的经营活动越有效,闲置的固定资产越少;反之,则表明固定资产使用效率不高,提供的生产经营成果不多,企业的营运能力较差。

在利用固定资产周转率进行财务分析时,应当注意以下方面:

(1)式中分母的固定资产平均占用额可按固定资产原值或净值计算,目前尚有两种观点:一种观点主张采用固定资产原值计算,其理由是:固定资产生产能力并非随着其价值的逐步转移而相应降低,比如,一种设备在其全新时期和半新时期往往具有同样的生产能力;再则,使用原值便于企业在不同时间或不同企业之间进行比较,如果采用净值计算,则失去可比性。另一种观点主张采用固定资产净值计算,理由是:固定资产原值并非一直全部都被企业占有着,其价值中的磨损部分已逐步通过折旧收回,只有采用净值计算,才能真正反映一定时期内企业实际占用的固定资金。若采用固定资产平均净值计算,一般适宜于与其他单位横向比较,比较时要注意两个企业的折旧方法是否一致。

（2）企业的固定资产一般采用历史成本法记账,因此在企业的固定资产、销售情况都并未发生变化的条件下,也可能由于通货膨胀导致物价上涨等因素而使销售收入虚增,导致固定资产周转率的提高,而实际上企业的固定资产效能并未增加。

（3）严格来讲,企业的销售收入并不是由固定资产的周转价值带来的。企业的销售收入只能直接来自流动资产的周转,并且固定资产要完成一次周转必须经过整个直接期间,因此,如果用销售收入除以固定资产占用额来反映固定资产的周转速度具有很大的缺陷,即它并非固定资产的实际周转速度。但如果从固定资产对推动流动资产周转速度和周转额的作用来看,固定资产又与企业的销售收入有着必然的联系,即流动资产投资规模、周转额的大小及周转速度的快慢在很大程度上取决于固定资产的生产经营能力及利用效率。

基于上述分析,在对固定资产营运能力进行分析时,必须充分结合流动资产的投资规模、周转额、周转速度才更有价值。固定资产周转率反映出既定质、量的固定资产通过对流动资产价值转换规模与转换速率的作用而对销售收入实现所做出的贡献。

固定资产周转期是计算期天数与固定资产周转率的比值。其计算公式如下:

$$固定资产周转期 = \frac{计算期天数}{固定资产周转率}$$

一般情况下,固定资产周转率越高,周转期越短,表明企业固定资产周转速度越快,利用效率越高,营运能力越强,反映出企业固定资产投资得当,结构分布合理;反之,固定资产周转率越低,周转期越长,表明企业固定资产周转速度越慢,利用效率越低,营运能力越弱,反映出企业固定资产可能数量过多或结构分布不合理,没有得到充分利用,最终影响企业的获利能力。

【做中学6—12】 根据表6—1、表6—2的资料,并假设海达股份有限公司2021年年初固定资产净值为5 560万元,则该公司2021年和2022年的固定资产周转率和周转期分别为:

$$2021年固定资产周转率 = \frac{14\ 030}{\frac{5\ 560 + 5\ 298}{2}} = 2.58(次)$$

$$2021年固定资产周转期 = \frac{360}{2.58} = 139.53(天)$$

$$2022年固定资产周转率 = \frac{14\ 740}{\frac{5\ 298 + 6\ 670}{2}} = 2.46(次)$$

$$2022年固定资产周转期 = \frac{360}{12.46} = 146.34(天)$$

以上计算结果表明,与2021年相比,海达股份有限公司2022年的固定资产周转速度有所降低,主要原因为该公司2022年新增了1 000多万元的固定资产。结合上例,这也是导致该公司2022年总资产周转速度降低的一个原因。

三、流动资产周转速度

反映流动资产周转速度的指标包括流动资产周转率和流动资产周转期。

流动资产周转率(Current Asset Turnover)是企业一定时期的营业收入与流动资产平均资金占用额的比值。其计算公式如下：

$$流动资产周转率(次数)=\frac{营业收入}{流动资产平均资金占用额}$$

式中的流动资产平均占用额一般以流动资产的期初数与期末数之和除以2来确定。

流动资产周转期是计算期天数与流动资产周转率的比值。其计算公式如下：

$$流动资产周转期(天数)=\frac{计算期天数}{流动资产周转率}$$

一般而言，流动资产周转率越高，周转期越短，表明企业流动资产周转速度越快，利用效果越好，营运能力越强，意味着在一定期间内以相同的流动资产完成的周转额越多，在一定程度上会增强企业的盈利能力；而流动资产周转速度越慢，就越需要不断补充流动资产参加周转，造成资金浪费，降低企业盈利能力。

【做中学6-13】 根据表6-1、表6-2的资料，并假设海达股份有限公司2021年年初流动资产合计为2 795万元，则该公司2021年和2022年的流动资产周转率和周转期分别为：

$$2021年流动资产周转率=\frac{14\ 030}{\frac{2\ 795+2\ 812}{2}}=5(次)$$

$$2021年流动资产周转期=\frac{360}{5}=72(天)$$

$$2022年流动资产周转率=\frac{14\ 740}{\frac{2\ 812+3\ 407}{2}}=4.74(次)$$

$$2022年流动资产周转期=\frac{360}{4.74}=75.95(天)$$

以上计算结果表明，与2021年相比，海达股份有限公司2022年的流动资产周转速度有所降低，结合前面的例子，这是导致该公司2022年总资产周转速度降低的另一个原因。分析人员需进一步分析流动资产中应收账款和存货的周转速度，进一步挖掘导致流动资产周转速度降低的原因。

四、应收账款周转速度

反映应收账款周转速度的指标包括应收账款周转率和应收账款周转期。

应收账款周转率(Accounts Receivable Turnover)是企业一定时期的营业收入与应收账款平均资金占用额的比值。其计算公式如下：

$$应收账款周转率(次数)=\frac{营业收入}{应收账款平均资金占用额}$$

应收账款周转期是计算期天数与应收账款周转率的比值。其计算公式如下：

$$应收账款周转期(天数)=\frac{计算期天数}{应收账款周转率}=\frac{计算期天数\times应收账款平均余额}{销售收入净额}$$

应收账款周转率和周转期反映企业应收账款的变现速度和管理效率。一般而言，应收账款周转率越高，周转期越短，表明企业应收账款收账速度越快，账龄越短，营运能力越强。收账速度快可以减少应收账款的机会成本、收账费用和坏账损失，增强资产的流动性和短期偿债能力。但有时候，应收账款周转率过高，周转期过短，可能是由于企业采用了更多现金销售的方式，或者执行了更加严格的信用政策，这种情况往往造成企业销售受到限制，存货周转不灵，最终会影响企业的盈利水平。

【做中学 6—14】 根据表 6—1、表 6—2 的资料,并假设海达股份有限公司 2021 年年初应收账款为 920 万元,则该公司 2021 年和 2022 年的应收账款周转率和周转期分别为:

$$2021年应收账款周转率=\frac{14\,030}{\frac{920+1\,150}{2}}=13.56(次)$$

$$2021年应收账款周转期=\frac{360}{13.56}=26.55(天)$$

$$2022年应收账款周转率=\frac{14\,740}{\frac{1\,150+1\,209}{2}}=12.08(次)$$

$$2022年应收账款周转期=\frac{360}{12.08}=29.8(天)$$

以上计算结果表明,与 2021 年相比,海达股份有限公司 2022 年的应收账款周转速度有所减慢,结合前面的例子,这是导致该公司 2022 年流动资产周转速度变慢的一个原因。海达股份有限公司需进一步查明应收账款回收速度变慢的原因,加强对应收账款的管理,以免以后应收账款周转进一步恶化。

五、存货周转速度

反映存货周转速度的指标包括存货周转率和存货周转期。

存货周转率(Inventory Turnover)是企业一定时期的营业成本与存货平均资金占用额的比值。其计算公式如下:

$$存货周转率(次数)=\frac{营业成本}{存货平均资金占用额}$$

公式中的营业成本数据来自利润表,存货平均资金占用额来自资产负债表的"期初存货"与"期末存货"的平均数。

存货周转期是计算期天数与存货周转率的比值。其计算公式如下:

$$存货周转期(次数)=\frac{计算期天数}{存货周转率}$$

通过计算存货周转率和周转期可以测定企业存货的变现速度,衡量企业的销售能力及存货管理水平。一般而言,存货周转率越高,周转期越短,表明企业存货变现速度越快,销售能力越强,存货管理水平越高。存货周转率低,周转期长,往往表明企业库存管理不力,销售状况不好,存货存在积压现象,这样会进一步影响企业的偿债能力和获利水平,此时,企业应当采取更加积极的销售策略,提高销售能力,减少存货资金的占用。但是,过高的存货周转率也未必表明企业存货管理一定就好,周转率高可能是存货不足形成的,如存货水平过低,缺货风险较高,或存货采购批量太小,采购次数过于频繁等,这些都会影响企业正常的生产经营。

【学中做 6—1】 (判断题)企业存货的周转天数越少越好。(　　)

【做中学 6—15】 根据表 6—1、表 6—2 的资料,并假设海达股份有限公司 2021 年年初存货为 1 105 万元,则该公司 2021 年和 2022 年的存货周转率和周转期分别为:

$$2021年存货周转率=\frac{12\,260}{\frac{1\,105+1\,067}{2}}=11.29(次)$$

$$2021年存货周转期=\frac{360}{11.29}=31.89(天)$$

$$2022年存货周转率=\frac{12\ 700}{\dfrac{1\ 067+866}{2}}=13.14(次)$$

$$2022年存货周转期=\frac{360}{13.14}=27.4(天)$$

以上计算结果表明,与2021年相比,海达股份有限公司2022年存货的周转速度有所加快,结合前面的例子,可以看出海达股份有限公司2022年加强了销售,可能由于采取了更宽松的赊销政策,使得存货的周转加快,而应收账款收账期延长。

任务四 盈利能力分析

一、日常经营盈利能力分析指标

日常经营盈利能力分析是通过研究一定期间企业日常生产经营所获利润与企业收入、成本费用之间的关系来评价企业获利能力的行为。分析指标主要包括销售毛利率、经营利润率、营业净利率和成本费用利润率。

(一)销售毛利率

销售毛利率(Gross Margin)是指企业一定时期销售毛利与销售收入的比率。其中,销售毛利是销售收入与销售成本的差额。其计算公式为:

$$销售毛利率=\frac{销售毛利}{销售收入}\times100\%=\frac{销售收入-销售成本}{销售收入}\times100\%$$

毛利可以在补偿各项期间费用后形成盈利,是企业最终实现利润的基础。没有足够大的毛利率,企业就难以盈利。毛利率越高,表明企业通过销售活动实现利润的能力越强。公式中的销售收入和销售成本是指利润表中的营业收入和营业成本。不同行业的毛利率往往有较大差异,因此,在分析企业的毛利率时,必须与企业的目标利润率、同行业平均水平及先进水平加以比较,以正确评价本企业的盈利能力,并分析差距及其产生的原因,寻找提高盈利能力的途径。

【做中学6-16】 根据表6-2的资料,海达股份有限公司2021年和2022年的销售毛利率分别计算如下:

$$2021年销售毛利率=\frac{14\ 030-12\ 260}{14\ 030}\times100\%=12.62\%$$

$$2022年销售毛利率=\frac{14\ 740-12\ 700}{14\ 740}\times100\%=13.84\%$$

以上计算结果表明,海达股份有限公司2022年的销售毛利率比2021年提高了1.22个百分点,盈利能力有所加强。

以销售(营业)毛利率评价企业的盈利能力的高低,能较好地反映企业在销售价格与销售成本之间的控制是否卓有成效。并且,如果销售价格与销售成本的正差异越大,就越能为企业获取高利润提供前提和基础,也即它是企业盈利能力提高或降低的基础。

(二)经营利润率

经营利润率是指企业一定时期息税前利润与营业收入的比率。其计算公式为:

$$经营利润率=\frac{息税前利润}{营业收入}\times100\%$$

经营利润率反映企业基本盈利能力。我们知道,息税前利润是利润表中未扣除利息费用和所得税费用之前的利润,是企业利用全部资本(债务资本和权益资本的总和)进行生产经营产生的收益。因此,经营利润率反映了在排除不同财务杠杆和不同税制环境影响下,公司使用所拥有的资产从事经营获取利润的能力,它对企业盈利能力的考察更趋全面。经营利润率越高,表明企业市场竞争力越强,发展潜力越大,盈利能力越强。

【提示】 在销售毛利率一定的情况下,要想提高经营利润率,主要靠控制、降低销售费用和管理费用等来实现。

【做中学6-17】 根据表6-2的资料,并假设海达股份有限公司2022年财务费用中利息费用为280万元,2021年财务费用中利息费用为260万元,则海达股份有限公司2021年和2022年的经营利润率分别为:

$$2021年经营利润率 = \frac{998+260}{14\,030} \times 100\% = 8.97\%$$

$$2022年经营利润率 = \frac{1\,243+280}{14\,740} \times 100\% = 10.33\%$$

以上计算结果表明,海达股份有限公司2022年的经营利润率比2021年提高了1.36个百分点,盈利能力有所加强。

(三)营业净利率

营业净利率也称销售净利率(Profit Margin)是指企业一定时期净利润与营业收入(即销售收入)的比率。其计算公式为:

$$营业净利率 = \frac{净利润}{营业收入} \times 100\%$$

营业利润率反映了企业净利润占销售收入的比例。营业净利率越高,盈利能力越强。

其中,净利润数据来源于企业的利润表,销售收入数据对应于该表的主营业务收入。从指标的相互关系看,销售净利率与企业的净利润成正比关系,与销售收入成反比关系。企业若要保持或提高销售净利率,就必须在增加销售收入的同时减少各项成本费用以提高净利润。因此,企业必须重视在生产经营的每一个环节中开源节流,以达到提高盈利水平的目标。

在运用该指标的时候必须注意,净利润这一数据的得出是企业主营业务利润和一系列的期间费用,其他业务、营业外业务产生的收入、费用相加减的结果,有可能净利润并非由主营业务创造的,这时候就要分析企业利润的构成。如果在净利润的构成中其他业务利润和投资收益等项目贡献比较大,即使销售净利率很乐观,也不能断定企业的盈利能力就很好,毕竟企业的生存与持续发展要依赖企业的主营业务,偶然的巨额回报并不意味着企业拥有良好的、持续的盈利能力。

【做中学6-18】 根据表6-2的资料,海达股份有限公司2021年和2022年的营业净利率分别计算如下:

$$2021年营业净利率 = \frac{733}{14\,030} \times 100\% = 5.22\%$$

$$2022年营业净利率 = \frac{923}{14\,740} \times 100\% = 6.26\%$$

以上计算结果表明,海达股份有限公司2022年的营业净利率比2021年提高了1.04个百分点,盈利能力有所加强。

(四)成本费用利润率

成本费用利润率是指企业一定时期息税前利润与成本费用的比率。其计算公式为:

$$成本费用利润率 = \frac{息税前利润}{成本费用} \times 100\%$$

这里,成本费用利润率反映企业在生产经营领域中所得与所费的关系,而不涉及筹资领域。此处,采用的利润为息税前利润,采用的成本费用为经营性费用,包括营业成本、税金及附加、管理费用、销售费用等,但不包括利息费用。成本费用利润率越高,表明企业为取得利润而付出的代价越小,成本费用控制得越好,盈利能力越强。

【做中学6-19】 根据表6-2的资料,并假设海达股份有限公司2022年财务费用中利息费用为280万元,2021年财务费用中利息费用为260万元,则海达股份有限公司2021年和2022年的成本费用利润率分别为:

$$2021年成本费用利润率 = \frac{998+260}{12\,260+130+99+280} \times 100\% = 9.85\%$$

$$2022年成本费用利润率 = \frac{1\,243+280}{12\,700+146+105+285} \times 100\% = 11.51\%$$

以上计算结果表明,海达股份有限公司2022年的成本费用利润率比2021年提高了1.66个百分点。

二、资产经营盈利能力分析指标

资产经营盈利能力分析指标主要有总资产报酬率和总资产净利率。

(一)总资产报酬率

总资产报酬率,又称投资报酬率,是指企业在一定时期内获得的息税前利润总额与平均资产总额的比率。其计算公式为:

$$总资产报酬率 = \frac{息税前利润总额}{平均资产总额} \times 100\%$$

总资产报酬率指标不受资本结构的影响,能够全面地反映企业全部资产(不管资金来源)的获利水平,揭示企业综合利用资产的效果。一般情况下,该指标越高,表明企业的资产利用效果越好,整个企业盈利能力越强,经营管理水平越高。

【做中学6-20】 根据表6-1、表6-2的资料,并假设海达股份有限公司2021年年初资产总额为9 100万元,2021年财务费用中利息费用为260万元,2022年财务费用中利息费用为280万元,则海达股份有限公司2021年和2022年的总资产报酬率分别为:

$$2021年总资产报酬率 = \frac{998+260}{\frac{9\,100+9\,047}{2}} \times 100\% = 13.86\%$$

$$2022年总资产报酬率 = \frac{1\,243+280}{\frac{9\,047+10\,887}{2}} \times 100\% = 15.28\%$$

以上计算结果表明,海达股份有限公司2022年的总资产报酬率比2021年提高了1.42个百分点。

(二)总资产净利率

总资产净利率,又称投资净利率、总资产收益率(Return on Assets,ROA),是指净利润与平均资产总额的比率。其计算公式为:

$$总资产净利率 = \frac{净利润}{平均资产总额} \times 100\%$$

其中:

$$平均资产总额 = \frac{期初资产总额+期末资产总额}{2}$$

其中,净利润的数据来源于企业的利润表,期初资产总额、期末资产总额的数据分别来源于企业资产负债表对应的数据。运用该指标时应该注意,净利润是一个时期指标,而资产总额则是一个时点指标,因此必须将资产总额这一时点指标相应转变为时期指标,也就是以平均资产总额的数据来代替时点的资产总额数据,以保持分子与分母的可比性。在许多比率的运用中要注意这种情况。

总资产净利率指标可以综合反映企业总资产为企业所有者创造利润的能力,它不仅受总资产报酬率的影响,而且与企业的资本结构密切相关。该指标值越高,表明企业在增收节支和节约资金使用等方面取得的效果越好,盈利能力越强。

【做中学 6-21】 根据表 6-1、表 6-2 的资料,并假设海达股份有限公司 2021 年年初资产总额为 9 100 万元,则海达股份有限公司 2021 年和 2022 年的总资产净利率分别为:

$$2021 年总资产净利率 = \frac{733}{\frac{9\,100+9\,047}{2}} \times 100\% = 8.08\%$$

$$2022 年总资产净利率 = \frac{923}{\frac{9\,047+10\,887}{2}} \times 100\% = 9.26\%$$

以上计算结果表明,海达股份有限公司 2022 年的总资产净利率比 2021 年提高了 1.18 个百分点。

三、资本经营盈利能力分析指标

资本经营盈利能力是站在所有者的立场来衡量企业盈利能力的,反映企业的所有者通过投入资本在生产经营过程中所取得利润的能力。分析指标主要包括股东权益报酬率和资本金利润率。

(一)股东权益报酬率

股东权益报酬率,又称权益净利率、净资产收益率(Return on Equity,ROE)、净值报酬率,是企业一定时期净利润与平均股东权益[1]的比率。其计算公式为:

$$股东权益报酬率 = \frac{净利润}{平均股东权益} \times 100\%$$

该指标的分子数据来源于利润表,分母数据来源于资产负债表中所有者权益合计对应的数据。同时,为了保持分子与分母之间的可比性,必须将分母的净资产转变为平均净资产。

股东权益报酬率能够反映企业资本运营的综合效益,揭示企业利用自有资本及其积累获取报酬的水平高低。它受到企业偿债能力、营运能力和盈利能力共同作用的影响,综合性与代表性非常强。股东权益报酬率越高,表明企业利用自有资本获取收益的能力越强,运营效益越好,对企业投资人、债权人利益的保证程度越高。

【做中学 6-22】 根据表 6-1、表 6-2 的资料,并假设海达股份有限公司 2021 年年初股东权益合计为 4 500 万元,则海达股份有限公司 2021 年和 2022 年的股东权益报酬率分别为:

$$2021 年股东权益报酬率 = \frac{733}{\frac{4\,500+4\,872}{2}} \times 100\% = 15.64\%$$

$$2022 年股东权益报酬率 = \frac{923}{\frac{4\,872+5\,525}{2}} \times 100\% = 17.75\%$$

---

[1] 股东权益又称净资产,即所有者权益。是指公司总资产中扣除负债所余下的部分,是指股本、资本公积、盈余公积、未分配利润之和,代表了股东对企业的所有权,反映了股东在企业资产中享有的经济利益。股东权益是一个很重要的财务指标,它反映了公司的自有资本。当股东权益小于零时,公司就陷入了资不抵债的境地,相反,股东权益金额越大,该公司的实力就越雄厚。

以上计算结果表明,海达股份有限公司 2022 年的股东权益报酬率比 2021 年提高了 2.11 个百分点。

(二)资本金利润率

资本金利润率是企业一定时期净利润与平均资本金的比率。其计算公式为:

$$资本金利润率 = \frac{净利润}{平均资本金} \times 100\%$$

其中:

$$平均资本金 = \frac{期初实收资本(股本) + 期末实收资本(股本)}{2}$$

资本金利润率能够反映企业所有者直接投入资本的回报水平,揭示了所有者投资的效益好坏,是所有者考核其投入企业的资本保值增值程度的基本方式。该指标值越大,说明投入资本的获利能力越强,对投资者越具有吸引力。

【做中学 6—23】 根据表 6-1、表 6-2 的资料,并假设海达股份有限公司 2022 年资本金未发生变化,则海达股份有限公司 2021 年和 2022 年的资本金利润率分别为:

$$2021 年资本金利润率 = \frac{733}{2\ 450} \times 100\% = 29.92\%$$

$$2022 年资本金利润率 = \frac{923}{2\ 450} \times 100\% = 37.76\%$$

以上计算结果表明,海达股份有限公司 2022 年的资本金利润率比 2021 年提高了 7.75 个百分点。

四、上市公司盈利能力分析

反映上市公司盈利能力的指标主要包括每股盈余、每股现金流量、每股股利、每股净资产、市盈率、市净率、市销率等。

(一)每股盈余

每股盈余,也称每股收益(Earnings per Share,EPS)或每股利润,是指公司一定期间的净利润与发行在外的普通股平均股数之比。其计算公式为:

$$每股盈余 = \frac{净利润}{发行在外的普通股平均股数}$$

每股盈余是针对普通股股东而言的,反映普通股每股的收益状况。如果公司发行了优先股,则计算该比率时应剔除优先股股数及其应分享的股利。其计算公式如下:

$$每股盈余 = \frac{净利润 - 优先股股利}{发行在外的普通股平均股数}$$

该指标越高,说明企业每 1 普通股所能获得的收益越多,投资的盈利能力越强;反之则反是。

在计算该指标时,如果发行有优先股,则企业的净收益中就该扣除优先股股利;如果在分析年度增发普通股,企业年末普通股股数应该予以恰当的折算,折算运用加权平均法,公式如下:

年末普通股股数 = 年初普通股股数 + 新增普通股股数 × 新增普通股流通时间(月) ÷ 12
— 减少普通股股数 × 减少普通股未流通时间(月) ÷ 12

每股盈利作为评估企业盈利能力的指标,主要用来衡量企业普通股票的价值,每股盈利越高,盈利能力越强,普通股股价就越有上升的余地。

具体计算时,"发行在外的普通股平均股数"应采用加权平均的方法计算。例如,某公司年初发行在外的普通股为 8 000 万股,4 月初又增发了 2 000 万股,则全年的加权平均股数为 9 500 万股

(8 000×3/12+10 000×9/12)。

每股盈余是衡量上市公司盈利能力和股票投资价值的一项重要指标。它不仅反映上市公司普通股的获利水平,而且反映投资者有望从公司获取股利收益的最高水平。该指标值越高,表明公司的获利能力越强,投资者有望从公司获取的股利收益越大,进而一定程度上说明公司股票的投资价值越大;否则,相反。

【做中学6—24】 根据表6—2的资料,并已知海达股份有限公司2021年和2022年股数无变化,发行在外的普通股均为2 000万股,且无优先股,则2021年和2022年海达股份有限公司每股盈余分别为:

$$2021年每股盈余 = \frac{733}{2\,000} = 0.37(元/股)$$

$$2022年每股盈余 = \frac{923}{2\,000} = 0.46(元/股)$$

以上计算结果表明,海达股份有限公司2022年每股盈余比2021年增长了0.09元,从每股盈余角度来看公司股票的投资价值有所提升。

(二)每股现金流量

每股现金流量是指公司经营活动所产生的现金流量净额与发行在外的普通股平均股数的比率。其计算公式为:

$$每股现金流量 = \frac{经营活动产生的现金流量净额}{发行在外的普通股平均股数}$$

此处,每股现金流量同样是针对普通股股东而言的,如果公司发行了优先股,则计算该比率时应剔除优先股股数及其应分享的股利。其计算公式如下:

$$每股现金流量 = \frac{经营活动产生的现金流量净额 - 优先股股利}{发行在外的普通股平均股数}$$

同样,具体计算时,"发行在外的普通股平均股数"应采用加权平均的方法计算。

每股现金流量越高,表明公司生产经营获取现金的能力越强,越有能力支付现金股利。该指标隐含了上市公司在维持期初现金流量的情况下,有能力发给股东的最高现金股利金额。每股盈余的高低虽然与股利分配有密切的关系,但它不是决定股利分配的唯一因素。如果某一公司的每股盈余很高,但是缺乏现金,那么该公司将无法正常分配现金股利,此处,每股现金流量比每股收益更实际、更直接。更重要的是每股现金流量高,很大程度上揭示了公司产品竞争性强,主营业务收入回款力度大,公司现金充足,经营发展潜力大,股票投资价值高。

【做中学6—25】 根据表6—2和前例资料,且海达股份有限公司2022年经营活动产生的现金流量净额为889万元,则2021年和2022年海达股份有限公司每股现金流量分别为:

$$2021年每股现金流量 = \frac{580}{2\,000} = 0.29(元/股)$$

$$2022年每股现金流量 = \frac{889}{2\,000} = 0.44(元/股)$$

以上计算结果表明,海达股份有限公司2022年每股现金流量比2021年增长了0.15元,说明公司股票的投资价值在提升。

(三)每股股利

每股股利是指公司分配的普通股现金股利总额与期末发行在外的普通股股数的比率。其计算公式为:

$$每股股利 = \frac{普通股现金股利总额}{期末发行在外的普通股股数}$$

计算时同样应注意,该比率仅针对普通股股东,分母为普通股股数,分子为普通股股利,而不包括优先股股数及优先股股东应分配的股利。

每股股利反映企业净利润的对外分配情况,揭示普通股每股获得现金股利的多少,可以在一定程度上反映公司股票的投资价值(尤其适用于倾向于分配现金股利的投资者进行股票投资价值分析)。

【做中学 6—26】 根据表 6-2 和做中学 6—24 的资料,且海达股份有限公司 2021 年度的现金股利总额为 50 万元,2022 年度的现金股利总额为 270 万元,则 2021 年和 2022 年海达股份有限公司每股股利分别为:

$$2021 年每股股利 = \frac{50}{2\,000} = 0.025(元/股)$$

$$2022 年每股股利 = \frac{270}{2\,000} = 0.135(元/股)$$

以上计算结果表明,海达股份有限公司 2022 年每股股利比 2021 年多发 0.11 元,对倾向于分配现金股利的投资者来说是利好消息。

(四)每股净资产

每股净资产是指期末净资产(即股东权益)与期末发行在外的普通股股数的比率,也称每股账面价值或每股权益。其计算公式为:

$$每股净资产 = \frac{期末股东权益}{期末发行在外的普通股股数}$$

每股净资产反映了公司发行在外的每股普通股的账面权益额,同样仅针对普通股股东。若公司发行了优先股,计算时应先从股东权益额中减去优先股权益。该比率在理论上提供了股票的最低价值,但在投资分析时,只能有限地使用这个指标,因净资产主要是用历史成本计量的,既难以说明公司股票的真实财富含量,也不反映净资产的变现价值和产出能力。分析时常与每股市价进行比较,一般来说,市价高于账面价值,表明企业资产的质量好,有发展潜力;反之,则资产质量差,没有发展前景。

【做中学 6—27】 根据表 6-1 和做中学 6—24 的资料,海达股份有限公司 2021 年年末和 2022 年年末每股净资产分别为:

$$2021 年年末每股净资产 = \frac{4\,872}{2\,000} = 2.44(元/股)$$

$$2022 年年末每股净资产 = \frac{5\,525}{2\,000} = 2.76(元/股)$$

以上计算结果表明,海达股份有限公司 2022 年年末每股净资产比 2021 年年末增加了 0.32 元。

(五)股利报酬率

股利报酬率是普通股每股分派股利与普通股每股市价之比。其计算公式如下:

$$股利报酬率 = \frac{每股股利}{每股市价} \times 100\%$$

在购股者中,部分投资人主要目的是获取股利,每股股利是这类投资者十分关心的,他们通常不是用股利与股票面值比较,而是与实际投资成本即股票市价进行比较。对期望能获得较多现金股利的投资者来说,这一比率越高越好,这意味着按市价计算的股票投资的现金报酬高,投资人的现时得利多；对企业来说，如果企业在普通股每股市价不变时，要提高股利报酬率，就必须增加普通股每股分派的股利，结果企业未分配利润减少，从而降低企业所能运用的现金量。如果企业提高股利报酬率是为了提高企业普通股股票价值则必须多派股利。这时股利率提高，必然会吸引投资者的注意力，从而使企业的股票市价上升，相应又会使股利报酬率下降。从理论上讲，普通股市价的降低无论是对股东还是对企业都是无法接受的，企业应通过多派股利，以保证和提高股票市价。

(六) 市盈率

市盈率(P/E Ratio)，也称价格与收益比率，是指普通股每股市价与每股盈余的比率。一般来说，企业盈利能力的大小，对股东利益的影响最直接且最大。由于股票可以自由买卖和转让，股东为取得股票而支付的代价实际上并不是股票面值，而是股票价格(也称市价)。这样，股东对其实际投资(或按市场价支付的股本额)所得到的报酬尤为关心，股东的每1元投资都是要获得相应的回报的。仅仅以按票面价值计算的盈利能力是不能揭示这一内容并反映这一要求的。因市盈率是按股票市价或股票实际投入资本计算能力，当然有助于这一问题的解决。

不过，持有股票的股东的具体目标往往不同，长期投资者希望企业获得利润用于企业经营的扩展，从而提高其持有的股票在市面上的价值，在这种情况下，普通股价格的盈利率就成为长期投资者考核企业盈利能力的重要指标。其计算公式为：

$$市盈率 = \frac{每股市价}{每股盈余}$$

上式中普通股每股市价通常采用年度平均价格，即全年各收盘价的算术平均数。为计算简便，也可采用报告日前一日的实际价。普通股每股收益额是归属于普通股的净收益额与发行在外普通股加权平均股数的比率，即每股收益额＝(净收益－优先股股利)/发行在外普通股加权平均股数。从式中可以看出，尽管每股收益额也可评价企业盈利能力，但是，市盈率将所费与所得联系起来综合考虑，比单纯的每股收益额更具说服力，因此投资者往往通过分析比较市盈率来进行投资决策。

市盈率反映了股票投资者对每1元净利润所愿意支付的价格，是股票市场上用于反映股票投资价值的首选比率，因此，备受投资者的关注。一般来说，市盈率越高，表明投资者对公司的发展前景越看好，公司股票的投资价值越大，投资者越愿意出较高的价格购买该公司的股票。

【做中学6－28】 根据做中学6－24的资料，且假设海达股份有限公司2021年年末每股股价为8元，2022年年末每股股价为10元，则海达股份有限公司2021年年末和2022年年末的市盈率分别为：

$$2021年年末市盈率 = \frac{8}{0.37} = 21.62$$

$$2022年年末市盈率 = \frac{10}{0.46} = 21.74$$

以上计算结果表明，与2021年年末相比，海达股份有限公司2022年年末的市盈率增长不大，此时，股票投资者对海达股份有限公司每1元净利润所愿意支付的价格为21.74元。

市盈率的高低通常以金融市场当时平均市盈率为依据进行评价，而不是越低(越高)越好。股价上升往往是伴随盈利同时上升的，基于股票投资的这一特征，在健全而完善的金融市场中，市盈率低(高)未必能吸引投资者，相反，市盈率高(低)可能更具吸引力，因为市盈率高(低)而仍销售顺畅表明投资者对该企业充满信心，将来盈利必会提高，股价必会看涨。反之，可能意味着企业后劲不足。由此出发，以市盈率评价企业的盈利能力，关键要看其变动的原因及其趋势。利润增长，引起股价上涨，引致市盈率上升是一种好的趋势；反之则反是。

(七) 市净率

市净率是指普通股每股市价与每股净资产的比率。它反映普通股股东愿意为每1元净资产支付的价格。其中,每股净资产(也称为每股账面价值)是指普通股股东权益与流通在外普通股加权平均股数的比率,反映每只普通股享有的净资产。其计算公式为:

$$市净率=\frac{每股市价}{每股净资产}$$

其中:

$$每股净资产=\frac{普通股每股权益}{流通在外普通股}$$

既有优先股又有普通股的公司,通常只为普通股计算净资产。在这种情况下,计算普通股每股净资产需要先从股东权益总额中减去优先股的权益,包括优先股清算价值及全部拖欠的股利,得出普通股权益。然后,用普通股权益除以流通在外普通股,确定普通股每股净资产。该过程反映了普通股股东是公司主体的剩余所有者的事实。

市净率指标揭示了市场对公司资产质量的评价,反映了投资者对公司经营效率和发展前景的判断。如前所述,每股净资产是公司股票的账面价值,它主要是用历史成本计量的;每股市价是公司股票的现实价值,它是证券市场上交易的结果。一般来说,市价高于账面价值,即市净率大于1,表明企业资产的质量好,有发展潜力。事实表明,资产利用率高、盈利能力强、发展前景好的企业往往有较高的市净率。

【做中学6—29】 根据做中学6—27、6—28的资料,海达股份有限公司2021年年末和2022年年末的市净率分别为:

$$2021年年末市净率=\frac{8}{2.44}=3.28$$

$$2022年年末市净率=\frac{10}{2.76}=3.62$$

以上计算结果表明,与2021年年末相比,海达股份有限公司2022年年末的市净率有所增长,2022年年末股票投资者对海达股份有限公司每1元净资产所愿意支付的价格为3.62元,表明公司资产的质量良好,有投资价值。

(八)市销率

市销率(或称为收入乘数)是指普通股每股市价与每股销售收入的比率,反映普通股股东愿意为每1元销售收入支付的价格。其中,每股销售收入是指销售收入与流通在外普通股加权平均股数的比率,反映每只普通股创造的销售收入。其计算公式如下:

$$市销率=\frac{每股市价}{每股销售收入}\times100\%$$

【提示】市盈率、市净率和市销率主要用于价值评估。

综上所述,通过计算分析相关财务指标可以评价企业相应的财务能力。企业本期财务指标实际值除了可以与本企业历史水平进行对比以外,还可以与竞争对手、同行业先进水平以及本企业计划值等进行对比,目的是找出差距及其形成的原因,以便从根本上解决问题,提高企业财务管理水平。

任务五 发展能力分析

企业发展的内涵是企业价值的增长,是企业通过自身的生产经营,不断扩大积累而形成的发展潜能。发展能力是指企业通过自身的生产经营活动,不断扩大规模、壮大实力而形成的发展潜能,也称企业的成长性。财务分析者可从企业营业收入、利润、资产、资本等多方面的增长趋势来考察企业的发展能力。

一、收入增长能力分析指标

收入增长能力分析指标主要有营业收入增长率和营业收入三年平均增长率。

（一）营业收入增长率

营业收入增长率，也称销售收入增长率，是指企业本年营业收入增长额与上年营业收入总额的比率，反映与上年相比，本年营业收入的增减变动情况。其计算公式为：

$$营业收入增长率 = \frac{本年营业收入增长额}{上年营业收入总额} \times 100\%$$

其中：

$$本年营业收入增长额 = 本年营业收入总额 - 上年营业收入总额$$

营业收入增长率是评价企业发展能力的重要指标。通过分析该指标可以考察企业经营状况和市场占有情况，预测企业经营业务拓展趋势。若营业收入增长率大于零，表明企业本年与上年相比营业收入有所增长。一般认为，该指标值越高，企业营业收入的增长速度越快，企业的市场前景越好，发展能力越强。

该指标是相对数，消除了企业营业规模对该项目的影响，更能反映企业的发展情况，当然在实际分析过程中，也可以计算企业营业（销售）增长额作为分析的辅助指标。

【做中学6—30】根据表6—2的资料，海达股份有限公司2022年营业收入增长率为：

$$2022年营业收入增长率 = \frac{14\,740 - 14\,030}{14\,030} \times 100\% = 5.06\%$$

以上计算结果表明，海达股份有限公司2022年的营业收入比2021年增长了5.06个百分点。

在利用营业收入增长率进行财务分析时，应当注意以下方面：

(1)销售（营业）增长率是衡量企业经营状况和市场占有能力、预测企业经营业务拓展趋势的重要指标，也是企业增长增量和存量资本的重要前提。不断增加的销售（营业）收入，是企业生存的基础和发展的条件。

(2)该指标若大于0，表示企业本年的销售（营业）收入有所增长，指标值越高，表明增长速度越快，企业市场前景越好；若该指标小于0，则说明企业或是产品不适销对路、质次价高，或是在售后服务等方面存在问题，产品销售不出去，市场份额萎缩。

(3)该指标在实际操作时，应结合企业历年的销售（营业）水平、企业市场占有情况、行业未来发展及其他影响企业发展的潜在因素进行潜在性预测，或者结合企业前3年的销售（营业）收入增长率做出趋势性分析判断。同时，在分析过程中要确定比较的标准，在比较中可分别以其他相类似的企业、本企业历史水平及行业平均水平等作为比较标准。

(4)销售增长率作为相对量指标，也存在受增长基数影响的问题，如果增长基数即上年销售（营业）收入额特别小，即使销售（营业）收入出现较小幅度的增长，也会出现较大数值，不利于企业之间进行比较。比如某企业上年营业额为10万元，本年度营业额为100万元，该企业的销售增长率为900%，这并不能说明该企业一定具有很高的发展能力。因此，在分析过程中还需要使用销售（营业）收入增长额及三年销售（营业）收入平均增长率等指标进行综合判断。

（二）营业收入三年平均增长率

营业收入三年平均增长率表明企业营业收入连续三年的增长情况，反映企业持续的发展态势和市场扩张能力。其计算公式为：

$$营业收入三年平均增长率 = \left(\sqrt[3]{\frac{本年营业收入总额}{3年前营业收入总额}} - 1\right) \times 100\%$$

其中,三年前是指从本年起向前倒推三年之后的那一年。例如,计算截至2022年的营业收入三年平均增长率时,三年前营业收入总额是指2019年的营业收入总额。

【做中学6－31】 根据表6－2的资料,并假设海达股份有限公司2019年的营业收入为12 590万元,则到2022年海达股份有限公司营业收入三年平均增长率为:

$$营业收入三年平均增长率=\left(\sqrt[3]{\frac{14\,740}{12\,590}}-1\right)\times100\%=5.4\%$$

以上计算结果表明,截至2022年海达股份有限公司营业收入三年平均每年增长5.4个百分点。

利用营业收入三年平均增长率指标,能够反映企业的销售(营业)增长趋势和稳定程度,较好地体现企业的发展状况和发展能力,避免因少数年份销售(营业)收入不正常增长而对企业发展潜力的错误判断。

另外,除了关注营业收入总额的增长以外,还需要关注营业利润率及其变化情况,营业利润是扣除成本与费用之后才能真正形成企业的最终利益,这就需要对营业利润率进行分析。

二、利润增长能力分析指标

利润增长能力分析是从企业利润的增长来考察企业的发展能力,分析指标主要有营业利润增长率和净利润增长率。

(一)营业利润增长率

营业利润增长率是指企业本年营业利润增长额与上年营业利润总额的比率,反映与上年相比,本年营业利润的增减变动情况。其计算公式为:

$$营业利润增长率=\frac{本年营业利润增长额}{上年营业利润总额}\times100\%$$

其中:

$$本年营业利润增长额=本年营业利润总额-上年营业利润总额$$

一般认为,营业利润增长率越高,企业经营业绩越突出,业务扩张能力和发展能力越强。

【做中学6－32】 根据表6－2的资料,海达股份有限公司2022年营业利润增长率为:

$$2022年营业利润增长率=\frac{1\,181-908}{908}\times100\%=30.07\%$$

以上计算结果表明,海达股份有限公司2022年的营业利润比2021年增长了30.07个百分点,公司有较好的发展潜力,发展较快。

(二)净利润增长率

净利润增长率是指企业本年净利润增长额与上年净利润的比率,反映与上年相比,本年净利润的增减变动情况。其计算公式为:

$$净利润增长率=\frac{本年净利润增长额}{上年净利润}\times100\%$$

其中:

$$本年净利润增长额=本年净利润-上年净利润$$

净利润的增长情况是企业发展能力的基本表现。一般认为,净利润增长率越大,企业收益增长得越快,市场竞争能力和发展能力越强。

【做中学6－33】 根据表6－2的资料,海达股份有限公司2022年净利润增长率为:

$$2022年净利润增长率=\frac{923-733}{733}\times100\%=25.92\%$$

以上计算结果表明,海达股份有限公司 2022 年的净利润比 2021 年增长了 25.92 个百分点,表明公司发展较快。

三、资产增长能力分析指标

资产增长能力分析是通过分析企业资产规模的变化来衡量企业的发展能力,评价指标主要是总资产增长率。反映企业资产增长能力的财务比率包括资产规模增长率和资产成新率。

(一)资产规模增长率

资产代表着企业用以取得收入的资源,同时是企业偿还债务的保障。资产的增长是企业发展的一个重要方面,也是实现企业价值增长的重要手段。从企业经营实践来看,成长性高的企业一般能保证资产的稳定增长。对资产增长情况进行分析的方法可以分为绝对增长量分析和增长率分析两种,较为常用的是计算总资产增长率并进行分析。

1. 总资产增长率

总资产增长率是指企业本年总资产增长额与年初资产总额的比率,反映企业当年资产规模的增长情况,表明企业规模增长水平对企业发展后劲的影响。其计算公式为:

$$总资产增长率 = \frac{本年总资产增长额}{本年年初资产总额} \times 100\%$$

其中:

$$本年总资产增长额 = 本年年末资产总额 - 本年年初资产总额$$

该指标越高,表明企业一个经营周期内资产经营规模扩张的速度越快,但也应注意资产规模扩张的质与量的关系,以及企业的后续发展能力,避免资产盲目扩张。

【做中学 6—34】 根据表 6—1 的资料,海达股份有限公司 2022 年总资产增长率为:

$$2022 年总资产增长率 = \frac{10\,887 - 9\,047}{9\,047} \times 100\% = 20.34\%$$

以上计算结果表明,海达股份有限公司 2022 年年末的总资产比 2021 年年末增长了 20.34 个百分点。

2. 三年总资产平均增长率

与销售增长率的原理相似,资产增长率也存在受资产短期波动因素影响的缺陷。为弥补这一不足,同样可以计算三年的平均资产增长率,以反映企业较长时期内的资产增长情况。该指标的计算公式为:

$$三年总资产平均增长率 = \left(\sqrt[3]{\frac{年末资产总额}{三年前年末资产总额}} - 1\right) \times 100\%$$

用资产规模增长指标分析发展能力应注意以下方面:

(1)对资产增长率进行企业间比较要特别注意各企业之间的可比性:一方面,不同的企业资产使用效率不同,为实现净收益的同幅度增长,资产使用效率低的企业需要更大幅度的资产增长;另一方面,不同企业所采取的不同发展策略也会体现到资产增长率上来,采取外向规模增长型发展策略的企业资产增长率会较高,而采取内部优化型发展策略的企业资产增长率会呈现较低的水平。

(2)资产增长率计算中所使用变量的数值为账面价值,这样就会产生两个问题:一是受会计处理方法中历史成本原则的影响,资产总额反映的只是资产取得的成本,并不是总资产的现时价值;二是并没有反映企业全部资产的价值,受会计处理方法的限制,企业很多重要的资产如无形资产、人力资源无法在报表中体现,这使得资产增长率指标无法反映企业真正的资产增长情况。

3. 对资产各类别的增长情况进行分析

$$流动资产增长率=\frac{本年流动资产增长额}{年初流动资产额}\times100\%$$

$$固定资产增长率=\frac{本年固定资产增长额}{年初固定资产额}\times100\%$$

$$无形资产增长率=\frac{本年无形资产增长额}{年初无形资产额}\times100\%$$

$$员工增长率=\frac{本年员工增长人数}{年初员工总额}\times100\%$$

(二)资产成新率

固定资产成新率是企业当期平均固定资产净值同平均固定资产原值的比率。该指标反映了企业所拥有的固定资产的新旧程度,体现了企业固定资产更新的快慢和持续发展的能力。其计算公式为:

$$固定资产成新率=\frac{平均固定资产净值}{平均固定资产原值}\times100\%$$

该指标的运用要注意以下问题:

(1)运用该指标分析固定资产新旧程度时,应剔除企业应提未提折旧对房屋、机器设备等固定资产真实状况的影响。

(2)在进行固定资产成新率指标的企业间的比较时,要注意不同折旧方法对固定资产成新率的影响,加速折旧法下固定资产成新率要低于直线折旧法下的固定资产成新率。

(3)固定资产成新率受周期影响较大,一个处于发展期的企业与一个处于衰退期的企业的固定资产成新率明显会不同,虽然企业处于不同的阶段本身就反映了企业具有不同的发展能力,可以说处于发展期的企业的发展能力要高于处于成熟期或衰退期的企业,但在对企业做出评价时,仍需要考虑到企业所处周期阶段这一因素。

四、资本增长能力分析指标

资本增长能力分析是从资本实力的变化来评价企业的发展能力,分析指标主要有资本积累率、资本保值增值率和资本三年平均增长率。

(一)资本积累率

资本积累率是指企业本年股东权益增长额与年初股东权益的比率,也称资本增长率。其计算公式为:

$$资本积累率=\frac{本年股东权益增长额}{本年年初股东权益}\times100\%$$

其中:

$$本年股东权益增长额=本年年末股东权益-本年年初股东权益$$

资本积累率反映了企业股东权益总额在当年的变动水平,体现了企业资本的增长情况,该指标与盈利能力分析指标中的资本保值增值率有密切联系。资本积累是企业扩大再生产的源泉,是企业发展强盛的基础。资本积累率越高,表明企业的资本积累越多,越有发展潜力,应付风险、持续增长的能力越强。

【做中学6—35】 根据表6—1的资料,海达股份有限公司2022年资本积累率为:

$$2022年资本积累率=\frac{5\ 525-4\ 872}{4\ 872}\times100\%=13.4\%$$

以上计算结果表明,海达股份有限公司2022年年末的股东权益比2021年年末增长了13.4个百分点。

(二)资本保值增值率

资本保值增值率是指企业本年年末股东权益总额(年末所有者权益总额)与年初股东权益总额(年初所有者权益总额)的比率,反映企业当年资本的增减变动情况。其计算公式为:

$$资本保值增值率 = \frac{年末股东权益总额}{年初股东权益总额} \times 100\%$$

$$= \frac{期初股东权益总额 + 本年股东权益增长额}{期初股东权益总额} \times 100\%$$

$$= 1 + \frac{本年股东权益增长额}{期初股东权益总额} \times 100\%$$

$$= 1 + 资本积累率$$

资本保值增值率通常应当大于100%。反映了投资者投入企业资本的保全性和增长性,一般认为,资本保值增值率越高,企业的资本保全状况越好,表示企业资本积累越多,企业资本保全性越强,应对风险的能力越大。股东权益增长速度越快,对债权人的保障程度越高,企业的发展能力越强。

【做中学6-36】 根据表6-1的资料,海达股份有限公司2022年资本保值增值率为:

$$2022年资本保值增值率 = \frac{5\,525}{4\,872} \times 100\% = 113.4\%$$

以上计算结果表明,海达股份有限公司2022年资本得到了增值。

(三)资本三年平均增长率

资本三年平均增长率反映企业资本连续三年的积累情况,在一定程度上体现了企业的持续发展水平和发展趋势。其计算公式为:

$$资本三年平均增长率 = \left(\sqrt[3]{\frac{本年末股东权益总额}{3年前年末股东权益总额}} - 1\right) \times 100\%$$

其中,三年前是指从本年起向前倒推三年之后的那一年。例如,计算截至2022年年末的资本三年平均增长率时,三年前年末股东权益总额是指2019年年末的股东权益总额。

利用资本三年平均增长率指标,能够反映企业资本保全增值的历史发展状况,以及企业稳步发展的趋势。一般认为,资本三年平均增长率越高,表明企业股东权益增长速度越快,对债权人的保障程度越高,企业可以长期使用的资本越充足,应付风险、持续增长的能力越强,越有发展潜力。

此外,对于上市公司还有股利增长率、三年股利平均增长率等指标。

1. 股利增长率

股利增长率是本年发放股利增长额与上年发放股利的比率。该指标反映企业发放股利的增长情况,是衡量企业发展性的一个重要指标。

股利增长率的计算公式为:

$$股利增长率 = \frac{本年每股股利增长额}{上年每股股利} \times 100\%$$

2. 三年股利平均增长率

为了反映更长时期的股利增长情况,可以计算三年股利平均增长率,其计算公式为:

$$三年股利平均增长率 = \left(\sqrt[3]{\frac{本年每股股利}{三年前每股股利}} - 1\right) \times 100\%$$

任务六 财务综合分析

一、财务综合分析的概念和特点

（一）财务综合分析的概念

财务综合分析就是将反映企业的偿债能力、营运能力、盈利能力等诸方面的财务指标纳入一个有机的整体中，系统、全面、综合地对企业财务状况、经营成果和财务状况的变动进行剖析、解释和评价，从而对企业经营绩效的优劣作出准确的评判。

（二）财务综合分析的特点

1. 分析方法不同

基本财务比率分析采用由一般到个别的方法，把企业财务活动总体分解为每个具体部分，然后逐一分析；而综合指标分析则是通过归纳综合，从个别财务现象分析入手，再从财务活动的总体上作出总结评价。

2. 财务分析性质不同

基本财务比率分析具有实务性和实证性；而综合指标分析则具有高度的抽象性和概括性，着重从整体上概括财务状况的本质特征。

3. 财务分析的重点和比较基准不同

单项财务指标分析的重点和比较基准是财务计划、财务理论标准，而综合指标分析的重点和基准是企业整体发展趋势。

4. 财务指标在分析中的地位不同

单项财务分析把每个分析的指标视为同等重要地位来处理，忽视了各种指标之间的相互关系；而综合指标分析则强调各种指标有主辅之分，并且特别注意主辅指标之间的本质联系和层次关系。

一个健全有效的财务综合指标分析体系，应该具备以下要素：指标要素齐全适当、主辅指标功能匹配、满足多方面信息需要。

二、财务综合分析的方法

财务综合分析的方法主要有杜邦分析法和财务比率综合评分法（也称沃尔评分法）。

（一）杜邦分析法

在财务报表分析过程中，除了对各项财务指标进行独立分析外，为了对企业整体财务状况作出正确认识和合理评价，还需要将财务指标联系起来进行综合分析。最常用的财务报表综合分析方法就是杜邦分析体系。

杜邦分析体系是由美国杜邦（Du Pont）公司率先提出并得到广泛运用的财务分析方法。杜邦分析体系又称杜邦分析法，是利用各主要财务比率指标间的内在联系，对企业财务状况及经济效益进行综合系统分析评价的方法。它通过财务指标之间的内在联系，将最为重要和基本的净资产收益率分解为销售净利率、总资产周转率和资产负债率三个指标，并进行再分解，从而将企业的盈利能力、营运能力和偿债能力等综合起来进行分析评价，从而获得对企业财务状况的全面认识。

该体系是以净资产收益率为起点，以总资产净利率和权益乘数为核心，重点揭示企业获利能力及权益乘数对净资产收益率的影响，以及各相关指标间相互影响的作用关系。

杜邦分析体系中最为核心的指标是净资产收益率，净资产收益率反映了所有者（股东）投入资本的获利能力,表明企业财务管理的目标是所有者(股东)权益最大化。企业的净资产收益率受到企业盈利能力、营运能力和偿债能力等因素的影响,用公式表示为:

$$净资产收益率=总资产收益率\times权益乘数$$
$$总资产收益率=销售净利率\times总资产周转率$$
$$净资产收益率=销售净利率\times总资产周转率\times权益乘数$$

以上公式说明,要提高净资产收益率,增加所有者(股东)回报,就需要扩大销售,增加销售收入,降低成本和消耗,同时要通过适度的负债经营获得财务杠杆利益。

杜邦财务分析体系将净资产收益率(权益净利率)分解如图6-1所示。其分析关系式为:

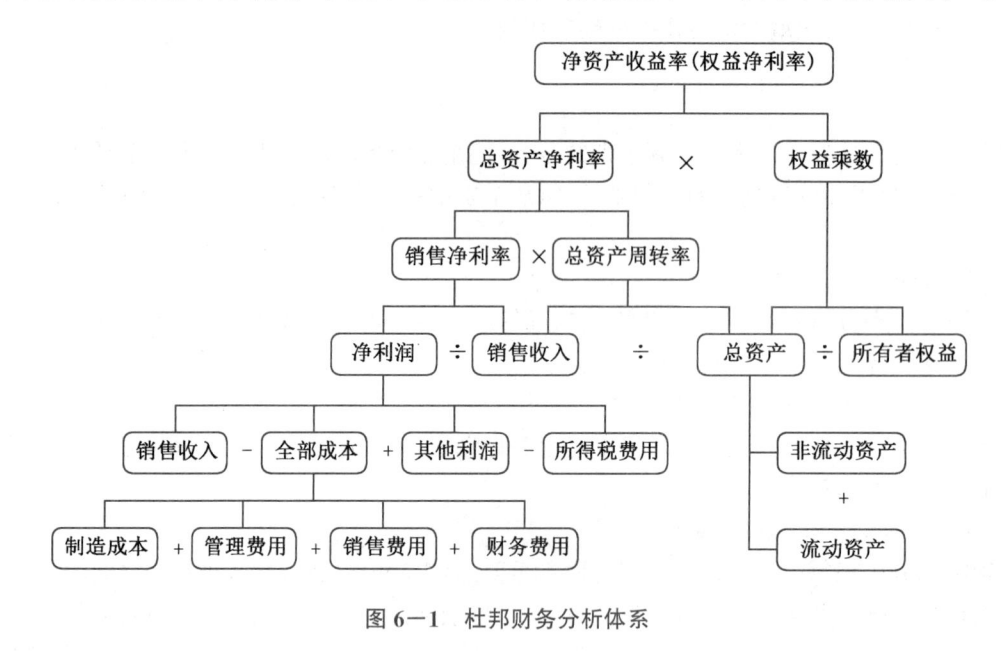

图6-1 杜邦财务分析体系

在图6-1中,需要注意的是,销售净利率即营业净利率,销售收入即营业收入;有关资产、负债与权益指标通常用平均值计算。

运用杜邦财务分析体系需要注意以下四点:

1. 净资产收益率是一个综合性最强的财务分析指标,是杜邦财务分析体系的起点

财务管理的目标之一是使股东财富最大化,净资产收益率反映了企业所有者投入资本的获利能力,说明了企业筹资、投资、资金营运等各项财务活动及其管理活动的效率,而不断提高净资产收益率是使所有者权益最大化的基本保证。因此,这一财务分析指标是企业所有者和经营者都十分关心的。而净资产收益率高低的决定因素主要有销售净利率、总资产周转率和权益乘数。这样,净资产收益率在进行分解之后,就可以将这一综合性指标升降变化的原因具体化,从而比只用一项综合性指标更能说明问题。

2. 销售净利率反映了企业净利润与销售收入的关系,其高低取决于销售收入与成本总额的高低

提高销售净利率,一是要扩大销售收入,二是要降低成本费用。扩大销售收入既有利于提高销售净利率,又有利于提高总资产周转率。降低成本费用是提高销售净利率的一个重要因素,从杜邦财务分析体系可以看出成本费用的基本结构是否合理,从而找出降低成本费用的途径和加强成本费用控制的办法。如果企业财务费用支出过高,就要进一步分析其负债比率是否过高;如果管理费用过高,就要进一步分析资产周转情况等。从图6-1中还可以看出,提高销售净利率的另一条途径是提高其他利润。为了详细地了解企业成本费用的发生情况,在具体列示成本总额时,还可根据

重要性原则,将那些影响较大的费用单独列示,以便寻求降低成本的途径。

3. 影响总资产周转率的一个重要因素是资产总额

资产总额由流动资产与非流动资产组成,它们结构合理与否将直接影响资产周转速度。一般来说,流动资产直接体现企业偿债能力和变现能力,而非流动资产则体现了企业经营规模、发展潜力;两者之间应该有一个合理的比例关系。如果发现某项资产比重过大,影响资产周转,就应深入分析其原因,例如企业持有货币资金超过业务需要,就会影响企业的盈利能力;如果企业占有过多的存货和应收账款,则既会影响获利能力,又会影响偿债能力。因此,还应进一步分析各项资产占用数额和周转速度。

4. 权益乘数主要受资产负债率指标影响

权益乘数表示企业的负债程度。资产负债率越高,权益乘数就越高,说明企业负债程度比较高,给企业带来了较多的杠杆利益,同时,也带来了较大的风险。这就要求企业应保持合理的资本结构。

下面以海达股份有限公司为例,运用杜邦财务分析体系说明分解指标营业净利率、总资产周转率、权益乘数如何影响核心指标股东权益报酬率。

【做中学6—37】 根据本项目海达股份有限公司相关指标计算结果,利用杜邦财务分析体系,与2021年相比,2022年营业净利率、总资产周转率、权益乘数变动对股东权益报酬率变动的影响如表6—4所示。

表6—4 　　　　　　　　　海达股份有限公司相关指标数据汇总

财务指标	2021年	2022年	变动
股东权益报酬率	15.6%	17.7%	+2.1%
营业净利率	5.22%	6.26%	+1.04%
总资产周转率	1.55	1.48	−0.07
权益乘数	1.94	1.92	−0.02

注意,表6—4中的权益乘数不同于我们在本项目任务二中所讲的权益乘数,任务二中所讲的权益乘数是用期末资产和期末股东权益计算出来的期末权益乘数,而这里用的是平均权益乘数。因为杜邦财务分析体系中的资产和股东权益都是平均数,而不是期末数,所以权益乘数也应为平均数,即用年平均资产和年平均股东权益计算的年平均权益乘数。根据表6—1的资料,并假设海达股份有限公司2021年年初资产总额为9 100万元,年初股东权益合计为4 500万元,海达股份有限公司2021年和2022年的平均权益乘数为:

$$2021年平均权益乘数 = \frac{\frac{9\,100+9\,047}{2}}{\frac{4\,500+4\,872}{2}} = 1.94$$

$$2022年平均权益乘数 = \frac{\frac{9\,047+10\,887}{2}}{\frac{4\,872+5\,525}{2}} = 1.92$$

表6—4中显示2022年股东权益报酬率比2021年上升了2.1%。

下面用因素分析法中的差额分析法分析各分解指标变动对股东权益报酬率变动(上升2.1%)的影响。

(1)营业净利率上升1.04%对股东权益报酬率的影响：
(6.26%−5.22%)×1.55×1.94=3.13%
(2)总资产周转率下降0.07对股东权益报酬率的影响：
(1.48−1.55)×6.26%×1.94=−0.85%
(3)权益乘数降低0.02对股东权益报酬率的影响：
(1.92−1.94)×6.26%×1.48=−0.18%

可见，海达股份有限公司股东权益报酬率上升主要是因为营业净利率上升了1.04%所引起的，营业净利率上升直接引致股东权益报酬率增高3.13%。同时，从分析中可以看出，总资产周转率下降和权益乘数降低带来的损失抵消了一部分营业净利率上升带来的好处。总资产周转率下降0.07导致股东权益报酬率下降了0.85%，权益乘数降低0.02导致股东权益报酬率下降了0.18%，三者共同作用导致股东权益报酬率增高了2.1%。不过从做中学6−8中可以看出，海达股份有限公司2022年年末权益乘数(1.97)比年初权益乘数(1.86)有所提高，表明公司可能已发现权益乘数低的问题，正积极采取措施调整。除此之外，公司还需加强对资产运营效率的管理，加快资产的周转，尤其是要加强应收账款的管理，因为从做中学6−14中可知，与2021年相比，公司2022年的应收账款周转速度由每年13.56次降低到了每年12.08次，如果继续这样的势头，导致应收账款回收不及时，不但会影响资产周转，导致股东权益报酬率降低，而且会造成收益质量不高，最终可能无法真正实现盈利。

综上所述，杜邦财务分析体系反映了各项财务比率之间的依存关系，揭示了权益净利率与企业的销售规模、成本水平、资产管理状况、筹资结构等诸多因素密切相关，这些因素涉及企业生产经营活动的方方面面，构成一个完整的系统。只有协调好系统内部各个因素之间的关系，查明影响各项财务指标变动的原因，才能为决策者提供优化企业资本结构、提高企业经营管理水平的思路，也才能最终提高权益净利率，提高股东获利水平。

(二)财务比率综合评分法

财务比率综合评分法是指以线性关系将选定的具有代表性的若干财务比率结合起来，通过对各财务比率打分并汇总总分数，用分数的高低来评价企业综合财务能力的一种财务综合分析评价方法。该方法的创始人是亚历山大·沃尔，因此该方法也被称为沃尔评分法。沃尔把若干个财务比率用线性关系结合起来，来评价企业的信用水平。他选择了7种财务比率，分别是流动比率、净资产/负债、资产/固定资产、销售成本/存货、销售收入/应收账款、销售收入/固定资产、销售收入/净资产，并给定了各自在总评价中所占的比重(总和为100分)及各自的标准比率，然后将实际比率与标准比率相比较，评出各项指标的得分，最后汇总求出总分。

沃尔评分法综合评价企业财务状况的原理是：将分散的财务指标通过一个加权体系综合起来，使得一个多维度的评价体系变成一个综合得分，用以对企业进行综合评价。

下面我们用沃尔评分法为海达股份有限公司2022年的财务状况评分。

【做中学6−38】 依然采用本项目任务一、任务二中的海达股份有限公司的相关资料，对海达股份有限公司2022年的财务状况评分的结果如表6−5所示。

表6−5　　　　　　　　　　　　沃尔评分表

财务比率	比重①	标准比率②	实际比率③	相对比率④=③÷②	评分⑤=①×④
流动比率	25	2	1.85	0.92	23
净资产/负债	25	1.5	1.03	0.69	17.25

续表

财务比率	比重①	标准比率②	实际比率③	相对比率④=③÷②	评分⑤=①×④
资产/固定资产	15	2.5	1.63	0.65	9.75
销售成本/存货	10	8	13.14	1.64	16.4
销售收入/应收账款	10	6	12.08	2.01	20.1
销售收入/固定资产	10	4	2.46	0.62	6.2
销售收入/净资产	5	3	2.84	0.95	4.75
合　计	100	—	—	—	97.45

从表6—5中可知海达股份有限公司的综合得分为97.45分,接近100分,可见,用沃尔评分法反映出来的海达股份有限公司的总体财务状况是不错的。

但是,沃尔评分法从理论上讲是有缺陷的,它未能证明为什么要选择这7个财务比率,而不是更多些或更少些,或者选择别的财务比率,以及未能证明每个财务比率所占比重的合理性。此外,沃尔评分法从技术上讲有一个问题,就是当某一个财务比率严重异常时,会对综合指数产生不合逻辑的重大影响,这个缺陷是由每项相对比率与比重相"乘"得分,并且未设定分数的上下限而引起的。

尽管早期的沃尔评分法存在着上述缺陷,但该综合评分方法在实践中仍被广泛地应用,并得到了改进和发展。沃尔评分法的基本思路始终没有改变,其应用的基本步骤也没有发生大的变化。其基本思路和步骤如下:

(1)设定评分项,即选定评价企业财务状况的财务比率。

所选财务比率通常应具有以下三个特征:代表性、全面性和变化方向的一致性。财务比率变化方向的一致性是相对财务状况而言的,即当财务比率增大时,表示财务状况改善;当财务比率减小时,表示财务状况恶化。

(2)设定每一评分项的权数,即根据财务比率的重要性,确定其标准评分值。

各项财务比率的标准评分值之和应等于100分。对于重要性的判断,一般需结合企业的经营性质、经营规模、管理要求,以及市场形象、分析目标等来确定。

(3)设定每一评分项的标准,即确定各财务比率的标准值。

财务比率的标准值是指各项财务比率在本企业现时条件下的最理想的数值,通常结合本企业实际情况,参照同行业的平均水平,经适当修正后确定。

(4)设定计分方式。

计分方式很重要,相同的比率、相同的权重、相同的标准值,但不同的计分方式,得出的分值可能会大相径庭。

(5)计算本企业各项财务比率的实际值。

(6)计算各项财务比率的实际得分。

将各项财务比率的实际值与标准值进行对比,并根据设定的计分方式为各项财务比率打分。

(7)计算本企业财务综合得分。

所有各项财务比率实际得分的合计数就是企业财务状况的综合得分。企业财务状况的综合得分反映了企业综合财务状况是否良好。若综合得分等于或接近于100分,说明企业综合财务状况是良好的;若综合得分超过100分很多,说明企业综合财务状况很理想;若综合得分低于100分很多,说明企业综合财务状况较差,应当采取措施加以改进。

沃尔评分法解决了在分析公司各项财务指标时如何评价其指标的优、良、差，以及公司整体财务状况在同行业中的地位等问题。但原始意义上的沃尔评分法有两个缺陷：一是选择这7个比率及给定的比重，在理论上难以证明，缺乏说服力；二是从技术上讲，由于评分是相对比率与比重相"乘"计算出来的，当某一个指标严重异常（过高或过低，甚至是负数）时，会对总评分带来不合逻辑的重大影响。因而，在采用此方法进行财务状况综合分析和评价时，应注意以下几个方面的问题：①同行业的标准值必须准确无误；②标准分值的规定应根据指标的重要程度合理确定；③分析指标应尽可能全面，采用的指标越多，分析的结果越接近现实。尽管沃尔评分法在理论上还有待证明，在技术上也需要完善，但它在实践中还是具有较为广泛的应用价值的。

现代社会与沃尔的时代相比，已有很大的变化。一般认为企业财务评价的内容首先是盈利能力，其次是偿债能力，最后是成长能力，它们之间大致可按5∶3∶2的比重来分配。下面仍以海达股份有限公司为例说明其用法。

【做中学6—39】 依然采用本项目任务一和任务二中的海达股份有限公司的相关资料，对海达股份有限公司2022年的财务情况进行评分，具体评价体系如表6—6和表6—7所示。

表6—6　　　　　　　　　　　综合评分标准

指　标	评分值	标准比率	行业最高比率	最高评分	最低评分	每分比率差
盈利能力：						
总资产报酬率	20	10%	22%	30	10	1.20%
销售净利率	20	5%	15%	30	10	1%
净资产收益率	10	20%	26%	15	5	1.20%
偿债能力：						
自有资本比率	8	45%	75%	12	4	7.50%
流动比率	8	2.2	4.5	12	4	0.575
应收账款周转率	8	15	30	12	4	3.75
存货周转率	8	12	28	12	4	4
成长能力：						
销售增长率	6	5%	16%	9	3	3.67%
净利增长率	6	10%	23%	9	3	4.33%
总资产增长率	6	4%	18%	9	3	4.67%
合　计	100	—	—	150	50	—

注意，表6—6中的标准比率应以行业平均数为基础，结合企业实际进行修正。另外，为了减少个别指标异常对总分造成不合理的影响，在给每个指标评分时，应规定其上下限，上限可定为正常评分值的1.5倍，下限可定为正常评分值的0.5倍。此外，评分时不采取"乘"的关系，而采取"加"或"减"的关系来处理，以克服早期沃尔评分法的缺点。表6—7中每分比率差是由行业最高比率与标准比率的差额除以最高评分与标准评分的差额得出的。例如，总资产报酬率的标准比率为10%，标准评分为20分，行业最高比率为22%，最高评分为30分，则每分的比率差为1.2%[(22%－10%)÷(30－20)]，即总资产报酬率每提高1.2%，可多得1分，但该项得分不超过最高评分30分。

需要说明的是，即使我们进行了沃尔评分法，这种综合评分也未必恰当地反映了公司的实际状况。这主要是因为财务人员对财务比率的选择、各财务比率的权重以及各财务比率标准值的确定都是比较主观的,必须经过细致的推敲、考察和验证,否则,综合评分的结果符合实际状况与否会受到重大影响。此外,我们还可以运用沃尔评分法对企业的综合发展趋势进行分析和评价。

表6—7对海达股份有限公司的财务情况重新进行了评分,总得分为110.65分,说明海达股份有限公司在同行业中处于中等略偏上的位置。

表6—7　　　　　　　　　　海达股份有限公司财务综合评分表

指标	实际比率①	标准比率②	差异③=①-②	每分比率差④	调整分⑤=③÷④	标准评分值⑥	得分⑦=⑤+⑥
盈利能力:							
总资产报酬率	15.28%	10%	5.28%	1.20%	4.4	20	24.4
营业净利率	6.26%	5%	1.26%	1%	1.26	20	21.26
净资产收益率	17.75%	20%	−2.25%	1.20%	−1.88	10	8.12
偿债能力:							
自有资本比率	50.75%	45%	5.75%	7.50%	0.77	8	8.77
流动比率	1.85	2.2	−0.35	0.575	−0.61	8	7.39
应收账款周转率	12.08	15	−2.92	3.75	−0.78	8	7.22
存货周转率	13.14	12	1.14	4	0.29	8	8.29
成长能力:							
销售增长率	5.06%	5%	0.06%	3.67%	0.02	6	6.02
净利增长率	25.92%	10%	15.92%	4.33%	3.68	6	9.68
总资产增长率	20.34%	4%	16.34%	4.67%	3.5	6	9.5
合计	—	—	—	—	—	100	110.65

项目练习

一、单项选择题

1. 财务分析的主要内容不包括(　　)。
A. 偿债能力分析　　B. 运营能力分析　　C. 营利能力分析　　D. 融资能力分析
2. 所有者在进行企业的财务分析时,最关注的是(　　)。
A. 企业的支付能力　　　　　　B. 企业的发展能力
C. 投资的回报率　　　　　　　D. 企业对社会贡献的多少
3. 财务分析的对象是(　　)。
A. 财务报表　　B. 财务报告　　C. 财务活动　　D. 财务效率
4. 从企业债权者角度看,财务分析的最直接目的是(　　)。
A. 企业的营利能力　　　　　　B. 企业的运营能力
C. 企业的偿债能力　　　　　　D. 企业的发展能力
5. 沃尔评分法最初是用于评价企业的(　　)。
A. 营利能力　　B. 发展能力　　C. 运营能力　　D. 信用能力

二、多项选择题

1. 财务报表分析的内容包括(　　)。
   A. 偿债能力分析　　B. 运营能力分析　　C. 营利能力分析　　D. 现金流量分析
2. 流动比率过高,意味着企业存在(　　)的可能。
   A. 现金闲置　　　　　　　　　　　　B. 存货积压
   C. 应收账款周转缓慢　　　　　　　　D. 偿债能力很差
3. 下列说法中正确的有(　　)。
   A. 产权比率也称资本负债率
   B. 产权比率侧重于揭示自有资金对偿债风险的承受能力
   C. 资产负债率侧重于揭示财务结构的稳健程度
   D. 资产负债率侧重于分析债务偿付安全性的物质保障程度
4. 应收账款周转率高说明(　　)。
   A. 收账迅速　　　　　　　　　　　　B. 短期偿债能力强
   C. 收账费用增加　　　　　　　　　　D. 坏账损失减少
5. 反映企业盈利能力的指标包括(　　)。
   A. 盈余现金保障倍数　　　　　　　　B. 资本保值增值率
   C. 资本积累率　　　　　　　　　　　D. 每股收益

三、判断题

1. 财务活动及其结果都可以直接或间接地通过财务报表来体现。　　　　　(　　)
2. 无论是企业的投资人、债权人还是企业经营管理层等,都十分关心企业的未来发展能力。
   　　　　　　　　　　　　　　　　　　　　　　　　　　　　　　　　(　　)
3. 财务报表有可能会扭曲公司的实际情况。　　　　　　　　　　　　　　(　　)
4. 如果会计报表严重歪曲了被审计单位的财务状况、经营成果和现金流动情况,会计师事务所可以出具无法(拒绝)表示意见的审计报告。　　　　　　　　　　　　(　　)
5. 在比较分析时必然要选择比较的参照标准,横向比较时应该使用同业标准。　(　　)

四、分析题

1. 某企业年末货币资金为900万元,短期有价证券为500万元,应收账款为1 300万元,预付账款为70万元,存货为5 200万元,待摊费用为80万元,流动负债合计数为4 000万元。
   要求:分别计算该企业的流动比率、速动比率和现金比率。
2. 某企业年产品销售成本为8 500万元,年初存货余额为2 850万元,年末存货余额为2 720万元。
   要求:计算该企业存货的周转天数和周转次数。
3. 某公司流动资产由速动资产和存货构成,年初存货为145万元,年初应收账款为125万元,年末流动比率为300%,年末速动比率为150%,存货周转天数为90天,年末流动资产余额为270万元。一年按360天计算。
   要求:
   (1)计算该公司流动负债年末余额;
   (2)计算该公司存货年末余额和年平均余额;

(3)计算该公司本年主营业务成本。

4. 某公司年初应收账款额为30万元,年末应收账款额为40万元,本年净利润为30万元,销售净利率为20%,销售收入中赊销收入占70%。

要求:计算该企业本年度应收账款周转次数和周转天数。

5. 某公司2022年年初存货为15 000元,年初应收账款为12 700元,2022年年末计算出流动比率为3,速动比率为1.5,存货周转率为4次(按销售额计算),流动资产合计为27 000元。

要求:

(1)计算该公司的本年销售额;

(2)如果除应收账款以外的速动资产是微不足道的,计算其平均收账期。

项目七 财务分析报告

- **知识目标**

  理解:财务分析报告的概念和作用。
  熟悉:财务分析报告的类型、特点及撰写时应注意的问题。
  掌握:财务分析报告的撰写方法和步骤。

- **技能目标**

  能撰写财务分析报告,并注意撰写方法和步骤。

- **素质目标**

  能够对企业财务做出财务分析报告,并综合运用到实际案例中,提出改善企业经营管理的合理建议。

- **思政目标**

  能按照财务分析报告的撰写方法和步骤,结合财经法规和企业要求,自主解决财务分析报告业务处理中出现的常见问题。学会编制会计报表,分析会计报表数据,查找问题。具有吃苦耐劳的专业素养,细致、严谨、团结协作的工作作风;具备爱岗敬业、精益求精的工匠精神;勤勉尽责、爱岗敬业,忠于职守、敢于斗争,自觉抵制会计造假行为,维护国家财经纪律和经济秩序。

- **项目引例**

财务分析报告的作用

撰写财务分析报告是财务分析工作的最后一个环节,财务分析人员把经过比较、分析的会计报表资料经过加工整理形成书面文件,整个财务分析工作才告结束。财务分析报告撰写质量的高低,直接关系到整个财务分析工作的成败。财务分析报告是会计报表使用者做出决策的重要依据,通过查阅财务分析报告,会计报表的使用者可以更好地了解企业的财务状况、经营成果及存在的问题,做出更加理性的决策。

● 引例导学

为了便于会计报表的使用者根据财务分析报告来了解企业财务状况、经营成果和资金变动情况,以便做出相应的决策,充分发挥财务分析报告的作用,企业应按半年、全年财务决策的要求撰写全面的分析报告。本项目将对财务分析报告进行解读。

任务一 财务分析报告认知

一、财务分析报告的概念

财务分析报告(Financial Analysis Report)是反映企业财务状况和财务成果意见的报告性书面文件。撰写财务分析报告是对财务分析工作的概括和总结的重要环节。财务分析人员将财务分析评价结果向会计报表的使用者报告,以便他们通过财务分析报告了解企业的财务状况、经营成果、发展前景及存在的问题,从而做出科学、合理的决策;同时,财务分析报告也是财务分析人员分析工作的最终成果,其撰写质量的高低,直接反映出报表分析人员的业务能力和素质。可见,财务分析报告是会计报表使用者做出决策的依据,也是财务分析人员工作能力的最好体现,相关人员应予以足够的重视。

二、财务分析报告的作用

财务分析报告是投资者、债权人、经营者、政府有关部门及其他会计报表使用者客观地了解企业的财务状况和经营成果的必不可少的资料,历年的财务分析报告也是企业进行财务管理动态分析、科学预测和决策的依据。因此,财务分析报告对各个会计报表使用者而言,都具有十分重要的作用。但是,对于不同的财务分析的主体,财务分析报告的作用也不同。

(一)企业的投资者

通过财务分析报告,企业的投资者可以总括地了解企业的盈利能力和经营风险,做出是否投资的决策。

在一般情况下,投资者并不参与企业的经营管理,但企业经营情况又关系到其切身利益,他们只能通过专门从事报表分析的人员提供的财务分析报告来了解企业的资产运营和盈利能力、企业财务分配政策、企业的财务结构、资产结构和财务规划,预测企业未来的发展趋势。如果企业的经营前景看好,投资者可以维持并追加投资;否则,就将转让股份以避免损失。

(二)企业的债权人

通过财务分析报告,企业的债权人可以总括地了解企业的盈利能力和偿债能力,做出是否出借资金或提供商业信用的决策。

债权人最关心的是企业能否按时偿还债务本金和利息。由于获利能力对偿债能力的影响很大,债权人常通过对获利能力和偿债能力进行专题分析而撰写的财务分析报告,以获得企业长短期偿债能力和债权人本身所承担的违约风险程度等信息,从而做出出借资金的数额及条件、利率水平、限制性条款以及提供商业信用的条件等的决策。

(三)企业的经营者

通过财务分析报告,企业经营者可以及时了解企业当前的财务状况、经营成果和营运状况的全貌,并能针对企业经营活动中存在的各种问题及时提出改进措施,加强企业的经营管理,提高企业的偿债能力、盈利能力、营运能力和资本周转能力。经营者还可以根据历年的财务分析报告对企业经营管理活动进行动态分析,并以其作为进行科学预测和决策的依据。

企业的经营者进行财务分析是为了了解企业资产的收益能力和流动能力、企业资产存量结构、权益结构,预测企业未来的收益能力和流动能力,进行财务筹资、投资决策,评价企业各项决策的执行情况。企业经营者进行财务分析是为了取得投资者和债权人的支持、改善财务决策,其所做财务分析涉及的内容比较广泛,几乎包括内外部会计报表使用者关心的所有问题,因此,其形成的财务分析报告最全面,也最有说服力。

(四)政府有关部门

通过财务分析报告,上级主管部门与财政、税务部门等政府部门要关注企业投资所产生的社会效应和经济效益,在谋求资本保全的前提下,期望能够同时带来稳定增长的财政收入。政府考核企业经营理财状况,不仅需要了解企业资金占用的使用效率、为国家纳税的情况,预测财务收入增长情况,有效地组织和调整社会资金资源的配置,而且要借助财务会计报告检查企业是否存在违法违纪的问题,最后通过综合分析,对企业的发展后劲以及对社会的贡献程度进行分析考察。

三、财务分析报告的分类及其特点

(一)财务分析报告按其分析的内容范围分类

企业一般都应根据企业财务通则和行业会计制度的规定,结合其业务的特点,既要对企业的财务活动进行综合分析,又要进行专题分析,有时根据具体需要进行简要分析,针对某些典型事例或典型企业进行典型分析,对所属单位的主要财务指标进行对比分析找出差距。相应的财务分析报告也就有综合分析报告、专题分析报告、简要分析报告、典型分析报告、分列对比分析报告。这些报告各有不同的特点。

1. 综合分析报告

综合分析报告,又称全面分析报告,是企业通过资产负债表、利润表、现金流量表、会计报表附表、会计报表附注及财务情况说明书、财务和经济活动所提供的信息及内在联系,运用一定的科学分析方法,对企业的业务经营情况,利润实现情况和分配情况,资金增减变动和周转利用情况,税金缴纳情况,存货、固定资产等主要财产的盘点、盘亏、毁损变动情况及对本期或下期财务状况将发生重大影响的事项等做出客观、全面、系统的分析和评价,并进行必要的科学预测和决策而形成的书面报告。一般在对年度或半年度分析时采用这种类型。

综合分析报告具有内容丰富、涉及面广、对会计报表使用者做出各项决策有深远影响的特点。它还具有以下两方面明显的作用:

(1)为当前企业财务管理及宏观上的重大财务决策提供科学依据。由于综合分析报告几乎涵盖了对企业计划各项指标的对比、分析和评价,通过分析,能够对企业经营成果和财务状况一目了然,及时发现存在的问题。因此,综合分析报告为企业的经营管理者做出当前和今后的财务决策提供了科学依据,也为政府部门、企业主管部门、投资者、债权人提供了多方面的财务信息。

(2)作为今后企业进行财务管理动态分析等的重要历史参考资料。综合分析报告主要于半年度、年度进行财务分析时撰写,必须对分析的各项具体内容的轻重缓急做出合理安排,既要全面又要抓住重点,还要结合上级主管部门和财税部门的具体要求进行,切忌力量均等、事无巨细、面面俱到。一般来说,对某些当前企业管理及宏观决策等有直接、关键影响的问题做重点分析,对其他问题则可相对粗略些,甚至可一笔带过。

2. 专题分析报告

专题分析报告,又称单项分析报告,是指针对某一时期企业经营中的某些关键问题、重大经济措施或薄弱环节等,进行专门分析后形成的书面报告。一些投资项目的效益测算报告也属于这种形式。

专题分析报告具有不受时间限制、一事一议、易被经营者接受和收效快的特点。因此,专题分析报告在企业经营工作中起着不可缺少的作用,主要体现在以下方面:

(1)专题分析报告一般采用两种形式:一是对涉及面虽小,但对企业财务管理和生产经营状况有着普遍或深远影响的事例进行专题分析,如银行降息对企业的影响等;二是涉及面宽,抓住其中的重点问题进行深入分析,如我国全面实行"营改增"后对企业影响的专题分析等。只要做到论据充分、分析有理,专题分析报告能不断总结经验,引起有关领导和业务部门重视,从而提高管理水平。

(2)专题分析报告有助于财务管理问题的进一步研究,为提出更高层次的财务管理决策开辟有价值的思路。

专题分析的内容很多,比如关于企业清理积压库存、处理逾期应收账款方面的经验,企业对资金、成本、费用、利润等方面的预测分析,如何处理母公司与分公司、子公司各方面的关系等问题均可进行专题分析和论述,从而为各级领导做出决策提供现实的依据。专题分析不受时间约束,可根据经营管理的实际需要,不定期地进行,并形成专题分析报告,有利于总结经验、解决问题。

3. 简要分析报告

简要分析报告是指对一些主要经济指标或在一定时期内存在的比较突出的问题进行扼要的分析,以观察企业财务活动的基本趋势和经营管理的改进情况而形成的书面报告。

简要分析报告具有简明扼要、切中要害的特点。通过分析,能反映和说明企业在分析期内业务经营的基本情况、企业累计完成各项经济指标的情况,并预测今后发展趋势。简要分析报告主要适用于定期分析,可按月、按季等编制。

4. 典型分析报告

典型分析报告是指对某些典型事例或典型企业,采取解剖"麻雀"的方法,详细进行各方面分析,以点带面,推动全面工作。

5. 分列对比分析报告

分列对比分析报告是指对所属单位的主要财务指标,采取分列对比的分析,以便找出差距,采取措施。

(二)财务分析报告按其分析的时间分类

1. 定期分析报告

定期分析报告一般是上级主管部门或企业内部规定的每隔一段相等时间给予编制和上报的财务分析报告,如目前由企业主管部门布置的半年度、年度编制和上报的综合财务分析报告及企业内部规定的每隔半年或一季度自行编制,供有关领导参阅的财务分析报告等,均属定期分析报告。

2. 不定期分析报告

不定期分析报告,是从企业财务管理和业务经营的实际需要出发,编制和上报的时间不作统一规定的财务分析报告,如上述的专题分析报告就属于不定期分析报告。

任务二 财务分析报告的撰写

一、财务分析报告的撰写步骤

(一)撰写前的资料准备

完成财务分析报告,必须做好撰写前的必要准备工作,具体分为收集资料阶段和整理、核实资料阶段两个步骤进行。

1. 收集资料阶段

收集资料阶段实质上是一个调查过程,深入全面的调查是科学分析的前提。但调查一定要有目的地进行,只有收集大量的、丰富的财务会计有关数据资料,财务分析报告才不致成为"无源之水,无本之木"。

(1)财务分析报告的资料内容

财务分析人员可以在日常工作中,根据粗略制定的会计分析的内容要点,经常收集和积累有关资料。这些资料既包括间接的书面资料,也包括从直属企业取得的第一手资料。分析人员主要应该收集以下几方面的资料:

①会计资料:主要是与分析报告内容有关的会计报表、账簿、凭证;与分析项目有关的历史资料,包括以前年度会计报表、账簿、历史统计台账、历史统计报表、历史文字总结、有关历史会议记录等。

编制年度财务分析报告时,其主要内容,如利润、成本、费用等的分析,都必须以企业历年会计报表所提供的正确、可靠的数据信息作基础,并参照历年财务分析报告的数据及内容,使财务分析实现历年资料的动态对比,反映企业经营成果、经营活动的发展过程及企业管理工作的水平,特别是集团化企业,由于各直属公司的财务分析报告记载其各自的财务信息和特征,内容具体生动,所以作为总公司或集团公司财务总部而言,参阅这些资料有助于重点、具体地分析某一问题,为财务分析报告起到锦上添花的效果。此外,如发现疑问或矛盾之处也可对其会计报表进行必要的核查。

财务报表的编制者往往与报表使用者存在利益冲突,并由此产生粉饰业绩、歪曲报表数据的倾向,因此需要一个与任何一方均无利害关系的第三者对财务报表进行审计。按照我国现行规定,上市公司、国有企业、国有控股或占主导地位的企业的年度报表要经过注册会计师审计,对财务报表发表审计意见。报表使用者无法自己证实公司财务报告的可靠性,必须依赖审计人员的意见。

必须强调,审计的有用性依赖于其独立性和能力性。审计的独立性是人们依赖它们的首要因素,但是被审计客户是审计人员服务费用的支付主体,与审计的独立性存在重大矛盾。审计的能力性,是他们依赖的次要因素,但是谁也不能保证每一个审计人员都是胜任的。因此,分析人员应当关注可能出现的欺诈、疏忽或不遵守审计准则的行为,始终对审计意见保持一定的距离。

②业务资料:主要是各类商品的货源、采购、销售、储运、运输以及与经济合同、客户变化等相关的业务经营管理方面的资料。

一般来说,企业的财务计划主要是由财务部门根据统计资料编制的,有的企业会计、统计、财务工作"合三为一",统一由财务部门从事,因此获取有关的统计资料或年度财务计划资料就十分便利。主要收集年度计划执行情况表,主要商品销售情况统计表,企业预算、计划、总结、规划的材料等资料,以利于本期实际与财务计划进行对比分析,从中发现问题,并对企业生产经营和未来展望进行评价。对于上市公司,还要特别关注企业股票市价及股票发行情况。

③对比资料:本行业的平均数指标、典型企业的财务资料,有关部门对比分析所需的材料,与分析报告内容有关的计划及列入国家或上级考核的经济技术指标。

掌握有关计划资料、历史资料和同行业的先进资料,可以全面深入地分析企业的财务状况、经营成果和现金流量。对所搜集的各项报表资料反映出的各项经济指标,与有关的计划、历史资料、同行业的先进资料进行对比,有利于找出差距和应深入分析的重点。

④其他资料:与分析报告内容有关的文字资料,包括计划编制说明、有关会议记录、上期财务分析报告记录及报告等反映企业所在系统重大事件的文件等方面的资料。

财务分析人员要善于发现企业所在系统的新情况和新事物,分析其发展趋势及其对本企业的影响,对涉及本行业的重大事件,如资产重组、股份制改组等的有关文件均属于资料收集和积累的范围,以及企业外部的资料,包括有关国家财经法律法规政策、技术经济标准、市场动态及变化趋势、同行业生产经济水平、企业绩效评价的计算公式及其他分析需要的计算公式等。

(2)财务分析报告的资料来源

以上财务分析需要的资料可以由以下的渠道取得:①财务分析服务机构、投资咨询服务机构,如标准普尔、穆迪等;②经济研究机构,如布鲁金斯学会等;③证券交易所;④网络,如金融街等网站;⑤行业性协会和财务专家;⑥全国电算化会计数据库;⑦各种商业和金融业刊物;⑧各种媒体及记者;⑨政府出版的经济公报和年鉴;⑩企业的竞争者。

2. 整理、核实资料阶段

各种资料收集齐全后,要加以整理、核实,保证其合法性、正确性和真实性,同时根据所制定的财务分析报告的内容要点进行分类。整理、核实资料是整个财务分析的中间环节,起着承上启下的作用。

在整理资料过程中,应经常根据分析的内容要点做些摘记,这对分析报告的编写十分有利。对于重点分析的内容,如准备分析本年度销售收入与效益的关系问题,则可以在此题目下记录所收集的销售收入、利润等重要数据和观点,并简要写上与此观点有关的各种类别内容的索引参考资料,以备在正式编制财务分析报告时能迅速查找到所需的资料。对于一般分析的内容,也可按其特点做好不同形式的摘记。有时会遇到一些资料同时适用于多项内容的情况,也只需在各内容项下的摘记中写清即可。总之,要掌握资料翔实、分类清楚、查找方便的原则。收集资料和整理、核实资料并非是决然分开的两个阶段,一般可以边收集、边核实、整理、相互交叉、相互结合进行,同时这项工作应贯穿在日常工作中进行,切忌临近编制财务分析报告时再去着手此项工作。这样收集的资料才能涉及面广、内容丰富,就可在正式进行财务分析时胸有成竹、忙而不乱。

(二)财务分析报告的选题

由于财务分析报告的形式多种多样,因此报告的选题也没有统一标准和模式。一般可以根据报告所分析的内容和提供的信息来确定报告的选题。如"某月份简要财务分析""资产运用效率分析""存贷款利率的调整对企业损益影响分析""某年度会计报表综合分析"等都是较合适的选题。报告的选题应能准确地反映报告的主题思想。报告的选题一旦确定,就可紧紧围绕为完成对它的分析所收集整理的资料进行分析并编制分析报告了。

(三)财务分析报告的起草

在收集整理了资料、确定了选题以后,就可以根据企业管理的需要进入财务分析报告的编制阶段,这一阶段的首要工作就是报告的起草。财务分析人员应当不偏不倚、客观公正,思维敏锐,文笔表述能力强,财务会计知识全面,业务能力强,懂财经法规,有较强的分析问题和解决问题的能力等,对企业的财务活动过程及企业的分公司或子公司的生产经营情况比较了解,善于在日常的工作中寻找和发现问题,才能胜任编制财务分析报告这一重要工作。

报告的起草应围绕报告的选题并按报告的结构进行,特别是专题分析报告,应将问题分析透彻,真正地分析问题、解决问题。如对管理费用超计划(预算)情况进行分析,应从构成管理费用的各项目入手,分析各项目超支的绝对数或相对数,并逐一分析是什么原因造成的超支:是客观原因,还是主观原因;是经营管理问题,还是违法乱纪问题等。从超支的各种原因中找出解决问题的途径,并提出切实可行的建议。对综合分析报告的起草最好先拟订报告的编写提纲,提纲必须能提纲挈领地反映综合分析报告的内容,然后只需在提纲框架的基础上,依据所收集、整理的资料选择恰当的分析方法,起草综合分析报告。

(四)财务分析报告的修改和审定

财务分析报告起草后形成的初稿,可交由财务分析报告的直接使用者审阅,并征求使用者的意见和建议,充实新的内容,使之更加完善,直至最后由直接使用者审定即可定稿,并加盖公章。

二、财务分析报告的结构

报告的结构根据报告的内容可以有多种多样,没有固定的格式。财务分析报告评价要客观、全面、准确。一般来说,综合分析报告的结构大致有以下方面:

(一)标题

标题是对财务分析报告的最精炼的概括,它不仅要确切地体现分析报告的主体思想,而且要用语简洁、醒目。由于财务分析报告的内容不同,其标题也就没有统一标准和固定模式,应根据具体的分析内容而定。"某月份简要会计报表分析报告""某年度综合财务分析报告""资产使用效率分析报告"等都是较合适的标题。

(二)报告目录

报告目录告诉财务分析报告阅读者阅读本报告所分析的内容及所在页码。

(三)重要提示

重要提示主要是针对本期报告新增的内容或需加以重点关注的问题事先做出说明。

(四)报告摘要

报告摘要概括公司综合情况,让财务报告接受者对财务分析说明有一个总括的认识,是对本期报告内容的高度浓缩,要求言简意赅、点到为止。

各部分都要在其后标明具体分析所在页码,以便读者查阅相应分析内容。

以上几部分的目的是让阅读者在最短的时间内获得对报告的整体性认识以及本期报告中将告知的重大事项。

(五)说明段

说明段是对公司运营及财务现状的介绍。该部分要求文字表述恰当、数据引用准确。对经济指标进行说明时可适当运用绝对数、比较数和复合指标数。特别要关注公司当前运作上的重心,对重要事项要单独反映。公司在不同阶段、不同月份的工作重点有所不同,所需要的财务分析重点也不同。如公司正进行新产品的投产、市场开发,则公司各阶层需要对新产品的成本、回款、利润数据进行分析的财务分析报告。

(六)分析段

分析段是对公司的经营情况进行分析研究。在说明问题的同时还要分析问题,寻找问题的原因和症结,以达到解决问题的目的。财务分析一定要有理有据,要细化分解各项指标,因为有些报表的数据是比较含糊和笼统的,要善于运用表格、图示,突出表达分析的内容。分析问题一定要善于抓住当前要点,多反映公司的经营焦点和易于忽视的问题。

(七)评价段

在做出财务说明和分析后,对于经营情况、财务状况、盈利业绩,应该从财务角度给予公正、客观的评价和预测。财务评价不能运用似是而非、可进可退、左右摇摆等不负责任的语言,评价要从正面和负面两方面进行,评价既可以单独分段进行,也可以将评价内容穿插在说明段部分和分析段部分。

有时为了使财务报表分析报告清晰明了,应编制财务分析报表,即根据分析报表的目的,将会计报表资料及有关经济活动资料经过科学再分类、再组合,适当补充资料,配以分析计算栏目,采用表格、柱状图等形式,简明扼要地表达资料各项目间的内在联系。财务分析报表有助于层层清晰地显示各指标之间的差异及变动趋势,使论证的内容更形象,如编制主要财务指标情况表、盈亏情况分析表、流动资金分析表、主要销售收入情况表、费用明细表等。

（八）具体改进措施和建议部分

财务分析报告应根据企业的具体情况，有针对性地提出意见和建议。对企业经营管理中的成败和经验，应提出加以推广的建议；对财务分析过程中发现的矛盾和问题，应提出挖掘潜力、有建设性的改进措施、意见和建议。如果能对今后的发展提出预测性意见则具有更大的作用。

（九）编制单位和编制日期

审定后的财务分析报告应写明编制单位和编制日期。

简要分析报告的结构与上述综合分析报告的结构大体一致，内容较综合分析报告简明扼要。专题分析报告一般一事一议，其结构可灵活多样，这里不再赘述。

任务三　财务分析报告应注意的问题

在实际工作中，由于各个企业的具体情况千差万别，企业的经营管理水平和报表分析人员的素质也不同，各个企业的分析报告的质量也不尽相同。一份内容翔实、条理清晰、有理有据、富含说服力的分析报告，能给使用者耳目一新的感觉，使其获得大量的有利于做出正确决策的信息，特别是有利于提高企业经营管理水平的信息。而内容空洞、不分主次、平铺直叙的分析报告不但起不到其应有的作用，而且会束缚决策者的思路甚至导致其做出错误的决策。

一、常见的问题注意事项

下面列举一些财务分析报告中常见的弊病，分析者在编制报告时应尽量避免：

（1）不收集资料或不认真整理、核实所收集的资料。这样会使分析没有足够的依据或使内容不真实、不合法、无可比性的资料成为分析的依据，从而使分析报告缺乏真实性、可靠性和实用性，导致企业决策失误，后果不堪设想。

（2）报喜不报忧。这种现象很常见，有的分析报告只反映经营业绩和预测美好的发展前景，对发现的问题却只字不提，使企业经营管理者做出错误的判断。

（3）不分主次重点不突出。有的分析报告篇幅虽长，但主次不分、不突出重点。应详细作分析评价的内容寥寥几语，该一笔带过的内容却侃侃而谈，使信息使用者得不到真正有用的信息。

（4）内容空洞，数字罗列。有的财务分析报告不是围绕分析的目的将有用的数字进行对比分析，从中发现问题并探索解决的办法，而是就表说表，甚至是分析报表上数字的简单罗列或摘抄，对问题避而不谈，缺乏必要的分析说明，内容空洞，这样的分析报告是毫无价值的。

（5）字句冗长，论据不充分，说服力不强。有的分析报告字句冗长、套话连篇、晦涩难懂，且论据不充分，缺乏逻辑性，这样的分析报告就很难具有说服力。

为避免上述弊病在分析报告中出现，分析人员除应不断提高自身业务能力以外，还应注意以下几点：

（1）对各种资料收集齐全后，要认真核实，保证资料的合法性、真实性、可比性。

（2）要全面地分析问题，坚持一分为二，既要肯定成绩，又要揭露矛盾和存在的问题。

（3）要抓住关键，突出重点，不要事无大小，面面俱到。

（4）要内容充实，根据实际情况实事求是地进行分析，抓住主要矛盾，找出薄弱环节。切忌不做调查，主观臆断，凭空推测。

（5）文字力求言简意赅、综合概括、通俗易懂、条理清楚、结构紧凑、有说服力，每一篇分析报告完成后，最后要形成一个结论。

二、数字运用的注意事项

定量分析是财务分析的工具和手段。没有定量分析就弄不清数量界限、阶段性和特殊性。而数字构成了会计报表的主要内容,它是对会计报表进行定量分析的依据。值得一提的是,进行分析时会计报表资料中的各项具体数据固然重要,但若运用不当,也达不到分析的目的。因此,问题的关键是如何运用各项数据的内在联系及变动趋势来分析、评价企业经营成果、财务状况及其发展趋势,即"用数字说话",用数字之间的内在必然联系来揭示事物的内在本质。财务分析必须透过数字看本质,没有数字的恰当运用就得不出正确的结论。

应该指出,进行分析时不能光看表面数据,而应兼顾数据的外部客观环境。也就是说,经济和行业环境的好坏直接影响对公司财务状况的评价。这里主要介绍财务分析报告中的数字运用应注意的几个问题:

(1)要注意分析所依据的会计核算口径和会计报表资料编制方法有无变化。若有明显变化,进行分析时对有关数据进行调整,确保分析报告所依据的数据资料口径有可比性。

(2)在进行比较分析时,对各项指标的绝对数与相对数比较必须同时进行。因为绝对数指标与企业生产经营规模的大小有直接关系,采用绝对数指标进行对比分析虽然能反映出各项财务指标的表面差异,但不能深入揭示问题的内在本质,采用相对数指标对比则能做到这一点。

(3)对金额较大的项目应重点分析。如在进行损益分析时,产品销售收入和产品销售成本是影响经营利润的主要因素,且金额也较大,就应重点分析其增减变动的原因及对经营利润的影响程度。

(4)要注意分析数字的反常现象。若某一项目金额上升或下降的幅度较大,即出现了数字反常现象,应针对反常的数字进行深刻分析,查明原因。

(5)利用数字进行分析时,要注意对各项指标的计算应准确无误,以保证分析报告的真实可靠。

(6)注意定量(金额)分析应和定性(质量)分析相结合。

三、应做的日常工作

(一)建立台账和数据库

通过会计核算形成各种会计凭证、会计账簿和会计报表。但是,编写财务分析报告仅靠这些凭证、账簿、报表的数据往往是不够的。比如,在分析经营费用与营业收入的比率增长原因时,往往需要分析不同区域、不同商品、不同责任人实现的收入与费用的关系,但这些数据不能从账簿中直接得到。这就要求分析人员平时就做大量的数据统计工作,对分析的项目按性质、用途、类别、区域、责任人,按月度、季度、年度进行统计,建立台账,以便在编写财务分析报告时有据可查。

(二)关注重要事项

财务人员对经营运行、财务状况中的重大变动事项要勤于做笔录,记载事项发生的时间、计划、预算、责任人及发生变化的各影响因素。必要时马上做出分析判断,并将各类各部门的文件归类归档。

(三)关注经营运行

财务人员应尽可能争取多参加相关会议,了解生产、质量、市场、行政、投资、融资等各类情况。参加会议,听取各方面意见,有利于财务分析和评价。

(四)定期收集报表

财务人员除收集会计核算方面的有些数据之外,还应要求公司各相关部门(生产、采购、市场等)及时提交可利用的其他报表,对这些报表要认真审阅,及时发现问题、总结问题,养成多思考、多研究的习惯。

（五）岗位分析

大多数企业财务分析工作往往由财务经理来完成，但报告资料要靠每个岗位的财务人员提供。因此，应要求所有财务人员对本职工作养成分析的习惯，这样既可以提升个人素质，也有利于各岗位之间相互借鉴经验。只有每一个岗位都发现问题、分析问题，才能编写出内容全面的、有深度的财务分析报告。

（六）建立财务分析报告指引

财务分析报告尽管没有固定格式，表现手法也不一致，但并非无规律可循。如果建立分析工作指引，将常规分析项目文字化、规范化、制度化，建立诸如现金流量、销售回款、生产成本、采购成本变动等一系列的分析说明指引，就可以达到事半功倍的效果。

项目练习

一、单项选择题

1. （　　）一般是上级主管部门或企业内部规定的每隔一段相等时间给予编制和上报的财务分析报告。

   A. 定期分析报告　　B. 专题分析报告　　C. 简要分析报告　　D. 综合分析报告

2. （　　）是指针对某一时期企业经营中的某些关键问题、重大经济措施或薄弱环节等，进行专门分析后形成的书面报告。一些投资项目的效益测算报告也属于这种形式。

   A. 专题分析报告　　B. 定期分析报告　　C. 简要分析报告　　D. 综合分析报告

二、多项选择题

1. 财务分析报告按其分析的内容范围分为（　　）。

   A. 综合分析报告　　B. 专题分析报告　　C. 简要分析报告　　D. 定期分析报告

2. 财务分析报告资料内容包括（　　）。

   A. 会计资料　　B. 业务资料　　C. 对比资料　　D. 其他资料

3. 财务分析报告的使用者包括（　　）。

   A. 企业的投资者　　B. 企业的债权人　　C. 企业的经营者　　D. 政府有关部门

三、判断题

1. 企业的投资者只关心企业的盈利情况，其对企业的分析主要是盈利能力分析。　　（　　）
2. 简要财务分析报告适用于定期分析。　　（　　）
3. 财务分析报告的资料来源只能从企业内部取得。　　（　　）
4. 财务分析报告通常有统一的标准和模式。　　（　　）
5. 财务分析报告只要列明企业存在的问题即可。　　（　　）

四、分析题

登录五粮液集团网址（https://www.wuliangye.com.cn），了解五粮液的总体概况，下面四个二维码为总结后的2016—2019年度相关分析资料，包括公司概况及行业发展前景分析、主要报表项目结果及趋势分析、财务指标体系分析、综合分析，请撰写五粮液集团财务分析报告。

注意：财务分析报告要含有下列内容：(1)五粮液集团有限公司概况，包括：①公司概况，②五粮液独有的六大优势。(2)我国白酒行业市场竞争现状,包括:①市场集中度提高,②盈利模式的转变,③产品结构的转变,④高端市场的崛起与中端市场的萎缩。(3)财务报表分析,包括:①资产负债表分析,②利润表分析,③现金流量表分析。(4)财务指标分析,包括:①盈利能力状况分析,②偿债能力状况分析,③营运能力状况分析,④发展能力状况分析。(5)杜邦分析法,包括:①权益乘数,②杜邦分析计算表。(6)综述,包括:①五粮液集团 SWOT 分析,②五粮液集团发展建议。

实验项目一	实验项目二	实验项目三	实验项目四
公司概况及行业发展前景分析	主要报表项目结果及趋势分析	财务指标体系分析	综合分析

附录 财务报表分析的应用案例[①]

案例1 对伊利股份（600887）2013年年末至2017年年末的资产负债表进行分析

一、项目分析

（一）资产项目分析

根据伊利股份2013—2017年年报的披露，编制附表1-1和附表1-2。

附表1-1　　　　伊利股份2013—2017年资产负债表部分资产数据　　　　单位：元

项 目	2013年年末	2014年年末	2015年年末	2016年年末	2017年年末
货币资金	8 173 346 441.54	14 272 616 386.47	13 083 666 953.14	13 823 654 267.84	21 823 066 175.50
应收票据及应收账款	522 026 732.36	652 423 498.21	719 350 554.42	686 497 397.50	949 737 204.59
存货	3 682 902 752.63	5 008 246 399.60	4 663 128 747.30	4 325 780 867.62	4 639 993 865.79
流动资产	16 467 180 048.56	21 001 066 300.53	19 786 152 407.02	20 158 888 700.79	29 845 731 858.45
长期股权投资	558 412 708.80	25 726 556.22	121 879 207.33	1 631 100 350.13	1 765 185 096.75
固定资产	10 403 990 333.74	13 121 335 667.91	14 558 600 146.77	13 137 462 025.67	13 256 390 281.64
无形资产	912 646 268.89	930 399 642.79	956 425 978.64	990 882 120.87	514 361 212.49
非流动资产	16 410 207 510.98	18 493 232 516.50	19 844 815 841.48	19 103 384 184.95	19 454 623 459.69
资产	32 877 387 559.54	39 494 298 817.03	39 630 968 248.50	39 262 272 885.74	49 300 355 318.14

其中：2012年年末，应收账款金额为289 297 587.44元，存货金额为2 994 640 420.76元，固定资产金额为8 900 337 749.64元，资产金额为20 463 266 761.37元。2013年年末至2017年年末，伊利股份的交易性金融资产金额均为0。2013年年末至2017年年末，应收票据的金额分别为：181 939 000.00元、139 400 000.00元、147 173 512.55元、114 360 000.00元、163 597 000.00元，应收账款的金额分别为：340 087 732.36元、513 023 498.21元、572 177 041.87元、572 137 397.50元、786 140 204.59元。

[①] 按一般企业财务报表格式（适用于已执行新金融准则或新收入准则的企业）进行了调整。

附表1-2　　　　　　伊利股份2013—2017年利润表部分数据　　　　　　单位:元

项　目	2013年	2014年	2015年	2016年	2017年
营业收入	47 778 865 826.24	53 959 298 690.78	59 863 485 730.88	60 312 009 671.16	67 547 449 530.32
营业成本	34 082 758 122.46	36 399 991 138.52	38 375 578 127.73	37 427 435 447.17	42 362 402 660.65
对联营企业和合营企业的投资收益	4 013 328.29	-1 724 318.99	5 777 925.18	-7 596 496.47	86 557 819.01
净利润	3 201 196 795.15	4 166 538 132.55	4 654 425 081.05	5 669 035 236.87	6 002 814 975.11

1. 流动资产项目分析

(1)货币资金项目分析。以2013年年末为基期,2014年年末至2017年年末的货币资金增长率分别为74.62%、60.08%、69.13%、167%,伊利股份的货币资金数额呈现出上涨趋势(见附图1-1);通过计算货币资金与流动负债的比率,发现伊利股份的资金流动性和偿债能力持续增强,但是该比率偏高,也影响了伊利股份货币资金的营利性。伊利股份货币资金与流动负债的比率如附表1-3所示。

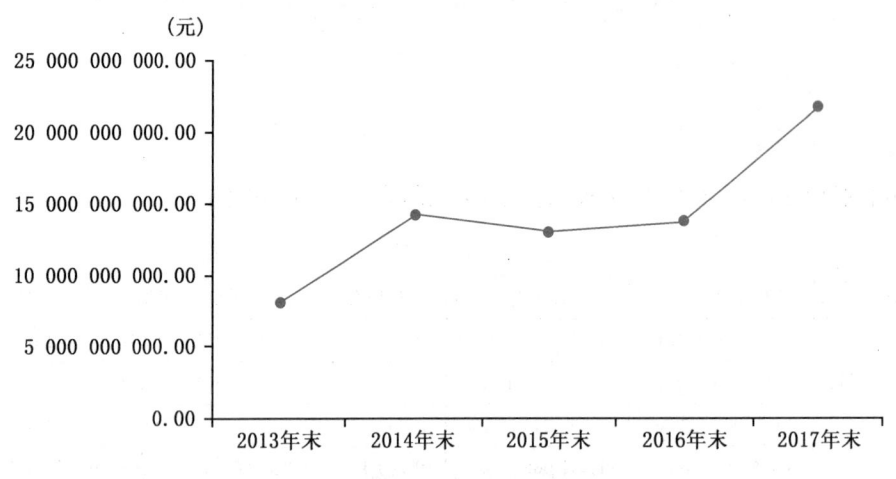

附图1-1　伊利股份的货币资金项目变化情况

附表1-3　　　　　　伊利股份货币资金与流动负债的比率　　　　　　金额单位:元

项　目	2013年年末	2014年年末	2015年年末	2016年年末	2017年年末
货币资金	8 173 346 441.54	14 272 616 386.47	13 083 666 953.14	13 823 654 267.84	21 823 066 175.50
流动负债	15 516 995 890.33	18 756 547 341.97	18 202 023 348.74	14 907 454 713.68	23 850 025 349.18
货币资金/流动负债	52.67%	76.09%	71.88%	92.73%	91.50%

(2)应收账款项目分析。2013年年末至2017年年末,伊利股份的应收票据及应收账款处于持续增长趋势,2017年年末应收直营商超及电商的销货款增加导致应收账款增长过快。通过计算应收账款周转率(见附图1-2)可以发现,伊利股份的应收账款回收速度减慢,应收账款的管理效率下降。分析原因,主要是应收账款的增长速度加快,超过了营业收入的增长速度,导致应收账款周转率持续下降(见附图1-3所示)。

(3)存货项目分析。2013年年末至2017年年末,伊利股份的存货处于不断波动状态。通过计算存货周转率(见附图1-4)可以发现,伊利股份的存货周转速度基本保持在8~10,存货资金的利用效率基本稳定。

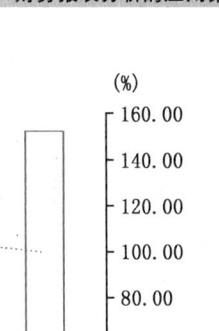

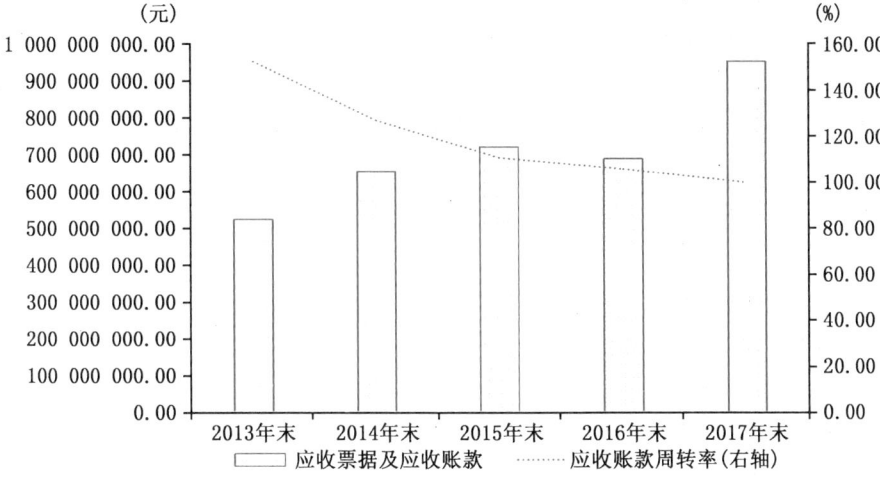

附图1—2　伊利股份的应收账款周转率

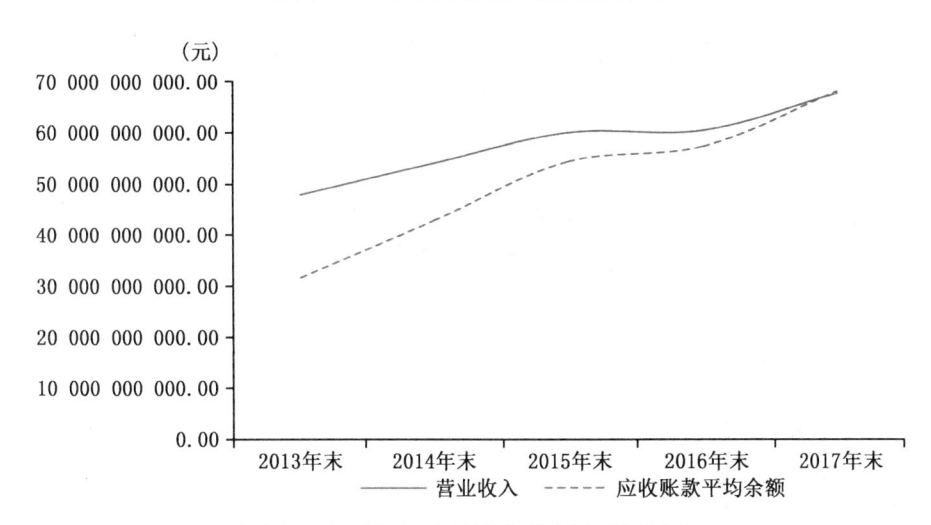

附图1—3　伊利股份的应收账款项目变化情况

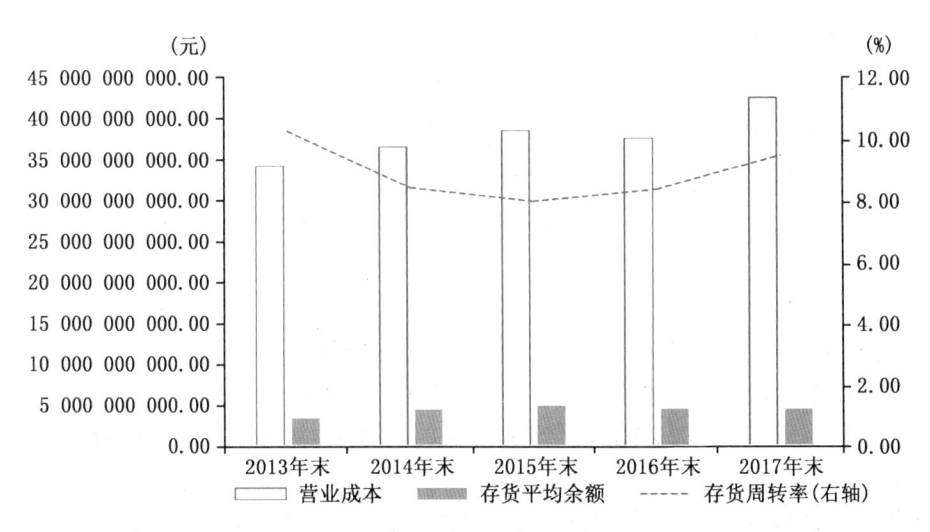

附图1—4　伊利股份的存货项目变化情况

2. 非流动资产项目分析

(1)长期股权投资项目分析。2016年年末和2017年年末,伊利股份的长期股权投资相较之下有了较大增长,投资金额超过了无形资产的金额,系投资China Youran Dairy Holding Limited股权所致。伊利股份的长期股权投资、固定资产和无形资产项目变化情况如附图1—5所示。

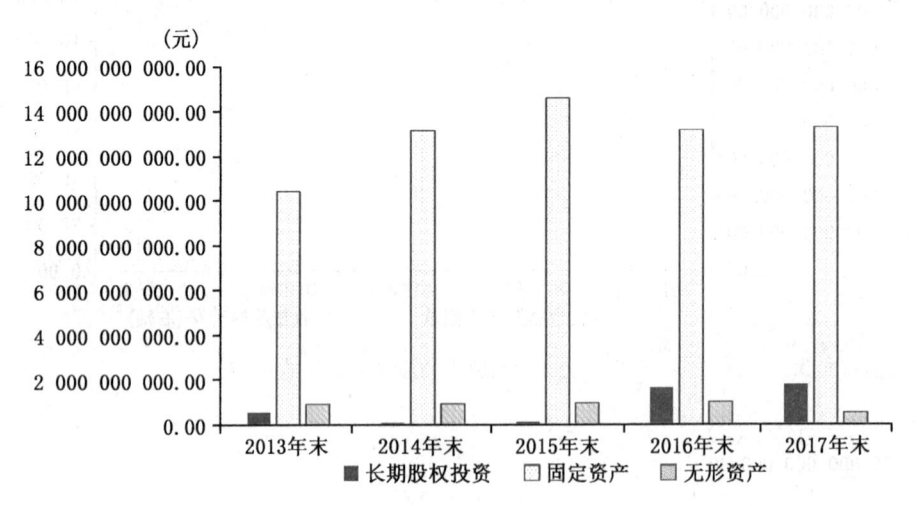

附图1—5　伊利股份的长期股权投资、固定资产和无形资产项目变化情况

(2)固定资产项目分析。2013年年末至2017年年末,伊利股份的固定资产处于不断波动的状态。结合固定资产周转率(见附图1—6)可以看出,伊利股份的固定资产使用效率基本稳定,基本保持在4~5。

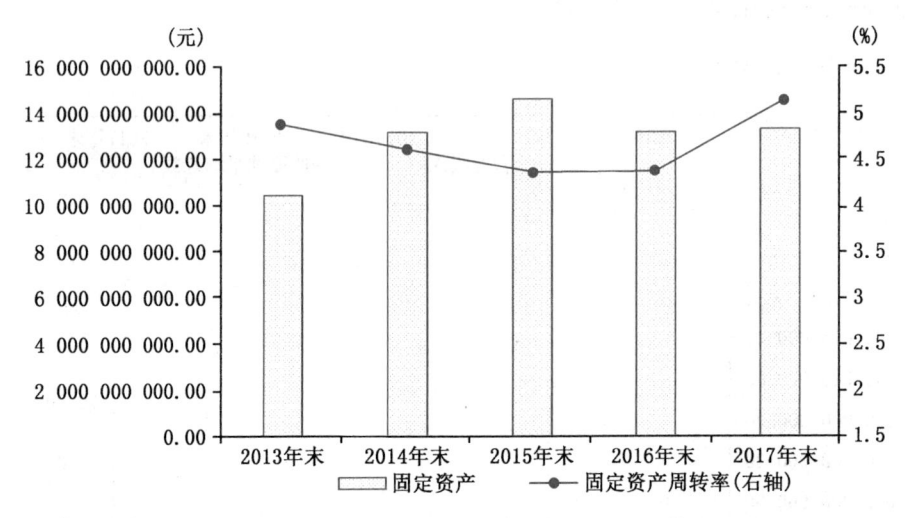

附图1—6　伊利股份的固定资产项目变化情况

(3)无形资产项目分析。2013年年末至2016年年末,伊利股份的无形资产基本保持稳定,但在2017年年末出现大幅度下滑,根据伊利公司2017年度财务报告披露,这是由于执行修订后的《企业会计准则第16号——政府补助》将与资产相关的政府补助冲减无形资产所致。

3. 资产项目分析

2013年年末至2017年年末,伊利股份的资产总体处于不断上升的趋势(见附图1—7)。结合资产周转率(见附表1—4)可以看出,伊利股份利用全部资产进行经营的效率基本保持稳定(1.5~1.8)。

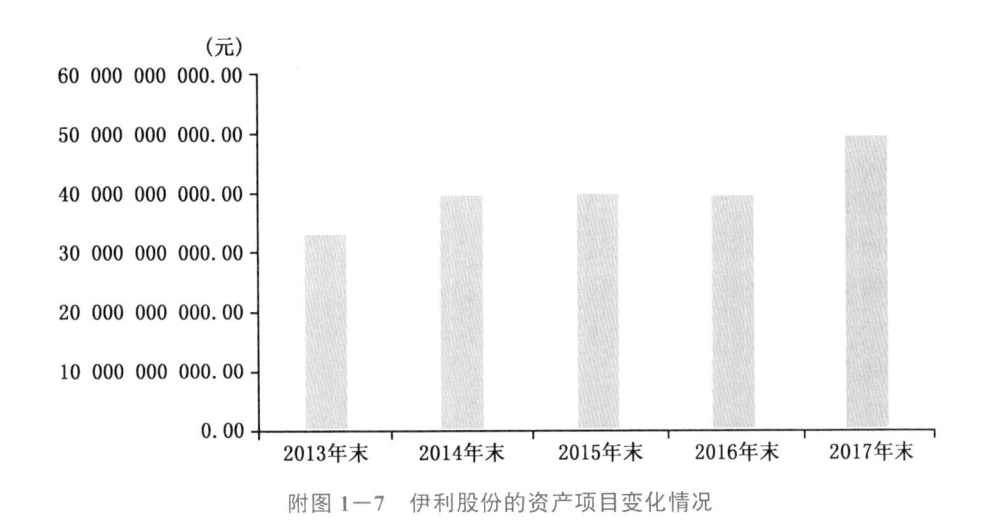

附图1—7 伊利股份的资产项目变化情况

附表1—4　　　　　　　伊利股份总资产周转率（2013—2017年）　　　　　　金额单位：元

项　目	2013年年末	2014年年末	2015年年末	2016年年末	2017年年末
营业收入	47 778 865 826.24	53 959 298 690.78	59 863 485 730.88	60 312 009 671.16	67 547 449 530.32
资产平均余额	26 670 327 160.46	36 185 843 188.29	39 562 633 532.77	39 446 620 567.12	44 281 314 101.94
总资产周转率	1.79	1.49	1.51	1.53	1.53

（二）负债项目分析

伊利股份2013年年末至2017年年末资产负债表部分负债数据如附表1—5所示。

附表1—5　　　　伊利股份2013年年末至2017年年末资产负债表部分负债数据　　　　单位：元

项　目	2013年年末	2014年年末	2015年年末	2016年年末	2017年年末
短期借款	4 086 000 000.00	8 071 984 146.06	6 190 000 000.00	150 000 000.00	7 860 000 000.00
应付票据及应付账款	5 356 755 724.97	5 546 787 453.84	6 641 957 959.44	7 088 881 470.13	7 469 156 278.60
流动负债	15 516 995 890.33	18 756 547 341.97	18 202 023 348.74	14 907 454 713.68	23 850 025 349.18
长期借款	289 000.00	703 974 000.00	289 000.00	289 000.00	289 000.00
非流动负债	1 047 609 722.83	1 916 196 982.60	1 283 028 592.71	1 118 930 295.55	210 512 463.74
负债	16 564 605 613.16	20 672 744 324.57	19 485 051 941.45	16 026 385 009.23	24 060 537 812.92

2013年年末至2017年年末，伊利股份的负债主要是以短期借款、应付票据及应付账款为主的流动负债。

1. 短期借款项目分析

短期借款处于波动状态，2013年年末和2014年年末短期借款增加是为满足短期流动资金周转需要、分期付息到期还本的贷款增加；2016年年末短期借款大幅度减少主要是由于归还到期的银行借款；2017年年末短期借款增加是由于采购原材料向银行借款增加。

2. 应付票据及应付账款项目分析

应付票据及应付账款在2013年年末至2017年年末持续增加，加重了伊利股份的短期偿债负担。

3. 长期借款项目分析

2014年，伊利股份的子公司香港金港商贸控股有限公司取得长期借款1.15亿美元，2015年子公司香港金港商贸控股有限公司归还了借款,其余年份,伊利公司的长期借款项目未发生借款事宜。伊利股份的短期借款、应付票据及应付账款项目变化情况如附图1-8所示。

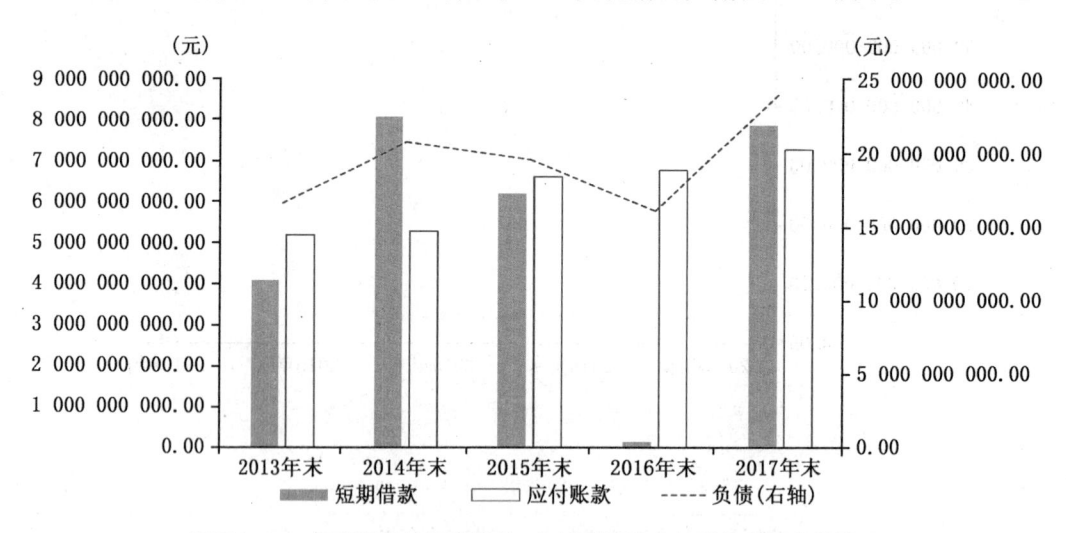

附图1-8 伊利股份的短期借款、应付票据及应付账款项目变化情况

4. 负债项目分析

2013年年末至2017年年末,伊利股份的负债处于波动趋势,2017年年末负债大幅度上涨。伊利股份的负债项目变化情况如附图1-9所示。

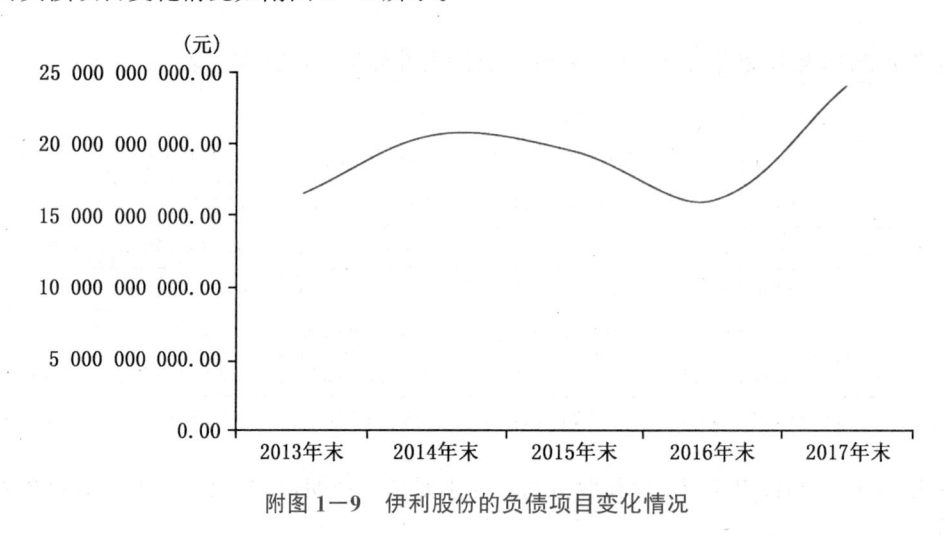

附图1-9 伊利股份的负债项目变化情况

2013年年末至2017年年末,伊利股份的资产负债率保持在0.4~0.6的理想区间,表明其财务状况一直处于良好的状态,经营收益较好,投资较安全,偿债能力较强。伊利股份的资产负债率和产权比率变化情况如附图1-10所示。

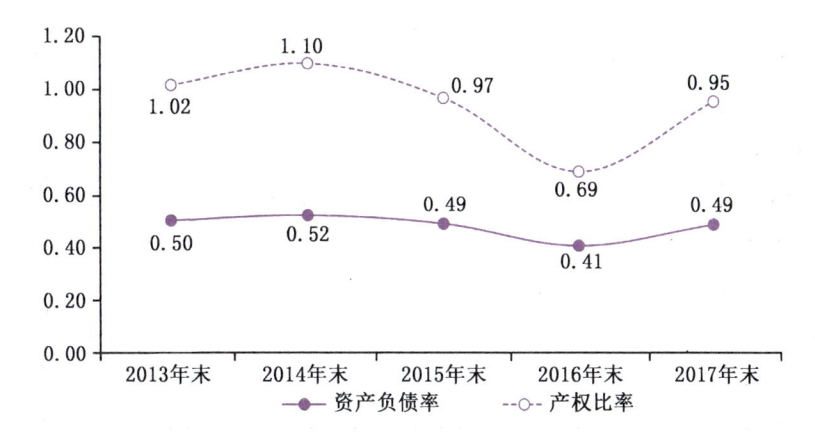

附图 1—10　伊利股份的资产负债率和产权比率变化情况

(三)所有者权益项目分析

伊利股份 2013—2017 年资产负债表部分所有者权益数据如附表 1—6 所示。

附表 1—6　伊利股份 2013 年年末至 2017 年年末资产负债表部分所有者权益数据　　单位:元

项　　目	2013 年年末	2014 年年末	2015 年年末	2016 年年末	2017 年年末
股本	2 042 914 022.00	3 064 371 033.00	6 064 800 108.00	6 064 800 108.00	6 078 492 608.00
资本公积	7 538 692 924.80	6 481 242 246.74	2 476 707 919.74	2 476 360 076.55	2 765 534 558.98
盈余公积	914 480 670.67	1 143 309 803.44	1 454 897 786.66	1 885 901 799.54	2 422 653 944.48
未分配利润	5 641 283 829.32	7 922 404 015.06	9 791 111 028.49	12 292 754 714.15	14 109 791 931.29
所有者权益	16 312 781 946.38	18 821 554 492.46	20 145 916 307.05	23 235 887 876.51	25 239 817 505.22

2012 年年末,所有者权益为 7 524 983 654.30 元。

2014 年和 2015 年,由于资本公积转增股本,导致伊利股份的股本增加、资本公积减少;2013—2017 年,伊利股份的留存收益持续增长。

以 2013 年为基期,2014—2017 年的资本积累率分别为 15.38%、23.50%、42.44%、54.72%,伊利股份的资本保持了较高的增长率,应付风险、持续发展的能力增强。

除 2016 年年末以外,伊利股份的产权比率保持在 1 左右,处于理想状态。

2013—2017 年,伊利股份的净资产收益率保持稳定,在 23%~27%,其自有资本及其积累获利水平也就处于稳定状态。

伊利股份的所有者权益项目及其构成的变化情况如附图 1—11 所示,伊利股份的净资产收益率变化情况如附图 1—12 所示。

二、结构分析

(一)资产结构

伊利股份 2013 年年末至 2017 年年末的流动资产率(见附图 1—13),可以判断伊利股份 2013 年年末至 2016 年年末流动资产率相对适中,属于适中型资产结构;2017 年年末,流动资产率为 0.61,相对较大,属于保守型资产结构。

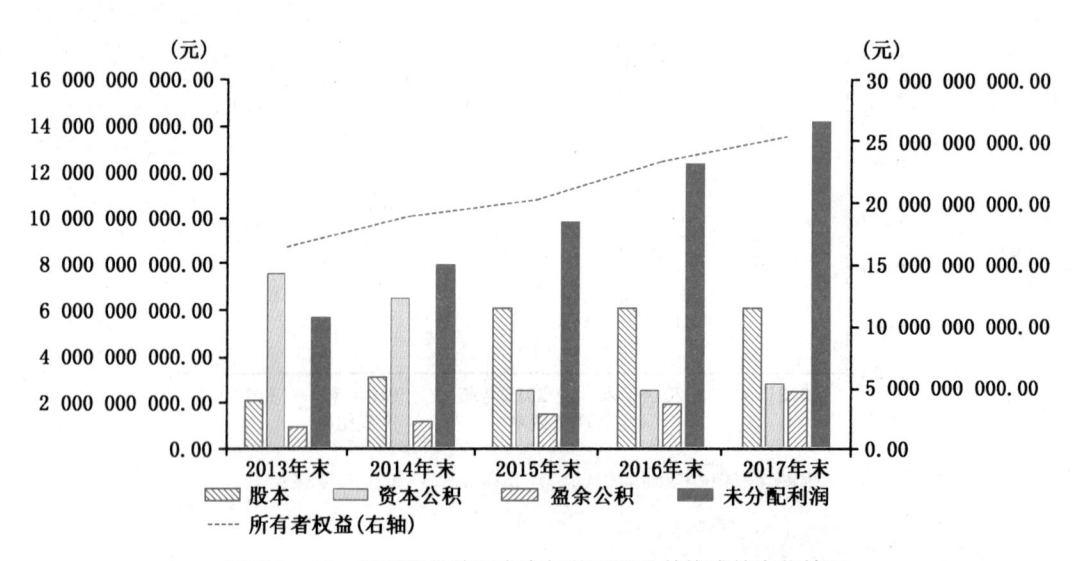

附图1—11　伊利股份的所有者权益项目及其构成的变化情况

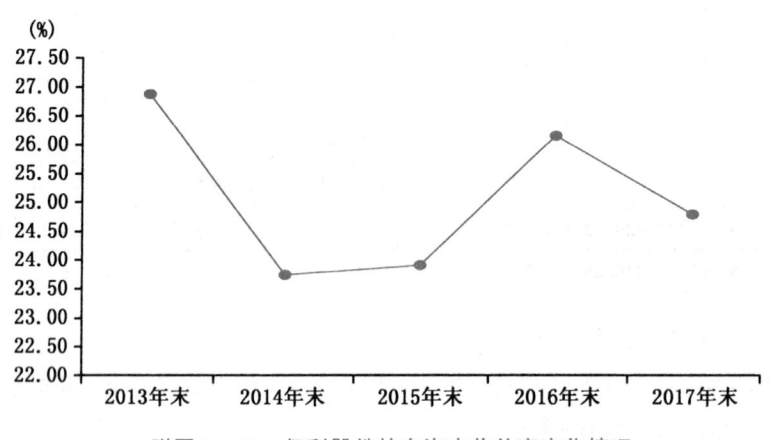

附图1—12　伊利股份的净资产收益率变化情况

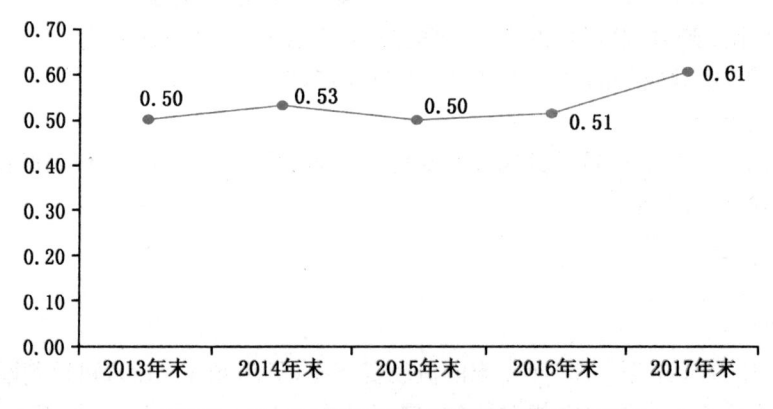

附图1—13　伊利股份的流动资产率变化情况

（二）资本结构

进一步计算伊利股份2013年年末至2017年年末的流动负债占负债和所有者权益之和的比例

(见附表1—7),可以判断伊利股份2013年年末至2015年年末属于适中型资本结构;2016年年末和2017年年末属于保守型资本结构,更多地采用权益性融资和非流动负债融资,企业短期偿债压力低,但资本成本增加。

附表1—7　　　　　　　　伊利股份2013—2017年资产负债表部分资产数据

项　目	2013年年末	2014年年末	2015年年末	2016年年末	2017年年末
流动资产率	0.50	0.53	0.50	0.51	0.61
流动负债占负债和所有者权益之和的比例	0.47	0.47	0.46	0.38	0.48

三、分析结论

通过上述分析,可以看出:(1)伊利股份货币资金持续上升,占流动资产的比例由2013年的52.67%上升至2017年的91.50%,虽然增强了短期偿债能力,但是资金闲置影响了盈利;应付账款逐年增加,除2016年,负债与所有者权益的比率基本稳定,是较为理想的产权比率状态;资产负债率基本稳定(0.40~0.52)。(2)应收账款周转率持续下降,说明伊利股份应收账款资金的回收速度减慢;存货周转率和固定资产周转率先下降后上升,说明伊利股份通过提升对存货和固定资产的管理水平,改善了其利用效率;总资产周转率基本稳定。

案例2　对万科A(000002)2013—2017年的利润表进行分析

根据万科A 2013—2017年度财务报告披露的资产负债表数据和利润表数据,编制附表2—1和附表2—2。

附表2—1　　　　　万科A　2013—2017年末资产负债表部分数据　　　　　单位:元

项　目	2012年	2013年	2014年	2015年	2016年	2017年
应收账款	1 886 548 523.49	3 078 969 781.37	1 894 071 801.08	2 510 653 269.96	2 075 256 823.79	1 432 734 013.84
存货	255 164 112 985.07	331 133 223 278.99	317 726 378 468.22	368 121 930 513.33	467 361 336 133.57	598 087 657 618.33
资产	378 801 615 075.37	479 205 323 490.43	508 408 755 415.65	611 295 567 689.29	830 674 213 924.14	1 165 346 917 804.55
所有者权益	82 138 194 988.10	105 439 423 398.63	115 893 616 919.97	136 309 617 321.02	161 676 571 281.00	186 673 939 158.29

附表2—2　　　　　万科A　2013—2017年度利润表部分数据　　　　　单位:元

项　目	2013年	2014年	2015年	2016年	2017年
营业收入	135 418 791 080.35	146 388 004 498.44	195 549 130 020.90	240 477 236 923.34	242 897 110 250.52
营业成本	92 797 650 762.81	102 557 063 731.11	138 150 628 676.24	169 742 403 431.77	160 079 915 903.43
税金及附加	11 544 998 138.82	13 166 745 863.90	17 980 426 847.11	21 978 754 590.73	19 722 230 687.35
销售费用	3 864 713 570.44	4 521 889 478.29	4 138 273 594.93	5 160 715 903.60	6 261 981 320.76
管理费用	3 002 837 563.15	3 902 617 687.02	4 745 249 792.81	6 800 561 936.62	8 865 714 082.09
财务费用	891 715 053.49	640 839 545.38	477 735 809.60	1 592 067 967.14	2 075 256 781.28
资产减值损失	60 153 366.60	789 764 570.45	495 946 081.38	1 192 790 158.00	1 318 741 210.19
公允价值变动损益	−572 042.22	11 013 281.97	0	0	0
投资收益	1 005 187 804.32	4 159 261 963.52	3 561 908 083.68	5 013 835 862.38	6 244 561 688.39
营业利润	24 261 338 387.14	24 979 358 867.78	33 122 777 302.51	39 021 784 520.23	50 812 916 408.40

续表

项　目	2013 年	2014 年	2015 年	2016 年	2017 年
营业外收入	118 969 557.11	351 866 385.65	855 431 507.24	396 761 212.13	723 287 994.91
营业外支出	89 296 694.95	78 862 019.94	175 591 190.65	164 934 006.08	394 251 737.90
利润总额	24 291 011 249.30	25 252 363 233.49	33 802 617 619.10	39 253 611 726.28	51 141 952 665.41
所得税费用	5 993 461 378.06	5 964 839 205.41	7 853 179 592.79	10 903 356 245.62	13 933 565 335.34
净利润	18 297 549 871.24	19 287 524 028.08	25 949 438 026.31	28 350 255 480.66	37 208 387 330.07
每股收益(基本)	1.37	1.43	1.64	1.90	2.54

2012 年,万科 A 的营业收入为 103 116 245 136.42 元(基期)。

一、项目分析

(一)营业收入项目分析

通过对万科 A 2013—2017 年营业收入的分析,可知其近 5 年来营业收入稳定增长,发展势态良好,主营业务收入占比保持在 99% 左右。万科 A 2013—2017 年营业收入变化情况分析如附表 2—3 所示。

附表 2—3　　　　万科 A　2013—2017 年营业收入变化情况分析　　　　金额单位:元

项　目	2013 年	2014 年	2015 年	2016 年	2017 年
主营业务收入	134 258 894 520.12	145 518 104 529.79	193 183 219 650.42	238 400 547 992.11	240 139 648 827.89
营业收入	135 418 791 080.35	146 388 004 498.44	195 549 130 020.90	240 477 236 923.34	242 897 110 250.52
营业收入定基增长率	31.33%	41.96%	89.64%	133.21%	135.56%
营业收入环比增长率	31.33%	8.10%	33.58%	22.98%	1.01%

2013—2017 年,万科 A 的应收账款周转速度越来越快,应收账款的管理水平提高,提高了应收账款资金的利用效率。万科 A 的应收账款周转率变化情况(2013—2017 年)如附图 2—1 所示。

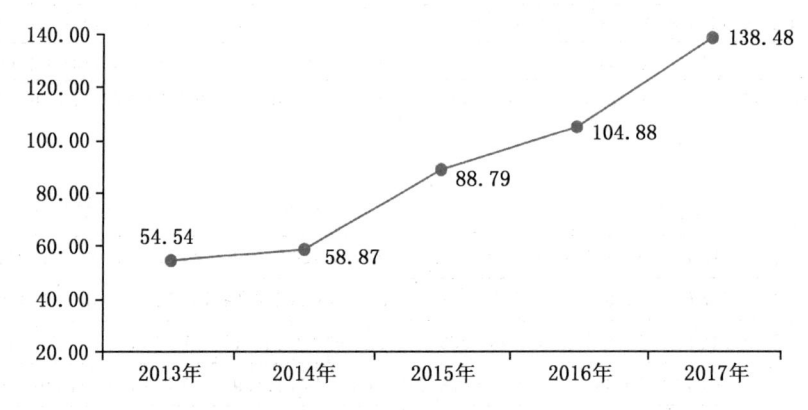

附图 2—1　万科 A 的应收账款周转率变化情况(2013—2017 年)

(二)营业成本项目分析

2013—2015 年,万科 A 的营业毛利率保持在 29% 以上,公司获利能力强。2013—2015 年,万科 A 的营业成本逐年递增,且增长速度快于营业收入的增长速度,导致营业毛利率持续下降;2016 年,万科 A 的营业成本增速放缓,接近于营业收入的增长速度;2017 年,其增长速度开始低于营业收入的增长速度,促使营业毛利率大幅度提升,成为5年来最高水平,表明万科A通过经营活动获得利润的能力进一步加强。万科A的营业毛利率变化情况(2013—2017年)如附图2－2所示。

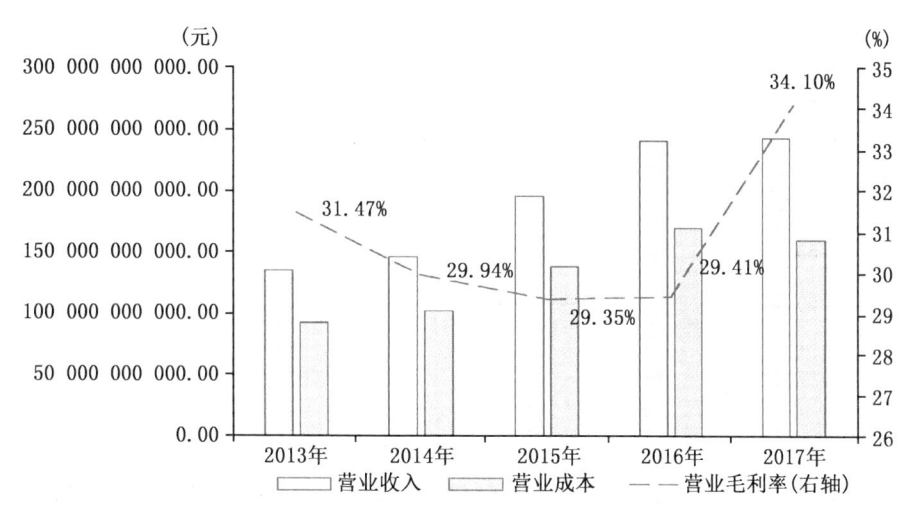

附图2－2 万科A的营业毛利率变化情况(2013—2017年)

(三)期间费用项目分析

2013—2017年,三项期间费用占营业收入的比重保持在4%～7%。在万科A的期间费用中,2013年和2014年,销售费用占比最高;2015—2017年,管理费用逐渐攀升,超过了销售费用;2013—2017年,财务费用占营业收入的比重一直维持在1%以下。万科A的期间费用占比变化情况(2013—2017年)如附图2－3所示。

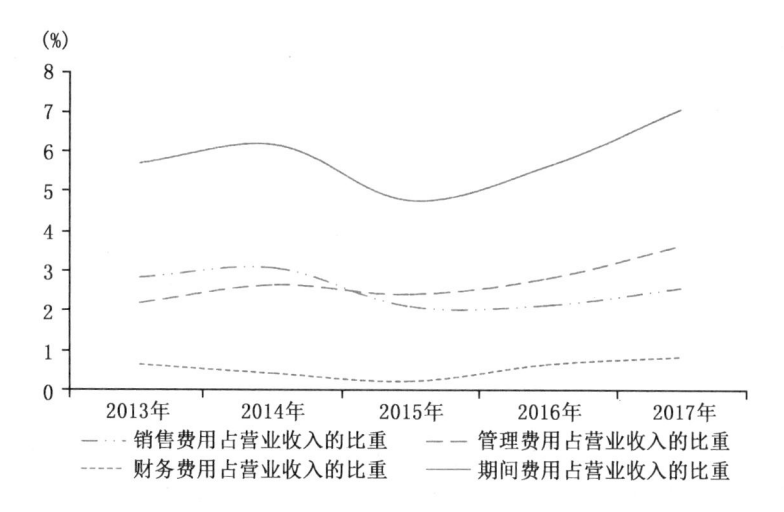

附图2－3 万科A的期间费用占比变化情况(2013—2017年)

(四)投资收益项目分析

2013—2017年,投资收益在万科A的营业收入中所占比重保持在3%以内,占营业收入的比重较小。这进一步说明万科A的收入主要来源于主营业务收入,营业利润持续稳定。万科A的投资收益占比变化情况(2013—2017年)如附图2－4所示。

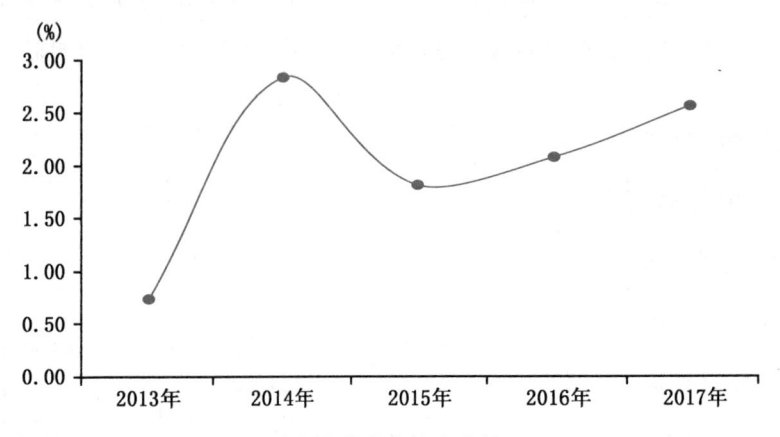

附图 2-4　万科 A 的投资收益占比变化情况(2013—2017 年)

(五)营业利润项目分析

2013—2016 年,万科 A 的营业利润率保持在 16%～18%,比较稳定;2017 年,营业利润率提高至 21%左右,说明其盈利能力进一步增强,根据上述分析,主要是由于营业毛利提高所致。万科 A 的营业利润率变化情况(2013—2017 年)如附图 2-5 所示。

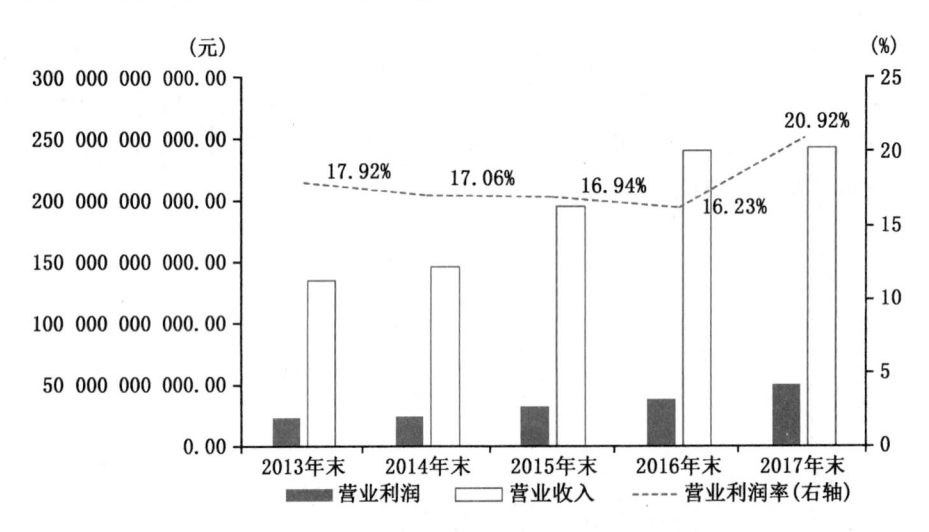

附图 2-5　万科 A 的营业利润率变化情况(2013—2017 年)

(六)非经常性损益项目分析

2013—2017 年,万科 A 的营业外收支净额占营业收入的比重一直维持在 0.5%以内,对利润总额的影响非常小。万科 A 的非经常性损益占比变化情况(2013—2017 年)如附图 2-6 所示。

(七)净利润项目分析

2013—2017 年,万科 A 的营业收入和净利润持续增长,营业净利率保持在 11%～16%。万科 A 2013—2017 年营业收入变化情况分析如附表 2-4 所示,金地集团 2013—2017 年营业收入变化情况分析如附表 2-5 所示。

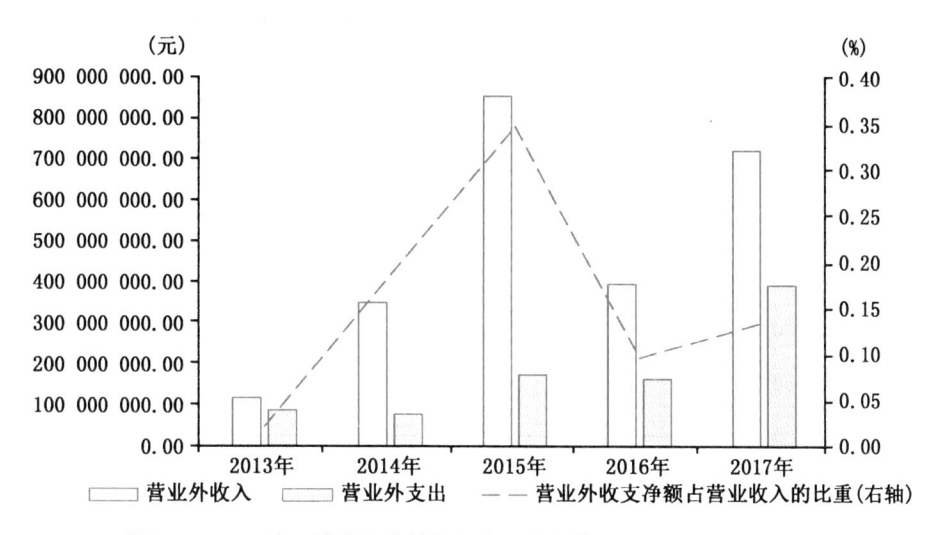

附图 2—6　万科 A 的非经常性损益占比变化情况(2013—2017 年)

附表 2—4　　　　　　　　　　万科 A 2013—2017 年营业收入变化情况分析　　　　　　　金额单位：元

项　目	2012 年	2013 年	2014 年	2015 年	2016 年	2017 年
营业收入	103 116 245 136.42	135 418 791 080.35	146 388 004 498.44	195 549 130 020.90	240 477 236 923.34	242 897 110 250.52
净利润	15 662 588 423.06	18 297 549 871.24	19 287 524 028.08	25 949 438 026.31	28 350 255 480.66	37 208 387 330.07
营业净利率		13.51%	13.18%	13.27%	11.79%	15.32%

附表 2—5　　　　　　　　　　金地集团 2013—2017 年营业收入变化情况分析　　　　　　　金额单位：元

项　目	2013 年	2014 年	2015 年	2016 年	2017 年
营业收入	34 835 841 295.08	45 636 377 981.63	32 733 267 202.88	55 329 480 540.77	37 332 209 455.65
净利润	4 510 178 223.98	4 963 989 320.77	4 843 316 919.69	8 575 850 093.60	9 477 296 931.20
营业净利率	12.95%	10.88%	14.80%	15.50%	25.39%
每股收益(基本)	0.81	0.89	0.71	1.40	1.52

从附图 2—7 可以看出，2013 年，万科 A 和金地集团的营业净利率基本相同，万科 A 在 2014 年暂时领先金地集团后，2015—2017 年一直低于金地集团，而且两者差距越来越大。

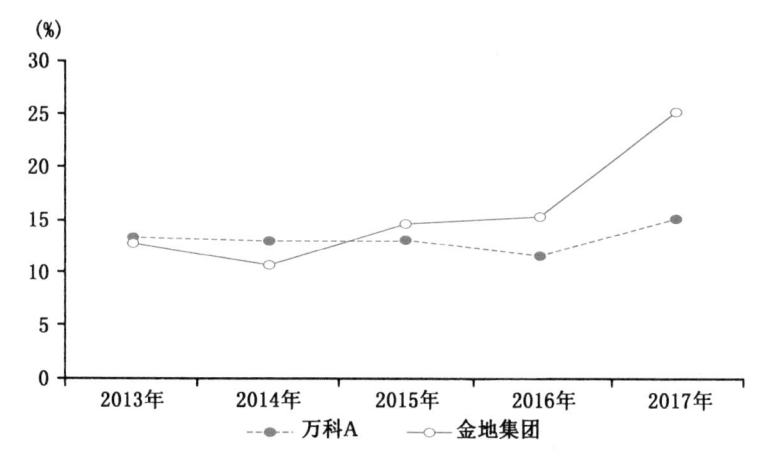

附图 2—7　万科 A 和金地集团的营业净利率变化情况(2013—2017 年)

从附图 2—8 可以看出，2013—2017 年，万科 A 的净利润增长率远远高于金地集团，万科 A 的发展能力更强。

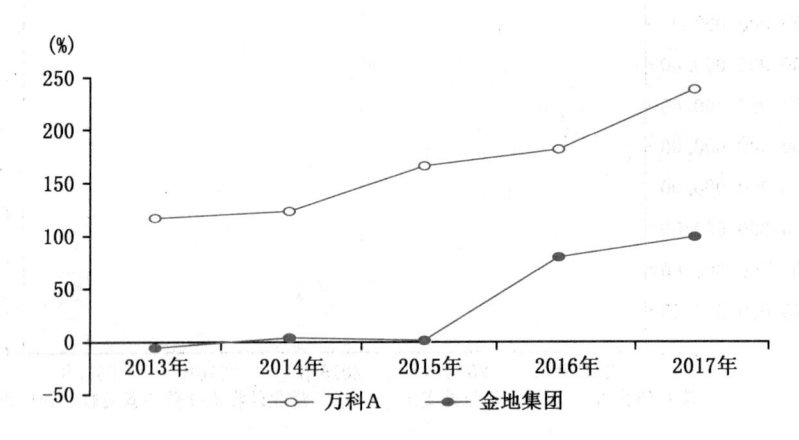

附图 2—8　万科 A 和金地集团的净利润增长率变化情况（2013—2017 年）

（八）每股收益项目分析

2013—2017 年，万科 A 的每股收益均高于金地集团，两家公司的每股收益持续稳定上升，说明其盈利能力稳步提高，都给投资者带来了更多利润。万科 A 和金地集团的每股收益变化情况（2013—2017 年）如附图 2—9 所示。

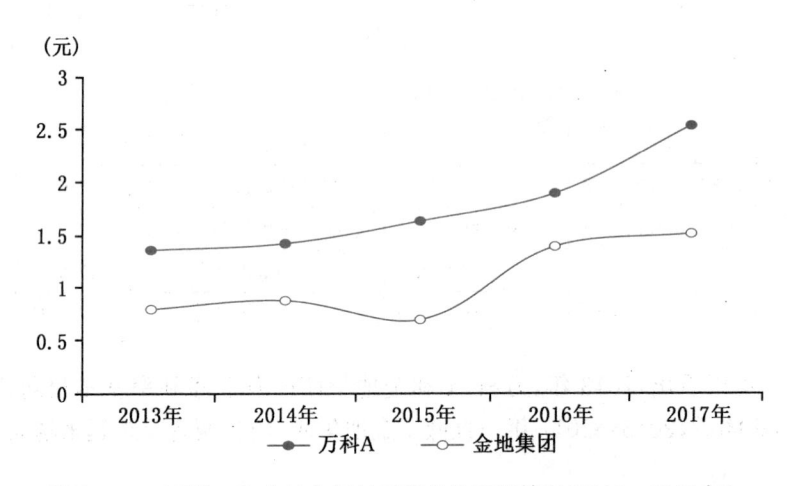

附图 2—9　万科 A 和金地集团的每股收益变化情况（2013—2017 年）

二、结构分析

2013—2017 年，万科 A 的利润都来源于营业利润，营业外收支项目仅占很小比例，说明其盈利模式为正常的生产经营；投资收益所占比重较低，万科 A 完全靠自身主营业务来赚取利润，说明其在资金结构方面有待完善。万科 A 2013—2017 年利润表结构分析如附表 2—6 所示。

附表 2—6　万科 A 2013—2017 年利润表结构分析

项　目	2013 年	2014 年	2015 年	2016 年	2017 年
一、营业收入	100.00%	100.00%	100.00%	100.00%	100.00%

续表

项　目	2013年	2014年	2015年	2016年	2017年
减:营业成本	68.53%	70.06%	70.65%	70.59%	65.90%
税金及附加	8.53%	8.99%	9.19%	9.14%	8.12%
销售费用	2.85%	3.09%	2.12%	2.15%	2.58%
管理费用	2.22%	2.67%	2.43%	2.83%	3.65%
财务费用	0.66%	0.44%	0.24%	0.66%	0.85%
资产减值损失	0.04%	0.54%	0.25%	0.50%	0.54%
加:投资收益	0.74%	2.84%	1.82%	2.08%	2.57%
公允价值变动收益	0.00%	0.01%	0.00%	0.00%	0.00%
二、营业利润	17.92%	17.06%	16.94%	16.23%	20.92%
加:营业外收入	0.09%	0.24%	0.44%	0.16%	0.30%
减:营业外支出	0.07%	0.05%	0.09%	0.07%	0.16%
三、利润总额	17.94%	17.25%	17.29%	16.32%	21.05%
减:所得税费用	4.43%	4.07%	4.02%	4.53%	5.74%
四、净利润	13.51%	13.18%	13.27%	11.79%	15.32%

三、分析结论

通过以上分析可知,万科A的净利润规模大,自身经营活动取得的收入对营业利润的贡献度高。2013—2017年,营业收入的增长速度从慢于营业成本增长速度,到接近甚至超过营业成本的增长速度,其营业毛利逐渐增多;非经常性损益和投资活动对企业利润总额影响不大。营业收入和净利润的持续上涨也表明,万科A具有良好的盈利能力和发展能力。

案例3　对青岛啤酒(600600)2013—2017年的现金流量表进行分析

根据青岛啤酒2013—2017年度财务报告的披露,2013—2017年其经营活动现金流量为正、投资活动和筹资活动现金流量为负,青岛啤酒处于企业发展的成长—成熟期。青岛啤酒(600600)2013—2017年度现金流量表部分数据如附表3—1所示,2013—2017年度利润表部分数据如附表3—2所示,2103—2017年年末资产负债表部分数据如附表3—3所示。

附表3—1　　　　青岛啤酒(600600)2013—2017年度现金流量表部分数据　　　　单位:元

项　目	2013年	2014年	2015年	2016年	2017年
一、经营活动产生的现金流量					
销售商品、提供劳务收到的现金	31 282 494 614	31 459 967 418	30 171 388 322	29 277 078 222	29 619 137 633
收到的税费返还	4 477 949	21 808 028	10 028 669	22 808 497	28 168 984
收到其他与经营活动有关的现金	1 437 886 260	1 345 835 790	1 124 581 635	987 213 785	797 306 873
经营活动现金流入小计	32 724 858 823	32 827 611 236	31 305 998 626	30 287 100 504	30 444 613 490
购买商品、接受劳务支付的现金	−16 357 520 202	−17 472 501 614	−15 852 126 090	−13 915 236 142	−14 533 056 958

续表

项 目	2013 年	2014 年	2015 年	2016 年	2017 年
支付给职工以及为职工支付的现金	−3 374 053 943	−3 815 094 456	−4 031 145 871	−4 290 094 173	−4 326 577 423
支付的各项税费	−5 541 350 802	−5 453 353 430	−4 920 972 297	−5 261 199 825	−5 283 400 828
支付其他与经营活动有关的现金	−4 050 782 713	−4 396 027 395	−3 927 188 608	−3 849 679 160	−4 078 042 406
经营活动现金流出小计	−29 323 707 660	−31 136 976 895	−28 731 432 866	−27 316 209 300	−28 221 077 615
经营活动产生的现金流量净额	3 401 151 163	1 690 634 341	2 574 565 760	2 970 891 204	2 223 535 875
二、投资活动产生的现金流量					
收回投资收到的现金	39 650 000	—	900 000 000	2 970 467 515	1 940 908 642
取得投资收益所收到的现金	50 645 699	15 289 709	44 952 014	45 045 052	61 725 468
处置固定资产、无形资产和其他长期资产收回的现金净额	11 628 307	6 002 096	43 670 333	26 868 010	8 522 201
处置子公司收到的现金净额	—	—	459 983 058		
收到其他与投资活动有关的现金	865 865 627	1 026 457 967	964 583 967	607 457 479	499 925 339
投资活动现金流入小计	967 789 633	1 047 749 772	2 413 189 372	3 649 838 056	2 511 081 650
购建固定资产、无形资产和其他长期资产支付的现金	−2 036 229 867	−1 948 865 815	−1 314 449 614	−855 872 099	−888 193 622
投资支付的现金	−23 327	−246 469 400	−1 211 507 900	−3 259 900 000	−2 010 900 000
取得子公司及其他营业单位支付的现金净额	—	−175 271 123	−100 000 000	−572 059 978	−31 185 226
支付其他与投资活动有关的现金	−427 461 788	−36 649 251	−23 941 227	−126 021 221	−84 472 730
投资活动现金流出小计	−2 463 714 982	−2 407 255 589	−2 649 898 741	−4 813 853 298	−3 014 751 578
投资活动产生的现金流量净额	−1 495 925 349	−1 359 505 817	−236 709 369	−1 164 015 242	−503 669 928
三、筹资活动产生的现金流量					
吸收投资收到的现金	10 000 000	335 339 524	685 688 711	—	2 400 000
取得借款收到的现金	38 092 485	—	304 095 000	46 000 000	329 285 200
筹资活动现金流入小计	48 092 485	335 339 524	989 783 711	46 000 000	331 685 200
偿还债务支付的现金	−207 780 250	−1 812 821 735	−328 662 415	−918 538 871	−329 675 200
分配股利、利润或偿付利息支付的现金	−618 020 864	−685 519 373	−690 740 856	−597 303 929	−534 730 832
支付其他与筹资活动有关的现金	−6 751	−291 796 055	−1 058 358	−578 521	−452 564
筹资活动现金流出小计	−825 807 865	−2 790 137 163	−1 020 461 629	−1 516 421 321	−864 858 596
筹资活动产生的现金流量净额	−777 715 380	−2 454 797 639	−30 677 918	−1 470 421 321	−533 173 396
四、汇率变动对现金及现金等价物的影响	−1 790 048	−4 845 769	1 805 946	17 644 207	−14 256 695
五、现金及现金等价物净增加额	1 125 720 386	−2 128 514 884	2 308 984 419	354 098 848	1 172 435 856
加：年初现金及现金等价物余额	6 269 184 262	7 394 904 648	5 266 389 764	7 575 374 183	7 929 473 031
六、年末现金及现金等价物余额	7 394 904 648	5 266 389 764	7 575 374 183	7 929 473 031	9 101 908 887

附表 3—2　　青岛啤酒（600600）2013—2017 年度利润表部分数据　　单位：元

项 目	2013 年	2014 年	2015 年	2016 年	2017 年
营业收入	28 290 978 428	29 049 321 166	27 634 686 040	26 106 343 738	26 277 051 684
投资收益	229 225 467	23 959 509	462 412 814	150 969 732	57 988 170
净利润	1 974 923 793	2 019 532 067	1 612 043 514	1 105 698 452	1 382 255 641

附表 3-3　　青岛啤酒(600600)2013-2017 年年末资产负债表部分数据　　单位:元

项目	2012 年	2013 年	2014 年	2015 年	2016 年	2017 年
资产	23 661 105 585	27 364 866 537	27 003 913 126	28 500 590 128	30 077 158 487	30 974 711 779
流动负债		11 113 753 508	9 228 272 134	9 752 988 721	10 284 786 039	10 452 233 305

一、项目分析

(一)经营活动现金流量项目

2013—2017 年,销售商品、提供劳务收到的现金是青岛啤酒经营活动现金流入的主要组成部分,占比保持在 95.5% 以上,并呈现出上升趋势,销售商品、提供劳务所收到的现金金额高于营业收入金额,说明青岛啤酒回款较好;购买商品、接受劳务支付的现金占经营活动现金流出的比重保持在 50% 以上,是经营活动现金流出的主要组成部分。青岛啤酒的销售商品、提供劳务收到的现金变化情况(2013—2017 年)如附图 3-1 所示,青岛啤酒的购买商品、接受劳务支付的现金变化情况(2013—2017 年)如附图 3-2 所示。

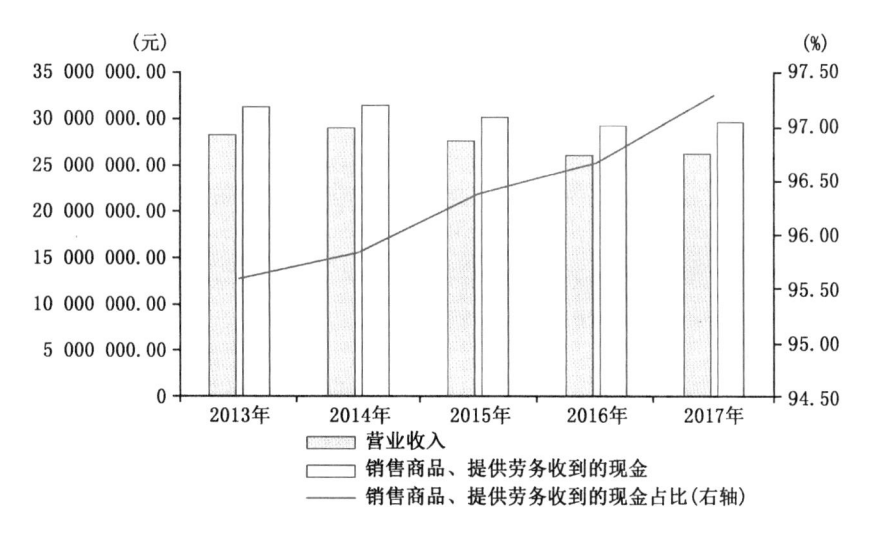

附图 3-1　青岛啤酒的销售商品、提供劳务收到的现金变化情况(2013—2017 年)

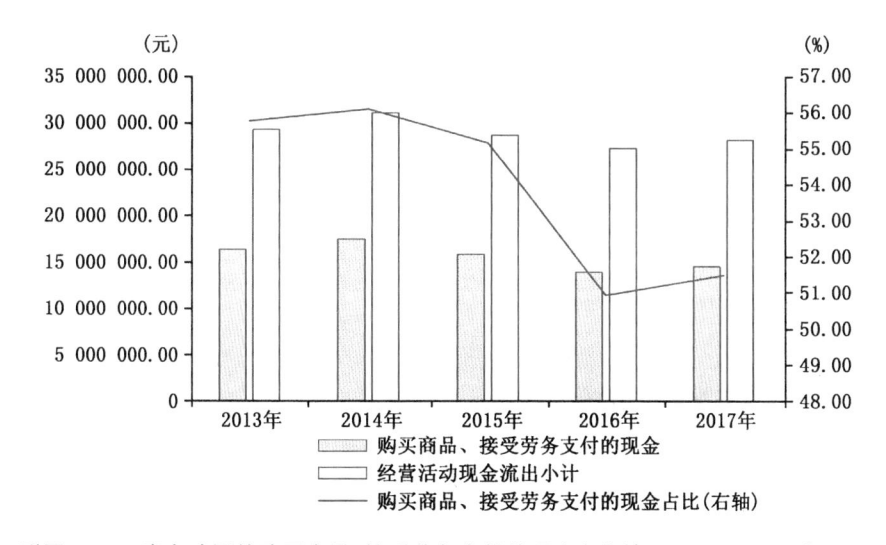

附图 3-2　青岛啤酒的购买商品、接受劳务支付的现金变化情况(2013—2017 年)

除 2014 年,青岛啤酒经营活动现金净流量与净利润的比率均大于 1,说明青岛啤酒不仅收回了当期的全部销售收入,而且收回了前期的部分应收账款,同时说明其销售收入实现后所增加的资产转换现金速度快、质量高;2013—2017 年,青岛啤酒经营活动现金净流量与资产平均余额的比率保持在 6%～13.50%,资产运营效率偏低且比较稳定;除 2014 年外,青岛啤酒的现金流量比率均在 20%以上,经营活动产生的现金净流量支付流动负债的可能性大,偿还短期债务的能力较强且稳定。青岛啤酒的经营活动现金净流量与净利润、资产平均余额、流动负债的比率变化情况(2013—2017 年)如附图 3—3 所示。

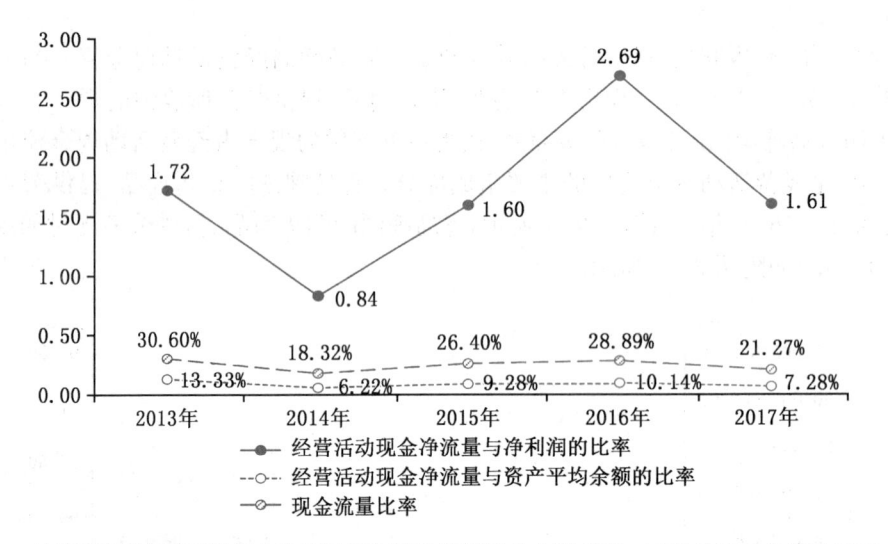

附图 3—3　青岛啤酒的经营活动现金净流量与净利润、资产平均余额、流动负债的比率变化情况(2013—2017 年)

(二)投资活动现金流量项目

2013—2017 年,购建固定资产、无形资产和其他长期资产支付的现金是投资活动的主要资金流出,但是呈现出逐年减少的趋势,即青岛啤酒对生产经营的投资减少。

2013—2016 年,青岛啤酒收回投资收到的现金增多的同时,投资支付的现金也在增多并超过了收回投资收到的现金;2017 年,两者都有所下降。青岛啤酒购建固定资产、无形资产和其他长期资产支付的现金变化情况(2013—2017 年)如附图 3—4 所示,青岛啤酒收回投资收到的现金和投资支付的现金变化情况(2013—2017 年)如附图 3—5 所示。

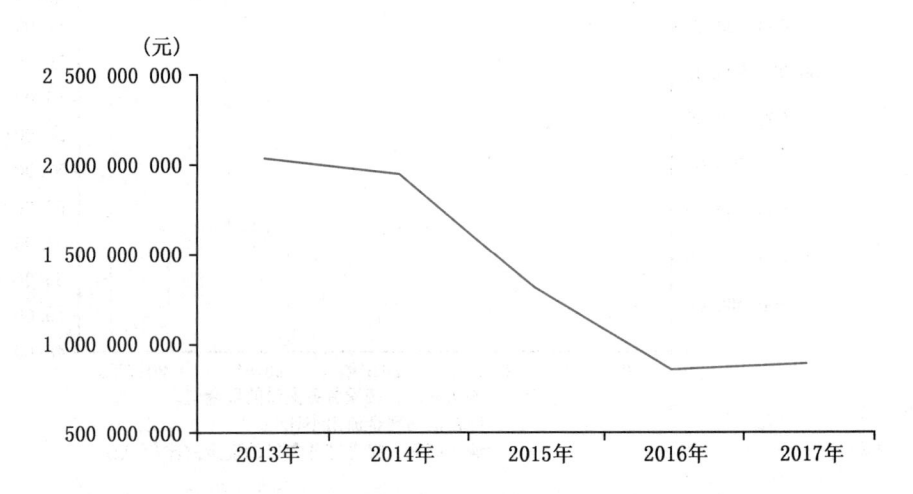

附图 3—4　青岛啤酒购建固定资产、无形资产和其他长期资产支付的现金变化情况(2013—2017 年)

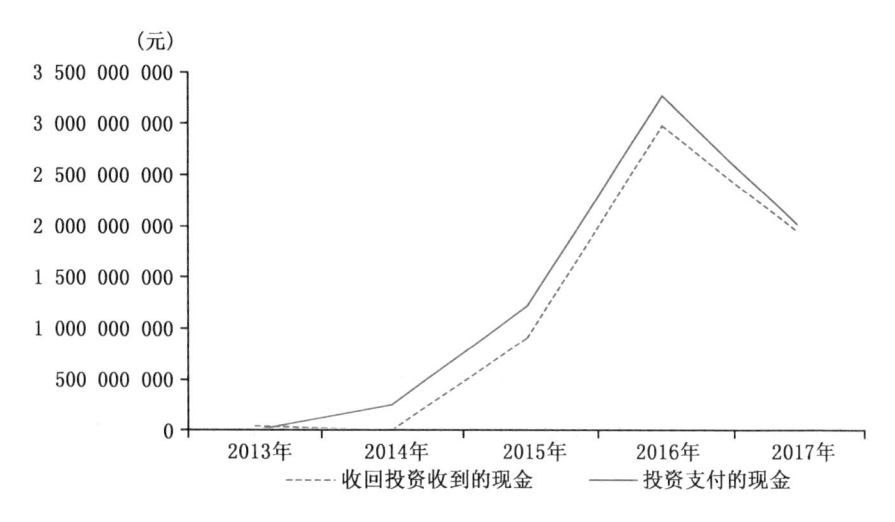

附图3—5　青岛啤酒收回投资收到的现金和投资支付的现金变化情况（2013—2017年）

除2015年外，青岛啤酒投资活动现金净流量与投资收益的比率都比较高，说明其实现的投资收益所带来的现金净流量多，投资收益的质量高；2014年，青岛啤酒处置可供出售金融资产产生投资损失（处置宝鸡红狼啤酒有限责任公司股权确认投资损失299 999元；处置华夏证券有限公司的投资确认投资损失700 000元）导致投资收益数额减少，该比率快速提升；2015年，青岛啤酒处置子公司产生较大金额的投资收益，导致该比率偏低。2016年和2017年，该比率保持在7~9。青岛啤酒投资活动现金净流量与投资收益的比率变化情况（2013—2017年）如附图3—6所示。

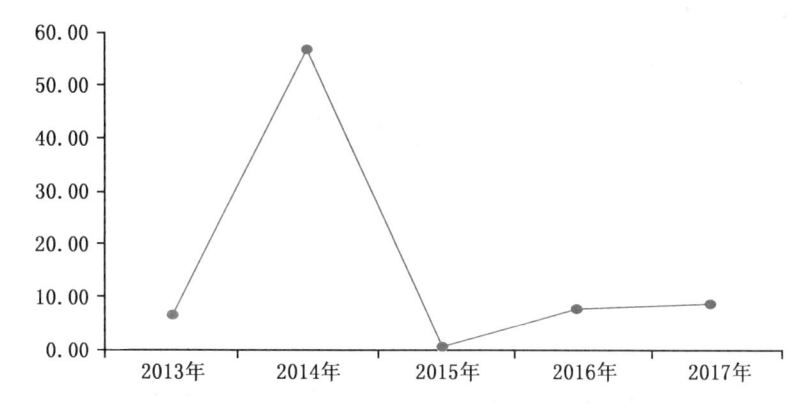

附图3—6　青岛啤酒投资活动现金净流量与投资收益的比率变化情况（2013—2017年）

（三）筹资活动现金流量项目

2014年和2015年，青岛啤酒筹资活动产生的现金流入主要为吸收投资收到的现金；2016年和2017年，筹资活动产生的现金流入主要是取得借款收到的现金。青岛啤酒吸收投资收到的现金和取得借款收到的现金变化情况（2013—2017年）如附图3—7所示。

（四）年末现金及现金等价物余额

青岛啤酒除2014年现金及现金等价物余额偏低以外，其余年份都保持在70亿元以上，2017年更升至90亿元，说明青岛啤酒现金流充足，其经营状态良好。青岛啤酒的现金及现金等价物余额（2013—2017年）如附图3—8所示。

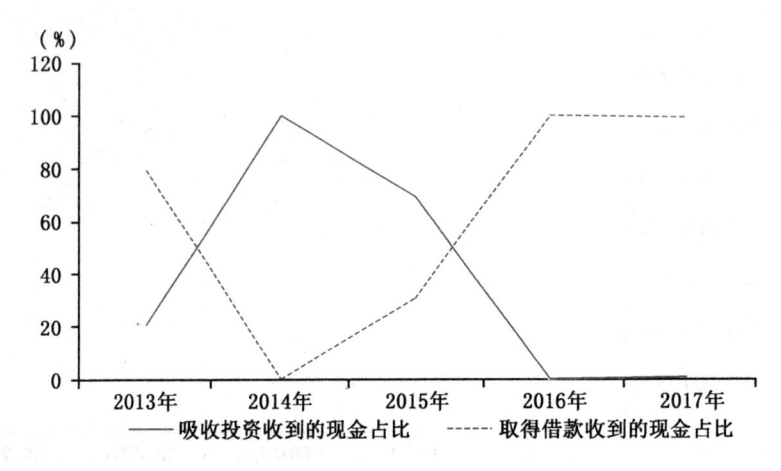

附图 3—7　青岛啤酒吸收投资收到的现金和取得借款收到的现金变化情况（2013—2017 年）

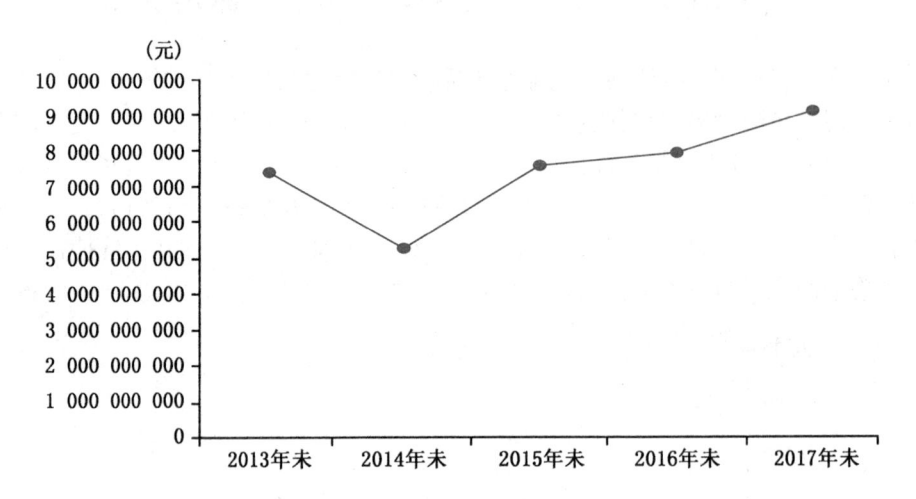

附图 3—8　青岛啤酒的现金及现金等价物余额（2013—2017 年）

二、结构分析

（一）现金流入结构分析

2013—2017 年，青岛啤酒现金流入总量保持在 330 亿元至 350 亿元，约 90% 是经营活动所得现金，投资活动所得现金和筹资活动所得现金约占 10%，且投资活动所得现金高于筹资活动所得现金。青岛啤酒的现金流入构成及其占比（2013—2017 年）如附图 3—9 所示。

（二）现金流出结构分析

2013—2017 年，青岛啤酒现金流出总量保持在 320 亿元～370 亿元，除 2016 年外，90% 左右是经营活动现金流出，投资活动和筹资活动现金流出约占 10%，且投资活动现金流出高于筹资活动现金流出。青岛啤酒的现金流出构成及其占比（2013—2017 年）如附图 3—10 所示。

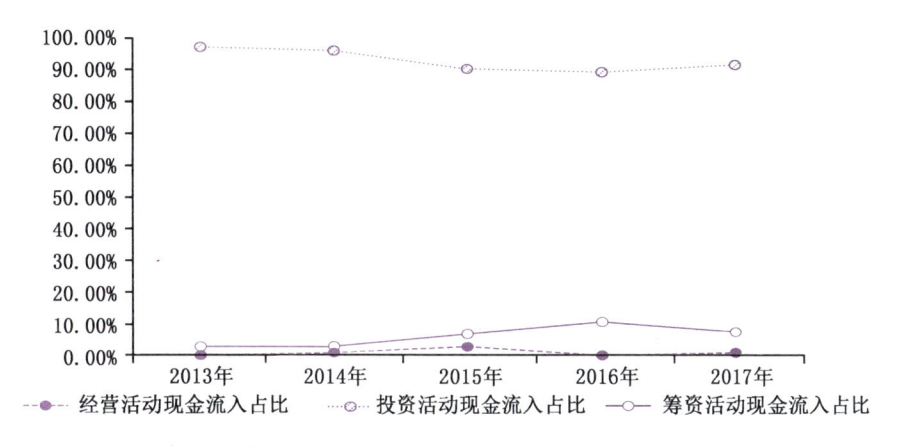

附图 3—9 青岛啤酒的现金流入构成及其占比(2013—2017 年)

附图 3—10 青岛啤酒的现金流出构成及其占比(2013—2017 年)

三、分析结论

2013—2017 年,青岛啤酒处于成长—成熟期,经营活动产生的现金流量净额为正数但不稳定,经营活动产生的现金流可以支撑其投资活动。总体而言,青岛啤酒的资金回收较快,应收账款较少;资产运营效率比较稳定但偏低;现金流动性比较好,偿还短期债务的能力较强;投资收益质量比较高。

2013—2017 年,青岛啤酒维持运行、支撑公司发展所需要的现金主要来自经营活动所得,流出主要用于经营活动费用,公司财务状况良好。

案例 4 对宝钢股份(600019)和韶钢松山(000717) 2013—2017 年的偿债能力进行分析

一、数据收集

根据宝钢股份和韶钢松山 2013—2017 年度财务报告的披露,收集偿债能力分析使用的数据(见附表 4—1 至附表 4—4)。

附表 4—1　　宝钢股份 2013 年 12 月 31 日至 2017 年 12 月 31 日资产负债表的部分数据　　单位:元

报表日期	2013年12月31日	2014年12月31日	2015年12月31日	2016年12月31日	2017年12月31日
货币资金	12 881 234 298.49	12 103 757 440.88	7 816 943 116.11	14 024 805 944.83	17 857 363 941.27
交易性金融资产	28 738 843.94	180 636 573.51	872 874 998.19	1 122 863 784.67	1 726 166 623.63
存货	31 086 740 188.46	26 815 100 722.39	23 515 760 734.54	49 581 451 453.12	39 488 037 616.60
流动资产	78 056 498 746.13	74 386 003 353.56	69 902 983 727.88	136 763 120 165.97	133 292 610 487.90
资产	226 668 339 828.21	228 652 514 012.36	234 123 146 953.29	359 067 747 173.89	350 234 632 615.17
流动负债	94 634 049 029.29	89 254 267 290.98	91 859 836 148.11	170 306 487 279.36	163 206 639 363.92
负债	106 602 408 986.40	104 447 687 865.65	111 976 722 031.95	198 815 476 289.68	175 762 228 075.96
所有者权益	120 065 930 841.81	124 204 826 146.71	122 146 424 921.34	160 252 270 884.21	174 472 404 539.21

附表 4—2　　宝钢股份 2013—2017 年度利润表和现金流量表的部分数据　　单位:元

报表日期	2013 年	2014 年	2015 年	2016 年	2017 年
利润总额	8 009 761 350.56	8 277 773 752.93	1 854 130 729.18	11 888 934 371.01	24 035 130 135.61
经营活动现金流量净额	12 090 476 634.05	28 280 465 939.43	21 176 796 444.06	22 403 256 147.01	33 077 273 594.37
利息费用	1 934 908 998.15	2 233 424 658.23	2 552 104 559.20	4 880 444 667.52	3 766 659 987.55
在建工程利息资本化金额	183 548 635.86	410 630 330.30	672 929 742.76	441 381 939.39	66 213 024.89
财务费用利息支出	1 751 360 362.29	1 822 794 327.93	1 879 174 816.44	4 439 062 728.13	3 700 446 962.66

附表 4—3　　韶钢松山 2013 年 12 月 31 日至 2017 年 12 月 31 日资产负债表的部分数据　　单位:元

报表日期	2013年12月31日	2014年12月31日	2015年12月31日	2016年12月31日	2017年12月31日
货币资金	600 946 660.62	697 266 082.11	735 474 288.73	1 149 378 878.80	1 088 552 601.43
交易性金融资产			6 626 040.72	52 303 481.54	
存货	3 726 231 480.97	1 705 098 537.06	1 083 585 860.46	1 926 116 624.09	2 021 016 094.31
流动资产	6 765 903 656.79	4 222 837 468.49	2 784 925 695.25	4 222 413 098.37	4 405 144 539.95
资产	21 647 076 784.50	18 570 377 652.41	16 560 307 759.30	14 975 555 659.66	14 415 379 972.51
流动负债	16 571 207 019.31	14 271 162 505.31	14 436 871 847.57	13 797 160 325.86	11 169 222 407.29
负债	17 300 113 680.37	15 633 491 224.08	16 205 409 015.57	14 517 064 076.37	11 442 818 086.08
所有者权益	4 346 963 104.13	2 936 886 428.33	354 898 743.73	458 491 583.29	2 972 561 886.43

附表 4—4　　韶钢松山 2013—2017 年度利润表和现金流量表的部分数据　　单位:元

报表日期	2013 年	2014 年	2015 年	2016 年	2017 年
利润总额	136 236 724.77	−1 384 703 111.89	−2 507 572 621.01	101 427 310.05	2 516 547 383.11
经营活动现金流量净额	1 590 420 595.26	2 047 132 281.21	495 643 819.37	431 821 677.84	3 508 058 256.95
利息费用	615 912 888.54	555 608 082.78	492 075 200.48	337 159 933.18	438 707 660.25
在建工程利息资本化金额	74 860 108.09	28 280 742.56	9 194 673.39	4 525 702.97	3 841 493.30
财务费用利息支出	541 052 780.45	527 327 340.22	482 880 527.09	332 634 230.21	434 866 166.95

附表 4—5 列示了我国钢铁行业偿债能力指标以供参考。

附表 4—5 2013—2015 年我国钢铁行业偿债能力指标

年份	流动比率	速动比率	偿债保障比率(经营活动现金流/负债)
2013	0.659 8	0.366 8	0.081 1
2014	0.618 8	0.371 3	0.113 1
2015	0.556 3	0.364 0	0.065 0

资料来源：2016 年中国钢铁行业市场现状分析及发展趋势预测。

二、指标计算

分别计算宝钢股份和韶钢松山衡量短期偿债能力和长期偿债能力的指标，如附表 4—6 至附表 4—9 所示。

附表 4—6 宝钢股份 2013—2017 年静态偿债能力指标

报表日期	2013 年 12 月 31 日	2014 年 12 月 31 日	2015 年 12 月 31 日	2016 年 12 月 31 日	2017 年 12 月 31 日
流动比率	0.824 8	0.833 4	0.761 0	0.803 0	0.816 7
速动比率	0.496 3	0.533 0	0.505 0	0.511 9	0.574 8
现金比率	0.136 4	0.137 6	0.094 6	0.088 9	0.120 0
资产负债率	0.470 3	0.456 8	0.478 3	0.553 7	0.501 8
产权比率	0.887 9	0.840 2	0.916 7	1.240 6	1.007 4

附表 4—7 宝钢股份 2013—2017 年动态偿债能力指标

报表日期	2013 年	2014 年	2015 年	2016 年	2017 年
现金流量比率	0.127 8	0.316 9	0.230 5	0.131 5	0.202 7
利息保障倍数	5.139 6	4.706 3	1.726 5	3.436 0	7.381 0
偿债保障比率	0.113 4	0.270 8	0.189 1	0.112 7	0.188 2

附表 4—8 韶钢松山 2013—2017 年静态偿债能力指标

报表日期	2013 年 12 月 31 日	2014 年 12 月 31 日	2015 年 12 月 31 日	2016 年 12 月 31 日	2017 年 12 月 31 日
流动比率	0.408 3	0.295 9	0.192 9	0.306 0	0.394 4
速动比率	0.183 4	0.176 4	0.117 8	0.166 4	0.213 5
现金比率	0.036 3	0.048 9	0.051 4	0.087 1	0.097 5
资产负债率	0.799 2	0.841 9	0.978 6	0.969 4	0.793 8
产权比率	3.979 8	5.323 2	45.662 1	31.662 7	3.849 5

附表 4—9 韶钢松山 2013—2017 年动态偿债能力指标

报表日期	2013 年	2014 年	2015 年	2016 年	2017 年
现金流量比率	0.096 0	0.143 4	0.034 3	0.031 3	0.314 1
利息保障倍数	1.221 2	−1.492 2	−4.095 9	1.300 8	6.736 3
偿债保障比率	0.091 9	0.130 9	0.030 6	0.029 7	0.306 6

三、指标分析

(一)短期偿债能力分析

使用流动比率、速动比率、现金比率和现金流量比率四个指标衡量宝钢股份和韶钢松山的短期偿债能力。

1. 流动比率

流动比率越高,反映企业的短期偿债能力越强,债权人的利益就越有保障。国际上通常认为流动比率的下限为1,为2时较为适当,此时除了能够满足企业日常生产经营的流动资金需要外,还有财力偿还到期的债务。但流动比率也不可过高,过高说明企业流动资金占用得较多,会影响企业的资金使用效率,从而会进一步影响获利能力。

经比较可以发现,宝钢股份和韶钢松山2013—2017年年末的流动比率均低于国际上公认的范围;宝钢股份的流动比率维持在0.75~0.85;除2015年年末,韶钢松山的流动比率基本维持在0.3~0.4。对比我国钢铁行业的流动比率,宝钢股份高于行业平均值,而韶钢松山低于行业平均值,因此,宝钢股份的短期偿债能力优于韶钢松山。宝钢股份和韶钢松山2013—2017年年末流动比率比较如附表4—10所示。

附表4—10　　　　宝钢股份和韶钢松山2013—2017年年末流动比率比较

	2013年12月31日	2014年12月31日	2015年12月31日	2016年12月31日	2017年12月31日
宝钢股份	0.824 8	0.833 4	0.761 0	0.803 0	0.816 7
韶钢松山	0.408 3	0.295 9	0.192 9	0.306 0	0.394 4
行业平均	0.659 8	0.618 8	0.556 3		

2. 速动比率

一般情况下,速动比率越高,反映企业的短期偿债能力越强。国际上通常认为速动比率为1时较为适合,只要不遇到收款困难,偿还流动负债的变现能力就强,企业不会有偿债压力。如果小于1,则认为企业面临着较大的偿债风险;大于1,则认为企业的偿债安全性很高,但是可能会因为企业占用过多的流动资产或现金而影响企业的盈利能力。

2013—2017年年末,宝钢股份的速动比率基本维持在0.5~0.6,韶钢松山的速动比率保持在0.21以下,都低于国际公认标准值。对比我国钢铁行业的速动比率,宝钢股份的速动比率高于行业平均值,在行业中属于短期偿债能力较强的企业,而韶钢股份的速动比率远远低于行业平均值。宝钢股份和韶钢松山2013—2017年年末速动比率比较如附表4—11所示。

附表4—11　　　　宝钢股份和韶钢松山2013—2017年年末速动比率比较

	2013年12月31日	2014年12月31日	2015年12月31日	2016年12月31日	2017年12月31日
宝钢股份	0.496 3	0.533 0	0.505 0	0.511 9	0.574 8
韶钢松山	0.183 4	0.176 4	0.117 8	0.166 4	0.213 5
行业平均	0.366 8	0.371 3	0.364 0		

3. 现金比率

现金比率一般认为在0.2以上为好。但这一比率过高,就意味着企业流动负债未能得到合理运用,而现金类资产获利能力低,这类资产金额太高会导致企业机会成本增加。

2013—2017年年末,宝钢股份的现金比率基本维持在0.1以上,而韶钢松山的现金比率一直在 0.1 以下,因而,两家公司的现金比率均低于国际标准,相比较而言,宝钢股份的短期偿债能力更强。宝钢股份和韶钢松山 2013—2017 年年末现金比率比较如附表 4—12 所示。

附表 4—12　　　　　宝钢股份和韶钢松山 2013—2017 年年末现金比率比较

	2013 年 12 月 31 日	2014 年 12 月 31 日	2015 年 12 月 31 日	2016 年 12 月 31 日	2017 年 12 月 31 日
宝钢股份	0.136 4	0.137 6	0.094 6	0.088 9	0.120 0
韶钢松山	0.036 3	0.048 9	0.051 4	0.087 1	0.097 5

4. 现金流量比率

一般来说,现金流量比率越高越好,但是低于 0.5 则说明企业存在财务风险。

从附表 4—12 中可以看出,2013—2017 年年末,宝钢股份和韶钢松山的现金流量比率仍旧偏低,两家企业经营活动产生的现金流量对其流动负债的偿还能力较弱。宝钢股份的现金流量比率处于波动之中,2013 年年末最低为 0.127 8,2014 年年末最高为 0.316 9;韶钢松山的现金流量比率有三年都低于 0.1,不过 2017 年显著提升,达到 0.314 1,高于宝钢股份的同期比率。

附表 4—13　　　　　宝钢股份和韶钢松山 2013—2017 年年末现金流量比率比较

	2013 年	2014 年	2015 年	2016 年	2017 年
宝钢股份	0.127 8	0.316 9	0.230 5	0.131 5	0.202 7
韶钢松山	0.096 0	0.143 4	0.034 3	0.031 3	0.314 1

(二)长期偿债能力分析

使用资产负债率、产权比率、利息保障倍数和偿债保障比率四个指标衡量宝钢股份和韶钢松山的长期偿债能力。

1. 资产负债率

资产负债率反映企业的资产总额中有多少是通过举债而得到的,资产负债率反映企业偿还债务的综合能力。这个比率越高,企业偿还债务的能力越差。如果资产负债率高于 50%,则债权人的利益得不到保障。反之,偿还债务的能力越强。

通过比较可以看出,2013—2017 年年末,宝钢股份的资产负债率都稳定在 45%~55%;韶钢松山的资产负债率却比较高,超出了 50% 的水平,2015 年年末甚至达到 0.978 6,其偿债风险较高,因此,宝钢股份的长期偿债能力优于韶钢松山。宝钢股份和韶钢松山 2013—2017 年年末资产负债率比较如附表 4—14 所示。

附表 4—14　　　　　宝钢股份和韶钢松山 2013—2017 年年末资产负债率比较

	2013 年 12 月 31 日	2014 年 12 月 31 日	2015 年 12 月 31 日	2016 年 12 月 31 日	2017 年 12 月 31 日
宝钢股份	0.470 3	0.456 8	0.478 3	0.553 7	0.501 8
韶钢松山	0.799 2	0.841 9	0.978 6	0.969 4	0.793 8

2. 产权比率

一般认为,产权比率在 1∶1 比较合适,但也需要根据企业自身的情况而定。该比率越高表明企业的财务状况越差,债权人贷款的安全越没有保障,企业的风险越大,负债融资能力越弱。

从附表 4—15 可以看出,2013—2017 年年末,宝钢股份的产权比率有逐渐上升的趋势,但均在 1 以下,说明企业长期偿债能力逐渐增强,债权人权益保障程度逐渐提高,承担的风险逐渐变小;而韶钢松山的产权比率呈先上升后下降的趋势,但均在 1 以上,表明其长期偿债能力不强,债权人承担的风险较大。

附表4—15　　　　宝钢股份和韶钢松山2013—2017年年末产权比率比较

	2013年12月31日	2014年12月31日	2015年12月31日	2016年12月31日	2017年12月31日
宝钢股份	0.887 9	0.840 9	0.916 7	1.240 6	1.007 4
韶钢松山	3.979 8	5.323 2	45.662 1	31.662 7	3.849 5

3. 利息保障倍数

利息保障倍数越大,说明企业的偿债能力越强。该倍数大于1,说明负债给企业带来了利润,相反则说明利润难以偿付债务利息,长此以往会导致企业破产。

从附表4—16中可以看出,2013—2017年,宝钢股份的利息保障倍数均大于1,并呈先下降后上升的趋势,2017年更达到了7.381 0。对比可得,韶钢松山的利息保障倍数同样也呈现先下降后上升的变化趋势,但是2014年和2015年,该指标值下降为负数,2013年和2016年在1.2~1.3,2017年上升为6.736 3,远远高于其他年份。显然,宝钢股份的长期偿债能力高于韶钢松山。

附表4—16　　　　宝钢股份和韶钢松山2013—2017年利息保障倍数比较

报表日期	2013年12月31日	2014年12月31日	2015年12月31日	2016年12月31日	2017年12月31日
宝钢股份	5.139 6	4.706 3	1.726 5	3.436 0	7.381 0
韶钢松山	1.221 2	−1.492 2	−4.095 9	1.300 8	6.736 3

4. 偿债保障比率

一般认为,企业经营活动现金流量净额与负债总额的比值也是越高越好。该比率越高,企业承担债务的能力越强,它同样也是债权人所关心的一种现金流量分析指标。

2013—2017年,宝钢股份的偿债保障比率高于行业平均值和韶钢松山,是行业中的佼佼者;韶钢松山2013年和2014年的偿债保障比率也高于行业平均值,其对长期债务的偿还能力较强。由于行业数据缺失,无法对2016年和2017年进行行业比较。宝钢股份和韶钢松山2013—2017年年末产权比率比较如附表4—17所示。

附表4—17　　　　宝钢股份和韶钢松山2013—2017年年末偿债保障比率比较

报表日期	2013年12月31日	2014年12月31日	2015年12月31日	2016年12月31日	2017年12月31日
宝钢股份	0.113 4	0.270 8	0.189 1	0.112 7	0.188 2
韶钢松山	0.091 9	0.130 9	0.030 6	0.029 7	0.306 6
行业平均	0.081 1	0.113 1	0.065 0		

四、分析结论

从多个指标的对比分析可以发现,2013—2017年,不论是从短期偿债能力还是从长期偿债能力,宝钢股份都优于韶钢松山。宝钢股份的长期偿债能力处于相对较高的水平,虽然短期偿债能力处于行业先进水平,但还有待改进;韶钢松山在短期和长期偿债能力上都还有很大的提升空间。

案例 5　对格力电器(000651)、美的集团(000333)、青岛海尔(600690)和小天鹅 A(000418)四家公司 2013—2017 年的营运能力进行分析

一、数据收集

根据格力电器(000651)、美的集团(000333)、青岛海尔(600690)和小天鹅 A(000418)2012—2017 年度财务报告的披露,收集营运能力分析使用的数据如附表 5—1 至附表 5—8 所示。

附表 5—1　　　　格力电器 2012 年 12 月 31 日至 2017 年 12 月 31 日资产负债表的部分数据　　　　单位:元

报表日期	2012 年 12 月 31 日	2013 年 12 月 31 日	2014 年 12 月 31 日	2015 年 12 月 31 日	2016 年 12 月 31 日	2017 年 12 月 31 日
应收账款	1 474 872 971.56	1 849 275 342.79	2 661 347 628.69	2 879 212 111.93	2 824 288 418.43	5 814 491 641.18
存货	17 235 042 562.70	13 122 730 425.78	8 599 098 095.97	9 473 942 712.51	9 024 905 239.41	16 568 347 179.12
流动资产	85 087 645 122.13	103 732 522 181.91	120 143 478 823.10	120 949 314 644.95	142 915 068 871.75	171 534 646 159.36
固定资产	12 700 394 289.32	14 034 138 414.45	14 939 279 647.88	15 431 813 077.20	17 681 655 478.06	17 467 371 455.63
资产	107 566 899 919.95	133 702 103 359.54	156 230 948 479.88	161 698 016 315.06	182 373 990 389.46	214 967 999 328.38

附表 5—2　　　　　　　格力电器 2013—2017 年度利润表的部分数据　　　　　　　单位:元

报表日期	2013 年	2014 年	2015 年	2016 年	2017 年
营业收入	118 627 948 208.59	137 750 358 395.70	97 745 137 194.16	108 302 565 293.70	148 286 450 009.18
营业成本	80 385 939 822.61	88 022 127 671.48	66 017 353 745.09	72 885 641 217.00	99 562 912 753.17

附表 5—3　　　　美的集团 2012 年 12 月 31 日至 2017 年 12 月 31 日资产负债表的部分数据　　　　单位:千元

报表日期	2012 年 12 月 31 日	2013 年 12 月 31 日	2014 年 12 月 31 日	2015 年 12 月 31 日	2016 年 12 月 31 日	2017 年 12 月 31 日
应收账款	9 864 573.62	7 928 438.25	9 362 103	10 371 718	13 454 511	17 528 717
存货	13 350 000.92	15 197 723.84	15 020 030	10 448 937	15 626 897	29 444 166
流动资产	55 562 190.77	65 326 732.00	86 427 073	93 367 706	120 621 320	169 810 676
固定资产	20 252 528.91	19 572 161.32	19 521 814	18 729 881	21 056 791	22 600 724
资产	87 736 526.98	96 946 024.77	120 292 086	128 841 935	170 600 711	248 106 858

附表 5—4　　　　　　　美的集团 2013—2017 年度利润表的部分数据　　　　　　　单位:千元

报表日期	2013 年	2014 年	2015 年	2016 年	2017 年
营业收入	120 975 003.14	141 668 175	138 441 226	115 615 437	159 044 041
营业成本	92 818 063.06	105 669 686	102 662 818	180 460 552	240 712 301

附表 5—5　　　　青岛海尔 2012 年 12 月 31 日至 2017 年 12 月 31 日资产负债表的部分数据　　　　单位:元

报表日期	2012 年 12 月 31 日	2013 年 12 月 31 日	2014 年 12 月 31 日	2015 年 12 月 31 日	2016 年 12 月 31 日	2017 年 12 月 31 日
应收账款	4 196 720 339.90	4 326 835 846.60	6 141 390 930.87	6 736 377 962.77	12 265 195 443.40	12 448 004 833.06
存货	7 098 645 195.69	6 864 003 442.73	9 021 640 940.91	8 559 244 039.09	15 284 904 331.04	21 503 524 800.18
流动资产	39 699 687 411.83	49 547 008 919.29	66 025 964 857.24	54 867 240 117.01	69 676 691 453.62	88 332 451 429.22

续表

报表日期	2012年12月31日	2013年12月31日	2014年12月31日	2015年12月31日	2016年12月31日	2017年12月31日
固定资产	5 282 765 216.81	5 453 058 745.20	7 372 658 455.93	8 420 548 468.52	15 544 099 343.40	16 017 523 376.11
资产	49 688 316 696.42	61 015 859 730.70	82 348 719 644.44	75 960 672 801.38	131 469 157 348.79	151 463 110 707.63

附表5—6　　　　　　　青岛海尔2013—2017年度利润表的部分数据　　　　　　　单位:元

报表日期	2013年	2014年	2015年	2016年	2017年
营业收入	86 487 723 560.83	96 929 763 894.36	89 748 320 410.91	119 132 261 662.60	159 254 466 909.46
营业成本	64 586 109 082.61	70 170 401 158.93	64 658 463 207.53	82 166 530 321.02	109 889 621 609.45

附表5—7　　　小天鹅A 2012年12月31日至2017年12月31日资产负债表的部分数据　　　单位:元

报表日期	2012年12月31日	2013年12月31日	2014年12月31日	2015年12月31日	2016年12月31日	2017年12月31日
应收账款	722 198 904.66	777 744 132.32	856 343 229.70	896 075 475.63	1 465 654 497.90	1 736 724 496.10
存货	952 747 860.68	798 141 838.58	605 616 993.25	745 412 967.52	1 724 837 944.69	1 980 766 196.14
流动资产	6 658 621 665.28	7 616 340 012.62	9 794 839 328.74	12 752 479 712.28	17 327 866 623.94	19 564 974 030.27
固定资产	1 297 298 526.31	1 194 244 286.86	1 065 820 898.65	1 019 528 291.60	970 859 291.03	1 029 668 355.84
资产	8 403 705 443.29	9 222 527 380.74	11 376 793 928.71	14 327 655 366.60	18 885 986 837.64	21 338 421 243.67

附表5—8　　　　　　　小天鹅A 2013—2017年度利润表的部分数据　　　　　　　单位:元

报表日期	2013年	2014年	2015年	2016年	2017年
营业收入	8 727 956 044.37	10 804 217 288.60	13 131 626 932.44	16 334 914 501.69	21 384 699 076.65
营业成本	6 549 621 939.90	8 007 492 218.69	9 646 390 824.36	12 111 213 286.28	15 982 893 658.84

二、指标计算

分别计算四家公司的应收账款周转率、存货周转率、流动资产周转率、固定资产周转率和总资产周转率,如附表5—9至附表5—12所示。

附表5—9　　　　　　　　　格力电器2013—2017年的营运能力指标

指标	2013年	2014年	2015年	2016年	2017年
应收账款周转率	71.37	61.08	35.28	37.98	34.33
存货周转率	5.30	8.10	7.31	7.88	7.78
流动资产周转率	1.26	1.23	0.81	0.82	0.94
固定资产周转率	8.87	9.51	6.44	6.54	8.44
总资产周转率	0.98	0.95	0.61	0.63	0.75

附表5—10　　　　　　　　　美的集团2013—2017年的营运能力指标

指标	2013年	2014年	2015年	2016年	2017年
应收账款周转率	13.60	16.39	14.03	9.70	10.27
存货周转率	6.50	6.99	8.06	13.84	10.68
流动资产周转率	2.00	1.87	1.54	1.08	1.10

续表

指　标	2013年	2014年	2015年	2016年	2017年
固定资产周转率	6.08	7.25	7.24	5.81	7.29
总资产周转率	1.31	1.30	1.11	0.77	0.76

附表5－11　　　　　　　青岛海尔2013－2017年的营运能力指标

指　标	2013年	2014年	2015年	2016年	2017年
应收账款周转率	20.29	18.52	13.94	12.54	12.89
存货周转率	9.25	8.83	7.36	6.89	5.97
流动资产周转率	1.94	1.68	1.48	1.91	2.02
固定资产周转率	16.11	15.11	11.37	9.94	10.09
总资产周转率	1.56	1.35	1.13	1.15	1.13

附表5－12　　　　　　　小天鹅A2013－2017年的营运能力指标

指　标	2013年	2014年	2015年	2016年	2017年
应收账款周转率	11.64	13.22	14.99	13.83	13.36
存货周转率	7.48	11.41	14.28	9.81	8.63
流动资产周转率	1.22	1.24	1.16	1.09	1.16
固定资产周转率	7.01	9.56	12.59	16.41	21.38
总资产周转率	0.99	1.05	1.02	0.98	1.06

三、指标分析

（一）应收账款周转率

应收账款周转率是日常交易中所得到的利益和各项应该收回款项的比值，体现企业应收账款的流动水平（即周转快慢），反映企业变现所需要的时间，主要是从应收账款权利的取得到款项的收回这个时间段。

从附图5－1中可以看出，2013－2015年，格力电器的应收账款周转率出现了整体下滑趋势，应收账款变为现金的能力在大幅度降低，坏账率升高，容易发生坏账，不过格力电器的应收账款周转率仍远远高于美的集团、青岛海尔和小天鹅A。2015年格力电器的应收账款周转率大幅度下滑后，2016年和2017年基本保持了下滑之后的态势，趋于平稳，维持在34~38。2013－2017年，美的集团、青岛海尔和小天鹅A三家企业的应收账款周转率都趋于稳定，维持在10~20，但与格力电器差距非常大，说明它们的应收账款变现能力与管理效率都有待提高。

（二）存货周转率

存货周转率是衡量企业购入存货、投入生产、销售收回等各环节管理状况的综合性指标。它是销货成本被平均存货所除而得到的比率。

2013－2017年，美的集团和小天鹅A的存货周转率均出现了先上升后下降的趋势。在四家企业中，小天鹅A是存货周转率比较高的企业，处于行业领先地位，这一优势在2016年和2017年被美的集团超越；格力电器的存货周转率稳定地维持着5~8；2013年，青岛海尔的存货周转率高于小

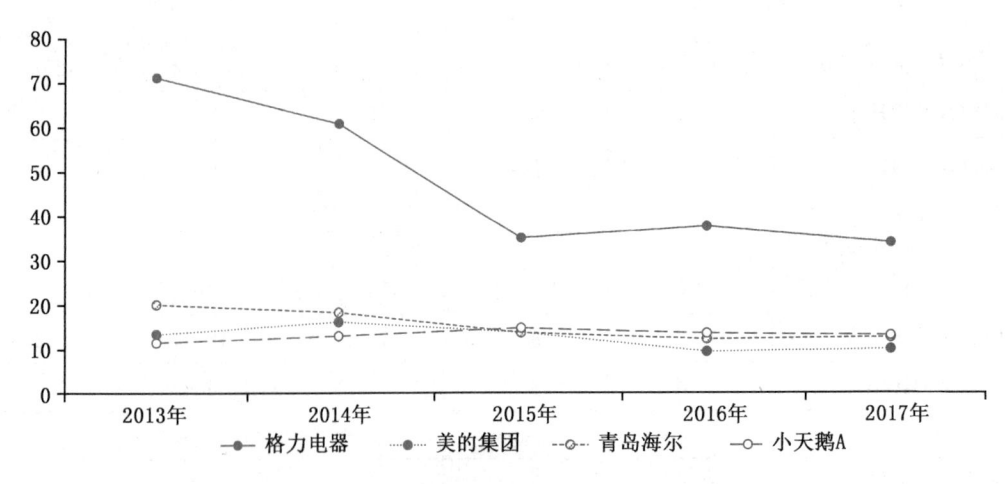

附图 5—1　四家公司的应收账款周转率(2013—2017 年)

天鹅 A，之后却一直处于下降趋势，2016 年和 2017 年处于了四家企业中最低的地位，原因是存货购入速度大于其对外销售速度，存货变现能力降低，造成货物积压或采购过量，青岛海尔应填补流动资金，让资金更好地周转、流通，以此来加强其总资产管理能力以及营运能力，促进企业的成长。四家公司的存货周转率(2013—2017 年)如附图 5—2 所示。

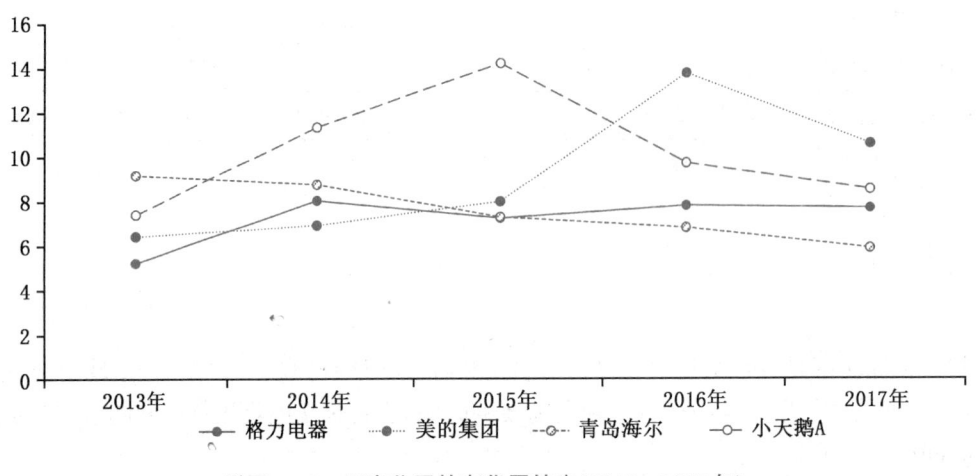

附图 5—2　四家公司的存货周转率(2013—2017 年)

(三)流动资产周转率

流动资产周转率指企业一定时期内营业收入同流动资产平均余额的比率，是评价企业资产利用率的另一重要指标。

2013—2017 年，四家企业的流动资产周转率都比较低，基本都在 2 以下，流动资产营运能力不足，资金流转能力不够，短期偿债能力有待提高。2013—2015 年，美的集团的流动资产周转率在四家企业中是最高的，但这种领先优势逐渐被青岛海尔追平且取代，青岛海尔的流动资产周转率先下降后上升，而美的集团的这一比率持续下降；小天鹅 A 的流动资产周转率基本保持稳定；格力电器的流动资产周转率缓慢下降后保存稳定，在 1 之下。四家公司的流动资产周转率(2013—2017 年)如附图 5—3 所示。

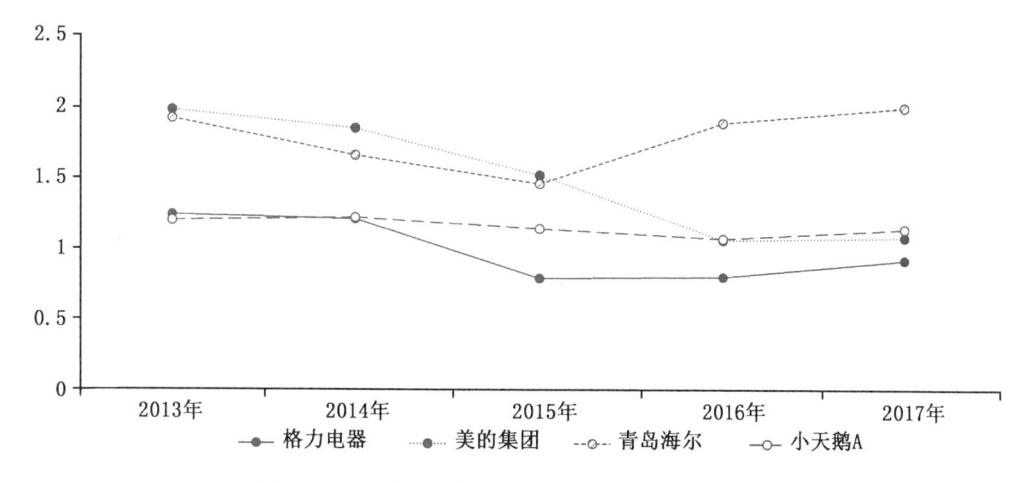

附图 5—3　四家公司的流动资产周转率(2013—2017 年)

(四)固定资产周转率

固定资产周转率是营业收入与固定资产平均余额之比,反映了企业经营管理层管理固定资产的能力。

2013—2017 年,小天鹅 A 的固定资产周转率持续上升,2015—2017 年在四家企业中均处于最高水平,2017 年达到 21.38;与此同时,青岛海尔的固定资产周转率持续下降,从 2013 年和 2014 年四家企业中的领先地位降至 2015—2017 年落后于小天鹅 A,不过均保持在 10 以上的水平。格力电器和美的集团的固定资产周转率保持稳定,在 5～10。四家公司的固定资产周转率(2013 年—2017 年)如附图 5—4 所示。

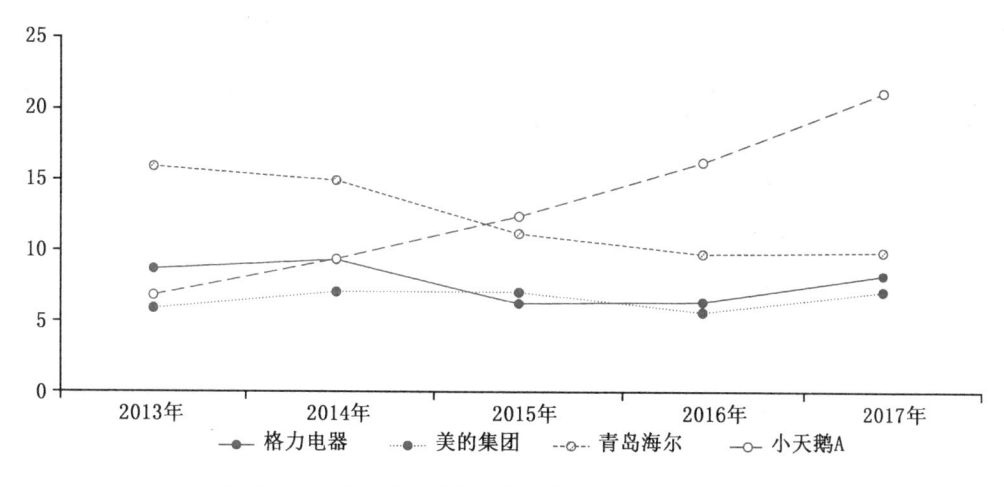

附图 5—4　四家公司的固定资产周转率(2013—2017 年)

(五)总资产周转率

总资产周转率是企业营业收入与资产平均余额的比率。如果这个比率较低,说明企业利用全部资产进行经营的效率较差,最终会影响企业的获利能力。

从附图 5—5 中可以看出,四家企业的总资产周转率都不高,均处于 0.5～1.5 这一区间;青岛海尔的总资产周转率处于四家企业中最优水平,虽然营业收入有所上升,但是营业收入涨幅不大,总资产周转率较小,并且整体呈下降趋势。相对而言,青岛海尔对总资产的利用率以及该企业的管理水平较高,但仍出现小幅度的下降,依然需要不断改进;美的集团的总资产周转率一直处于下降趋势;小天鹅A的总资产周转率基本保持稳定,维持在1左右;格力电器的总资产周转率最低,先下降后上升,但均处于1以下。

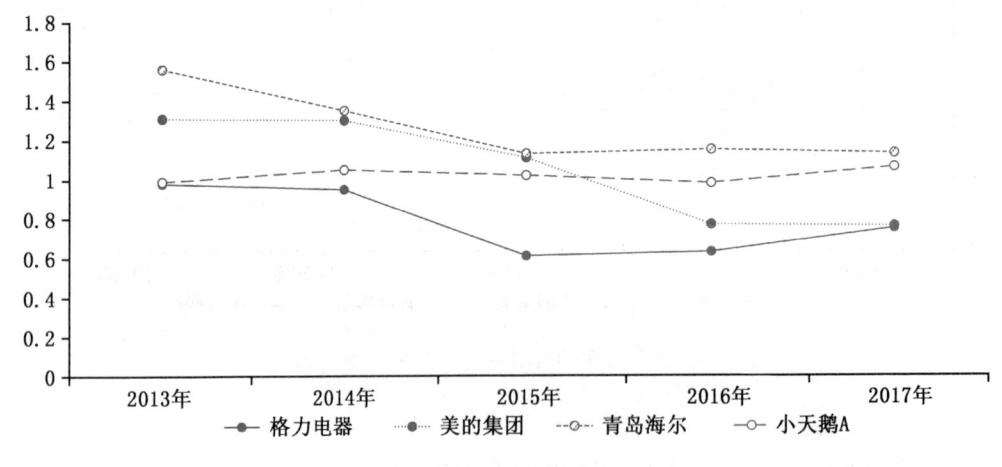

附图5—5　四家公司的总资产周转率(2013—2017年)

四、分析结论

通过上述分析,可以得出以下结论:

(1)格力电器的应收账款周转率远远高于其他三家企业,应收账款回收质量最高,而存货周转率、流动资产周转率、固定资产周转率和总资产周转率偏低。

(2)2016—2017年,美的集团的存货周转率和流动资产周转率处于四家企业中的最优水平,存货资金利用效率高,流动资产周转速度快。

(3)青岛海尔的应收账款周转率、存货周转率、固定资产周转率和总资产周转率处于缓慢下降趋势,流动资产周转率先下降后上升,虽然青岛海尔的总资产周转率处于下降趋势,但是其全部资产的利用效率仍然是最高的。

(4)小天鹅A的应收账款周转率、流动资产周转率基本保持稳定,存货周转率先上升后下降,总资产周转率持续上升。

(5)小天鹅A的固定资产周转率持续上升,而青岛海尔的这一指标却持续下降。

案例6　对恒瑞医药(600276)、白云山(600332)和新华制药(000756)2013—2017年的盈利能力进行分析

一、数据收集

根据恒瑞医药(600276)、白云山(600332)和新华制药(000756)2013—2017年度财务报告的披露,收集盈利能力分析使用的数据。恒瑞医药、白云山和新华制药三家企业的财务数据如附表6—1至附表6—6所示。

附表 6—1　　　　恒瑞医药 2012 年 12 月 31 日至 2017 年 12 月 31 日资产负债表的部分数据　　　　单位：元

报表日期	2012 年 12 月 31 日	2013 年 12 月 31 日	2014 年 12 月 31 日	2015 年 12 月 31 日	2016 年 12 月 31 日	2017 年 12 月 31 日
资产	5 892 509 211.52	7 220 266 342.84	9 086 860 884.26	11 496 700 401.56	14 330 058 674.85	18 039 384 776.48
所有者权益	5 442 498 525.75	6 655 870 174.77	8 153 816 416.83	10 357 765 374.71	12 874 391 843.05	15 943 214 825.23

附表 6—2　　　　恒瑞医药 2013—2017 年度利润表和现金流量表的部分数据　　　　单位：元

报表日期	2013 年	2014 年	2015 年	2016 年	2017 年
营业收入	6 203 074 355.43	9 315 960 168.40	7 452 253 087.84	11 093 724 121.18	13 835 629 369.98
营业成本	1 158 081 670.51	1 371 670 464.29	1 313 216 114.87	1 434 631 411.69	1 849 877 052.01
税金及附加	106 254 304.64	155 635 709.17	132 713 065.28	202 658 379.58	253 620 234.94
销售费用	2 354 789 569.71	3 524 978 732.58	2 844 243 006.11	4 351 620 673.95	5 188 923 435.49
管理费用	1 155 603 899.49	1 843 433 845.74	1 463 527 737.67	2 266 354 231.92	2 952 703 851.22
财务费用	−25 047 763.50	−148 345 785.74	−80 579 775.19	−165 936 852.18	−36 631 689.84
营业利润	1 451 073 805.29	2 558 870 513.36	1 772 448 118.09	3 023 057 638.99	3 807 821 195.60
利润总额	1 478 531 746.09	2 561 970 476.32	1 799 651 073.90	3 013 184 683.65	3 759 188 764.63
净利润	1 292 052 671.62	2 223 969 791.87	1 572 929 123.49	2 634 194 796.55	3 292 953 303.96
基本每股收益	0.910 2	0.777 8	1.114 9	0.92	1.14
经营活动现金净流量	1 364 958 666.11	1 574 306 024.01	2 277 293 122.97	2 592 628 395.66	2 547 385 416.82

附表 6—3　　　　白云山 2012 年 12 月 31 日至 2017 年 12 月 31 日资产负债表的部分数据　　　　单位：元

报表日期	2012 年 12 月 31 日	2013 年 12 月 31 日	2014 年 12 月 31 日	2015 年 12 月 31 日	2016 年 12 月 31 日	2017 年 12 月 31 日
资产	9 394 208 052.55	12 249 123 151.39	14 266 903 073.91	15 870 577 267.20	25 897 170 220.54	28 314 713 453.32
所有者权益	5 755 963 555.16	7 022 236 694.94	7 921 994 589.11	8 683 933 148.91	17 653 790 448.27	19 263 153 793.17

附表 6—4　　　　白云山 2013—2017 年度利润表和现金流量表的部分数据　　　　单位：元

报表日期	2013 年	2014 年	2015 年	2016 年	2017 年
营业收入	17 608 193 312.31	18 818 231 986.73	19 124 658 298.90	20 035 681 499.37	20 954 225 189.53
营业成本	11 806 294 800.38	12 185 664 875.74	12 200 500 049.92	13 412 062 896.03	13 063 229 348.28
税金及附加	148 250 638.48	155 732 374.42	169 627 790.27	189 309 156.99	204 088 804.03
销售费用	3 485 311 357.52	3 942 803 578.59	4 167 680 901.54	3 823 589 490.19	4 285 949 353.46
管理费用	1 227 255 352.75	1 291 531 676.22	1 374 805 685.81	1 439 734 312.47	1 579 582 508.93
财务费用	28 305 296.93	1 393 955.19	−21 937 825.02	−96 520 258.97	−210 571 299.44
营业利润	1 120 073 613.29	1 342 231 179.57	1 410 335 549.46	1 466 625 291.62	2 460 970 965.61
利润总额	1 229 190 439.25	1 468 061 382.71	1 628 122 073.60	1 945 053 398.34	2 492 976 136.70
净利润	1 006 947 006.94	1 211 528 032.70	1 345 286 972.19	1 558 673 995.17	2 118 755 620.90
每股收益	0.768	0.925	1.007	1.075	1.268
经营活动现金净流量	1 339 140 138.82	1 751 689 554.88	1 941 956 497.25	2 544 671 628.07	1 833 690 725.57

附表 6—5　　　　新华制药 2012 年 12 月 31 日至 2017 年 12 月 31 日资产负债表的部分数据　　　　单位：元

报表日期	2012 年 12 月 31 日	2013 年 12 月 31 日	2014 年 12 月 31 日	2015 年 12 月 31 日	2016 年 12 月 31 日	2017 年 12 月 31 日
资产	3 628 270 364.03	4 009 560 374.10	4 245 149 713.77	4 492 122 436.63	4 722 785 963.84	5 273 647 124.63

续表

报表日期	2012年12月31日	2013年12月31日	2014年12月31日	2015年12月31日	2016年12月31日	2017年12月31日
所有者权益	1 776 989 115.02	1 883 350 296.87	1 911 868 987.68	1 984 082 318.40	2 079 307 425.65	2 579 453 380.81

附表6－6　　　　新华制药2013—2017年度利润表和现金流量表的部分数据　　　　单位:元

报表日期	2013年	2014年	2015年	2016年	2017年
营业收入	3 391 228 655.29	3 589 749 770.93	3 597 033 209.79	4 014 963 065.74	4 515 716 784.19
营业成本	2 789 843 094.60	2 854 928 187.30	2 760 385 994.80	3 013 584 624.39	3 247 615 838.86
税金及附加	19 965 138.60	20 613 746.32	29 952 900.45	50 356 102.80	60 664 577.84
销售费用	276 359 957.60	317 762 961.34	353 774 618.80	404 317 945.51	509 748 602.14
管理费用	239 754 984.06	265 461 966.74	303 257 072.10	335 871 419.21	384 708 247.89
财务费用	86 819 245.71	72 082 530.10	67 591 007.63	51 838 422.75	79 745 027.94
营业利润	－29 945 971.83	54 559 276.99	92 067 796.20	147 166 513.10	281 680 867.72
利润总额	64 439 131.70	91 485 154.18	117 729 615.03	159 968 492.21	268 173 876.00
净利润	49 990 838.68	68 334 686.74	94 008 750.57	133 047 273.87	221 248 751.89
每股收益	0.09	0.11	0.18	0.27	0.45
经营活动现金净流量	104 990 785.05	346 342 064.00	348 636 176.12	439 348 332.79	389 971 809.35

二、指标计算

分别计算恒瑞医药、白云山和新华制药三家企业与衡量盈利能力相关的指标(见附表6－7至附表6－9)。

附表6－7　　　　　　　恒瑞医药2013—2017年的盈利能力指标

指标	2013年	2014年	2015年	2016年	2017年
营业毛利率	81.33%	85.28%	82.38%	87.07%	86.63%
营业利润率	23.39%	27.47%	23.78%	27.25%	27.52%
营业净利率	20.83%	23.87%	21.11%	23.74%	23.80%
成本费用利润率	31.13%	37.97%	31.72%	37.25%	36.82%
总资产收益率	19.71%	27.28%	15.28%	20.40%	20.35%
全部资产现金回收率	20.82%	19.31%	22.13%	20.08%	15.74%
净资产收益率	21.36%	30.03%	16.99%	22.68%	22.85%
每股收益(元)	0.910 2	0.777 8	1.114 9	0.92	1.14

附表6－8　　　　　　　白云山2013—2017年的盈利能力指标

指标	2013年	2014年	2015年	2016年	2017年
营业毛利率	32.95%	35.25%	36.21%	33.06%	37.66%
营业利润率	6.36%	7.13%	7.37%	7.32%	11.74%
营业净利率	5.72%	6.44%	7.03%	7.78%	10.11%
成本费用利润率	7.36%	8.35%	9.10%	10.36%	13.17%

续表

指　　标	2013 年	2014 年	2015 年	2016 年	2017 年
总资产收益率	9.30%	9.14%	8.93%	7.46%	7.82%
全部资产现金回收率	12.37%	13.21%	12.89%	12.18%	6.76%
净资产收益率	15.76%	16.21%	16.20%	11.84%	11.48%
每股收益(元)	0.768	0.925	1.007	1.075	1.268

附表 6－9　　　　　　　　新华制药 2013－2017 年的盈利能力指标

指　　标	2013 年	2014 年	2015 年	2016 年	2017 年
营业毛利率	17.73%	20.47%	23.26%	24.94%	28.08%
营业利润率	－0.88%	1.52%	2.56%	3.67%	6.24%
营业净利率	1.47%	1.90%	2.61%	3.31%	4.90%
成本费用利润率	1.89%	2.59%	3.35%	4.15%	6.26%
总资产收益率	1.31%	1.66%	2.15%	2.89%	4.43%
全部资产现金回收率	2.75%	8.39%	7.98%	9.54%	7.80%
净资产收益率	2.73%	3.60%	4.83%	6.55%	9.50%
每股收益(元)	0.09	0.11	0.18	0.27	0.45

三、指标分析

(一)与营业收入相关的盈利能力分析指标

1. 营业毛利率

营业毛利率是指营业收入和营业成本的差额与营业收入的比率。

2013－2017 年,三家企业的营业毛利率总体上都处于增长的趋势,恒瑞医药的营业毛利率远远高于白云山和新华制药;恒瑞医药的营业毛利率保持在 81%～88%;白云山的营业毛利率保持在 33%～38%;新华制药的营业毛利率从 17.73% 增长到 28.08%。三家公司的营业毛利率(2013－2017 年)如附图 6－1 所示。

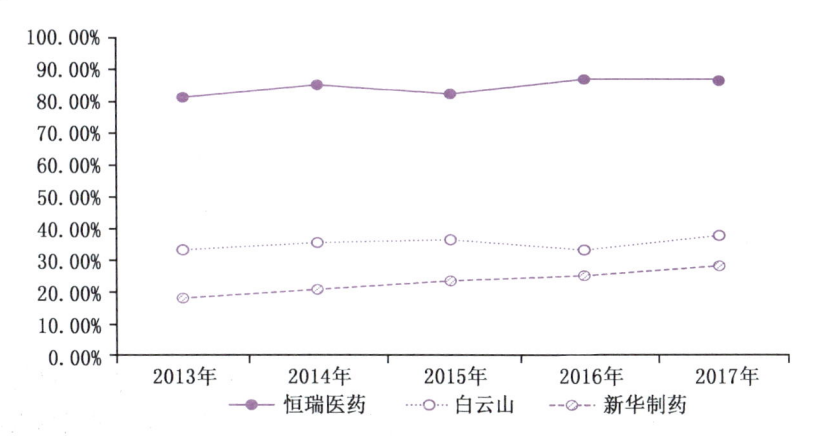

附图 6－1　三家公司的营业毛利率(2013－2017 年)

2. 营业利润率

营业利润率反映的是企业主要业务的盈利能力,是营业利润与营业收入的比值。

2013—2017 年,三家企业的营业利润率总体上都处于增长的趋势,恒瑞医药的营业利润率远远高于白云山和新华制药;恒瑞医药的营业利润率虽有小幅波动,但仍保持在 23%~28%;2013—2016 年,白云山的营业利润率保持在 7%左右,到 2017 年快速上升至 11.74%;新华制药的营业利润率持续增长,从-0.88%增长到 6.24%。三家公司的营业利润率(2013—2017 年)如附图 6-2 所示。

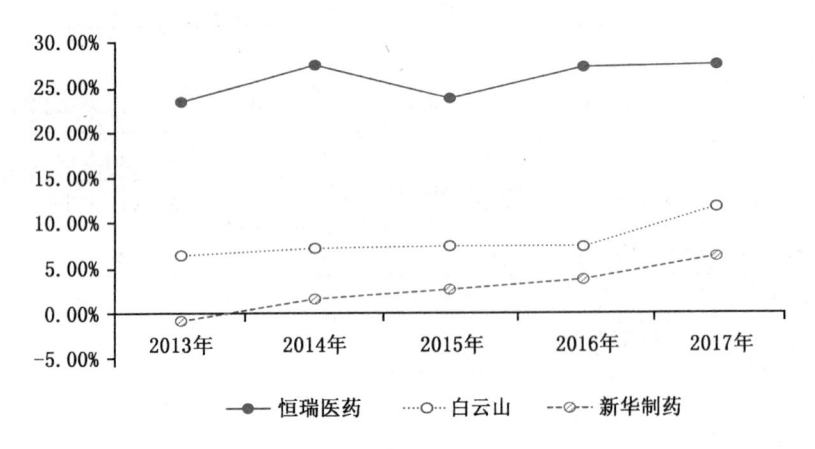

附图 6-2　三家公司的营业利润率(2013—2017 年)

3. 营业净利率

营业净利率是指企业净利润占营业收入的百分比。

2013—2017 年,恒瑞医药的营业净利率远远高于白云山和新华制药,处于 20%~24%;白云山和新华制药的营业净利率处于持续增长态势,白云山的营业净利率从 5.72%上升到 10.11%,新华制药的营业净利率从 1.47%上升到 4.90%。三家公司的营业净利率(2013—2017 年)如附图 6-3 所示。

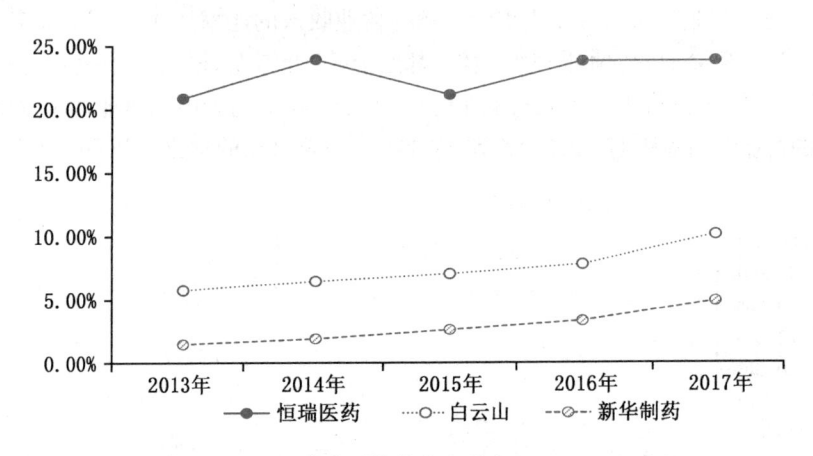

附图 6-3　三家公司的营业净利率(2013—2017 年)

(二)与成本费用相关的盈利能力分析指标

成本费用利润率是企业一定期间的利润总额与成本费用总额的比率,表明每付出一元成本费用可获得多少利润,体现了经营耗费所带来的经营成果。该项指标越高,利润就越大,反映企业的经济效益越好。

2013—2017年,恒瑞医药和白云山的成本费用利润率处于波动中,新华制药的比率值保持稳定并有略微增长;恒瑞医药的成本费用利润率在31%～38%波动,白云山的成本费用利润率在21%～30%波动。三家公司的成本费用利润率(2013—2017年)如附图6—4所示。

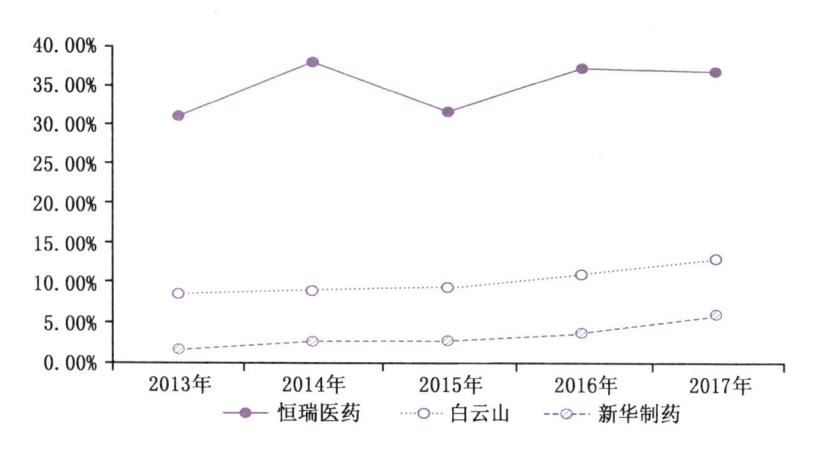

附图6—4　三家公司的成本费用利润率(2013—2017年)

(三) 与资产相关的盈利能力分析指标

与资产相关的盈利能力是指企业运营资产的能力,反映资产经营盈利能力的指标是总资产收益率和全部资产现金回收率。

1. 总资产收益率

总资产收益率反映了企业的获利能力和投入产出状况,是企业一定时期内获得的报酬总额与资产平均余额的比率。总资产收益率越高,说明企业资产的运用效率越好,也意味着企业资产的盈利能力越强。

2013—2017年,恒瑞医药的总资产收益率在15%～30%波动,远远超过白云山和新华制药;白云山的总资产收益率维持在7%～10%,呈现出缓慢下降趋势;新华制药的总资产收益率处于持续增长中,从1.31%增长至4.43%,但仍是三家公司中总资产收益率最低的,资产经营盈利能力处于同行业中下水平,资产运营盈利能力上尚有不足。三家公司的总资产收益率(2013—2017年)如附图6—5所示。

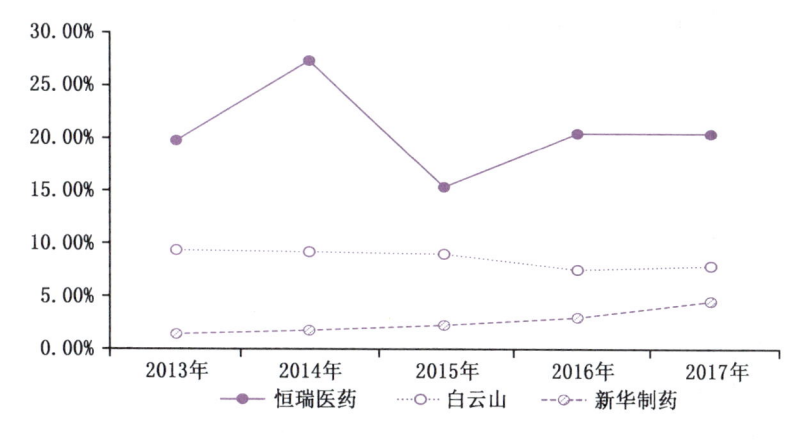

附图6—5　三家公司的总资产收益率(2013—2017年)

2. 全部资产现金回收率

全部资产现金回收率是经营现金净流量与资产平均余额的比率。该指标旨在考评企业全部资产产生现金的能力。该比率越大越好。该比率越大说明资产利用效果越好,利用资产创造的现金流量越多,整个企业获取现金的能力越强,经营管理水平越高。

2013—2016 年,恒瑞医药和白云山的全部资产现金回收率分别维持在 20% 和 12% 左右,至 2017 年都快速下降,恒瑞医药为 15.74%,白云山为 6.76%;2013—2016 年,新华制药的全部资产现金回收率处于上升之中,从 2.75% 上升至 9.54%,但 2017 年又有所下降,不过仍然超过了白云山的同期比率。三家公司的全部资产现金回收率(2013—2017 年)如附图 6-6 所示。

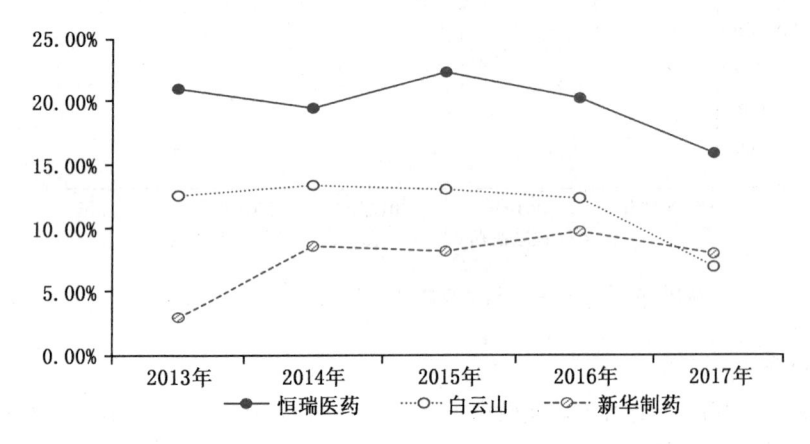

附图 6-6　三家公司的全部资产现金回收率(2013—2017 年)

(四)与资本相关的盈利能力分析指标

与资本相关的盈利能力,是指企业的所有者通过投入资本经营而取得利润的能力,反映资本经营盈利能力的基本指标是净资产收益率和每股收益。

1. 净资产收益率

企业的根本目的是所有者权益或股东价值最大化,净资产收益率既可以直接反映资本的增值能力,又影响着企业的股东价值大小。该指标越高,则企业的盈利能力越强。

2013—2017 年,恒瑞医药的净资产收益率虽然处于不断波动中,但仍是三家公司中最高的,最低为 2015 年的 16.99%,最高为 2014 年的 30.03%;白云山的净资产收益率在平稳中有所下降,从 16% 左右降到 12% 左右;新华制药的净资产收益率一直处于上升状态,从 2.73% 上升至 9.50%,获利能力不断增强。三家公司的净资产收益率(2013—2017 年)如附图 6-7 所示。

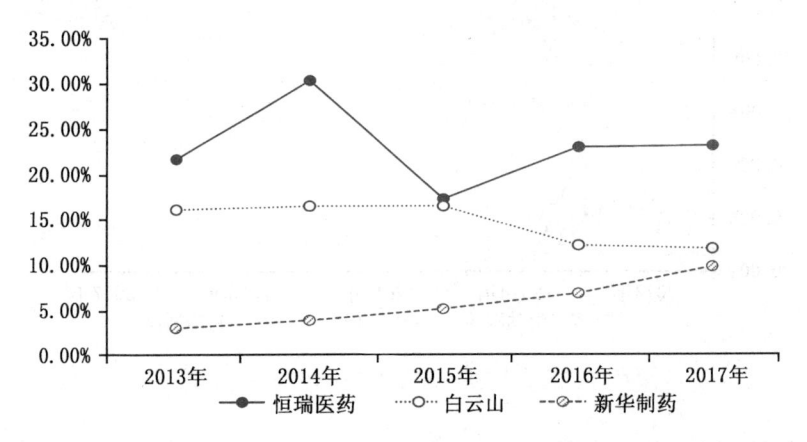

附图 6-7　三家公司的净资产收益率(2013—2017 年)

2. 每股收益

基本每股收益,是普通股股东每持有一股所能享有的企业净利润或需承担的企业净亏损。每股收益通常被用来反映企业的经营成果,衡量普通股的获利水平及投资风险,是投资者等信息使用者据以评价企业盈利能力、预测企业成长潜力,进而作出相关经济决策的重要的财务指标之一。

2013—2017年,白云山和新华制药的每股收益持续稳定增长。2016年和2017年,白云山的每股收益超过了恒瑞医药,在三家公司中最高;恒瑞医药的每股收益处于不断波动中,并被白云山赶超;虽然新华制药的每股收益在不断增长,但是与行业先进水平的恒瑞医药和白云山相比,还存在很大的差距。三家公司的每股收益(2013—2017年)如附图6-8所示。

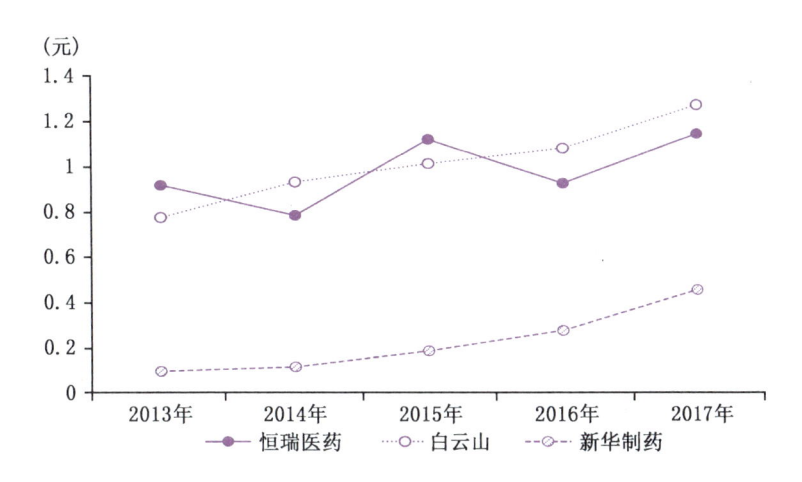

附图6-8 三家公司的每股收益(2013—2017年)

四、分析结论

通过上述分析,2013—2017年,恒瑞医药的整体盈利能力非常强,盈利质量也很高,处于行业的领先地位;白云山和新华制药的盈利能力在显著提升,尤其是新华制药的各方面盈利能力还有很大的提升空间。

案例7 对上汽集团(600104)2008—2017年的发展能力进行分析

一、数据收集

根据上汽集团(600104)2008—2017年度财务报告披露,收集发展能力分析使用的数据(见附表7-1和附表7-2)。

附表7-1 上汽集团2007年12月31日至2017年12月31日资产负债表的部分数据 单位:元

报表日期	2007年年末	2008年年末	2009年年末	2010年年末	2011年年末	2012年年末	2013年年末	2014年年末	2015年年末	2016年年末	2017年年末
资产	101 815 487 637.58	107 856 648 640.37	138 158 357 172.48	285 044 022 668.98	318 258 180 995.07	317 202 998 968.11	373 640 740 801.94	414 087 673 481.85	511 630 690 839.21	590 710 298 719.06	723 533 131 261.59
所有者权益	43 006 279 947.63	38 536 741 680.27	46 764 077 596.80	113 512 729 111.02	133 116 316 840.74	145 006 356 550.59	161 732 091 111.04	184 990 077 014.91	210 917 285 720.21	235 273 442 080.21	272 105 816 798.32

附表7-2 上汽集团2007—2017年度利润表和现金流量表的部分数据 单位:元

报表日期	2007年	2008年	2009年	2010年	2011年	2012年	2013年	2014年	2015年	2016年	2017年
营业收入	104 083 576 146.63	105 405 594 018.36	138 875 420 771.41	364 983 328 165.82	433 095 484 273.94	478 432 576 342.83	563 345 672 365.78	626 712 394 486.86	661 373 929 792.65	746 234 636 304.31	857 977 717 906.64
营业利润	5 574 663 603.54	−969 771 254.30	8 431 192 190.80	33 362 435 826.40	41 697 489 632.18	39 339 589 778.33	40 179 114 855.44	40 333 768 506.30	43 588 030 405.77	48 583 420 230.10	54 109 987 145.49
净利润	5 408 236 840.66	−850 060 674.67	8 108 025 454.21	28 532 456 188.53	34 983 611 033.19	39 339 589 778.33	40 179 114 855.44	38 250 773 022.04	40 073 969 223.24	43 959 051 525.79	47 116 097 512.19

二、指标计算

上汽集团2008—2017年衡量发展能力的指标如附表7-3所示。

附表7-3　　　　　　　　上汽集团2008—2017年衡量发展能力的指标

指标	2008年	2009年	2010年	2011年	2012年	2013年	2014年	2015年	2016年	2017年
营业收入增长率	1.27%	31.75%	162.81%	18.66%	10.47%	17.75%	11.25%	5.53%	12.83%	14.97%
营业利润增长率	−117.40%	−969.40%	295.70%	24.98%	−5.65%	2.13%	0.38%	8.07%	11.46%	11.38%
净利润增长率	−115.72%	−1053.82%	251.90%	22.63%	12.43%	2.13%	−4.80%	4.77%	9.69%	7.18%
总资产增长率	5.93%	28.09%	106.32%	11.78%	−0.45%	17.79%	11.03%	23.32%	15.46%	22.49%
资本积累率	−10.39%	21.35%	142.73%	17.27%	8.93%	11.53%	14.39%	14.01%	11.55%	15.66%

三、指标分析

（一）营业收入增长率

营业收入增长率反映了企业经营活动的发展情况和增长潜力，是衡量企业发展能力的重要指标。

2008—2017年，上汽集团的营业收入增长率均大于0，说明其每年的营业收入都有所增长，还处于不断发展的阶段。2008—2010年，上汽集团的营业收入增长率快速上升，由1.27%上升至162.81%，2011年又迅速下跌，此后处于小幅度的波动中，除2015年外，2011—2017年在10%～20%，即上汽集团保持了较稳定的增长率。营业收入增长率（2008—2017年）如附图7-1所示。

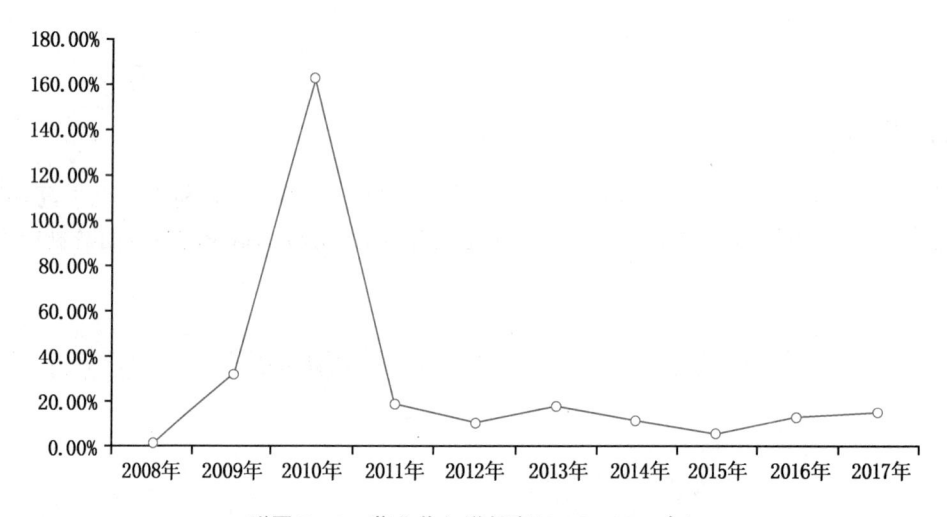

附图7-1　营业收入增长率（2008—2017年）

（二）营业利润增长率

营业利润增长率是分析企业本期营业利润比上期营业利润增长幅度的财务指标，表明企业在营业活动盈利方面的发展能力。营业利润增长率大于0，表明企业营业利润的增加，营业活动的盈利能力增强；营业利润增长率小于0，表明企业营业利润的减少，营业活动的盈利能力减弱。

2008年、2009年和2012年，上汽集团的营业利润增长率为负，企业营业活动的获利能力较弱，其他年份的营业利润率均大于0，说明其营业利润增多，盈利能力较强；2015—2017年，上汽集团的营业利润率稳定增长，由8.07%上升为11.38%。营业利润增长率（2008—2017年）如附图7-2所示。

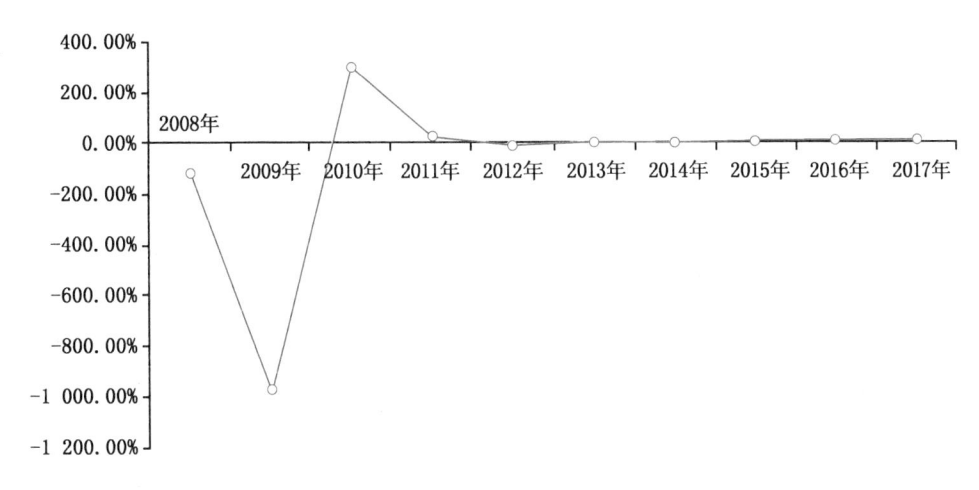

附图7-2　营业利润增长率(2008-2017年)

(三)净利润增长率

净利润增长率是分析企业本期净利润比上期净利润增长幅度的财务指标,表明企业在净盈利方面的发展能力。净利润增长率大于0,表明企业净利润的增加,盈利能力增强;净利润增长率小于0,表明企业净利润的减少,盈利能力减弱。

从附图7-3中可以看出,2008-2017年,上汽集团的净利润增长率保持了与营业利润增长率相一致的发展趋势,说明上汽集团的净利润主要来自营业利润。

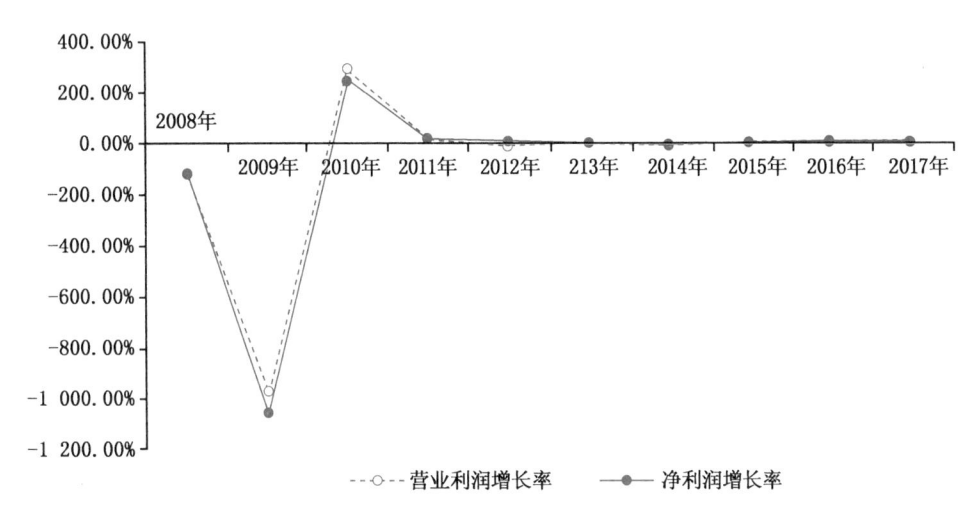

附图7-3　净利润增长率和营业利润增长率(2008-2017年)

(四)总资产增长率

总资产增长率是分析企业资产期末余额比资产期初余额增长幅度的财务指标。资产增长率大于0,表明企业资产的增加,资产规模扩大;资产增长率小于0,表明企业资产的减少,资产规模缩减。

除2012年上汽集团的总资产增长率为-0.45%外,其他年份的总资产增长率均为正数。2010年,上汽集团的总资产增长率最高,为106.32%。多数年份,上汽集团的总资产增长率处于小幅度波动中,稳定地持续增长。总资产增长率(2008-2017年)如附图7-4所示。

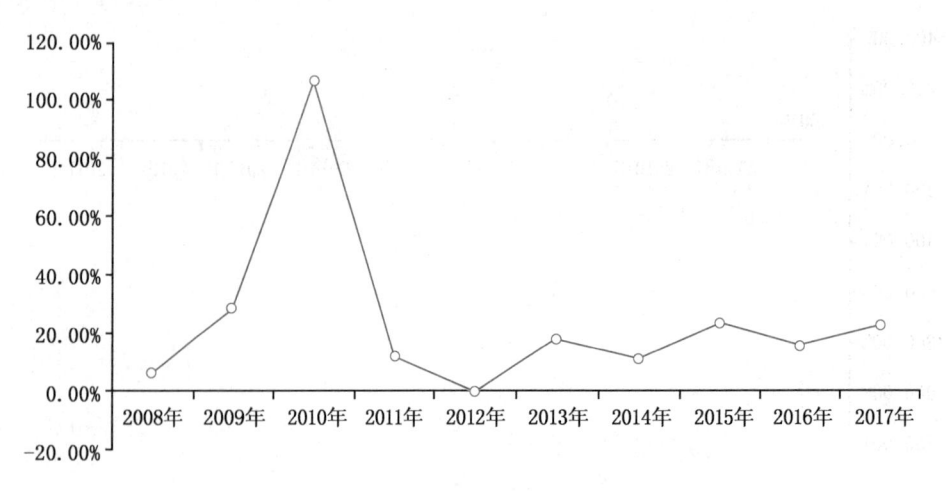

附图7-4 总资产增长率(2008—2017年)

(五)资本积累率

资本积累率是分析企业股东权益或所有者权益期末余额比期初余额增长幅度的财务指标,表明企业资本的增长能力。资本积累率大于0,表明企业股东权益或所有者权益的增加,资本的增长能力增强;资本积累率小于0,表明企业股东权益或所有者权益的减少,资本的增长能力减弱。

除2008年外,上汽集团的资本积累率都大于0,2012—2017年处于小幅度的稳定波动中,反映了上汽集团的资本积累能力稳定增长,企业发展能力持续增强。资本积累率(2008—2017年)如附图7-5所示。

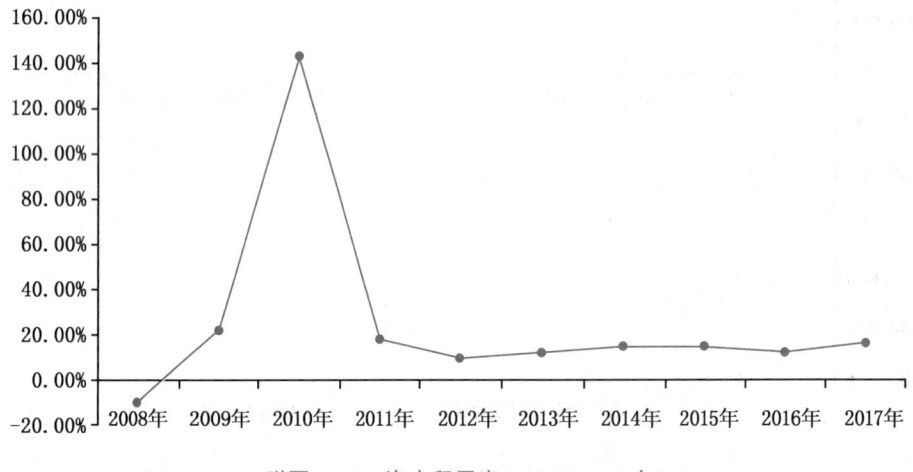

附图7-5 资本积累率(2008—2017年)

四、分析结论

2008—2017年,上汽集团经历了一个快速发展而又减慢速度、基本保持稳定的发展趋势,营业收入、营业利润、净利润、总资产、净资产等的增长速度均有所放缓,保持了较为稳定的发展水平,资本扩大,资产增长。

案例8　使用杜邦分析法对浪潮信息(000977)2016年和2017年的净资产收益率进行分析

一、数据收集

根据浪潮信息(000977)2016—2017年度财务报告的披露,收集与净资产收益率有关的数据(见附表8—1和附表8—2)。

附表8—1　浪潮信息2016年12月31日和2017年12月31日的总资产和所有者权益　　单位:元

项　目	2016年12月31日	2017年12月31日
应收账款	1 739 826 436.88	3 938 733 573.11
存货	2 757 309 192.19	4 987 139 638.18
流动资产	7 275 771 894.54	15 876 466 238.72
非流动资产	1 803 369 273.95	2 005 034 828.70
总资产	9 079 141 168.49	17 881 501 067.42
流动负债	4 805 792 856.92	10 168 350 159.91
非流动负债	323 307 256.98	431 502 823.67
负债	5 129 100 113.90	10 599 852 983.58
所有者权益	3 950 041 054.59	7 281 648 083.84

附表8—2　浪潮信息2016年和2017年的营业收入和净利润　　单位:元

项　目	2016年	2017年
营业收入	12 667 745 961.86	25 488 175 696.93
全部成本	12 621 404 737.25	25 176 965 872.71
包括:营业成本	10 929 631 888.37	22 791 923 206.90
税金及附加	25 981 888.79	33 640 338.50
销售费用	579 786 528.02	794 101 869.16
管理费用	569 172 788.30	1 072 173 320.54
财务费用	114 139 414.96	217 209 042.71
资产减值损失	402 692 228.81	267 918 094.90
营业利润	285 846 158.43	505 823 847.23
营业外收入	81 787 694.31	528 650.88
营业外支出	822 266.91	389 056.40
所得税	83 270 113.78	81 547 763.79
净利润	283 541 472.05	424 415 677.92

二、指标计算

浪潮信息 2016 年和 2017 年的杜邦分析体系指标如附表 8-3 所示,杜邦分析(2016—2017 年)如附图 8-1 所示。

附表 8-3   浪潮信息 2016 年和 2017 年杜邦分析体系指标

指标	2016 年	2017 年	备注
净资产收益率	7.178 2%	5.828 6%	↓
总资产收益率	3.123 0%	2.373 5%	↓
权益乘数	2.298 5	2.455 7	↑
营业净利率	2.238 3%	1.665 1%	↓
总资产周转率	1.395 3	1.425 4	↑

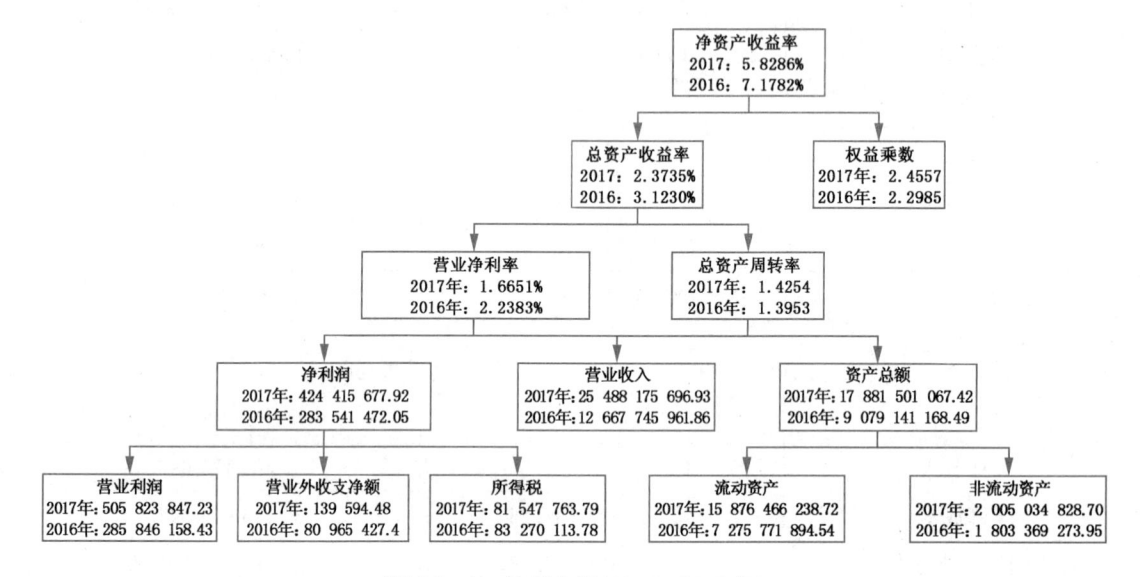

```
                        净资产收益率
                        2017: 5.8286%
                        2016: 7.1782%
                    ┌───────┴───────┐
              总资产收益率          权益乘数
              2017: 2.3735%      2017年: 2.4557
              2016: 3.1230%      2016年: 2.2985
          ┌──────┴──────┐
       营业净利率       总资产周转率
       2017年: 1.6651%  2017年: 1.4254
       2016年: 2.2383%  2016年: 1.3953
      ┌────┐         ┌─────┐        ┌─────┐
    净利润           营业收入         资产总额
    2017年: 424 415 677.92   2017年: 25 488 175 696.93   2017年: 17 881 501 067.42
    2016年: 283 541 472.05   2016年: 12 667 745 961.86   2016年: 9 079 141 168.49
  ┌────┬────┬────┐                              ┌────┬────┐
营业利润  营业外收支净额  所得税              流动资产      非流动资产
2017年: 505 823 847.23   2017年: 139 594.48   2017年: 81 547 763.79   2017年: 15 876 466 238.72   2017年: 2 005 034 828.70
2016年: 285 846 158.43   2016年: 80 965 427.4   2016年: 83 270 113.78   2016年: 7 275 771 894.54   2016年: 1 803 369 273.95
```

附图 8-1   杜邦分析(2016—2017 年)

三、指标分析

(一)净资产收益率

净资产收益率,是指净利润与净资产的比值,体现了自有资本获得净收益的能力,是衡量企业盈利能力的重要指标。净资产收益率越高,说明投资带来的收益越高。一般来说,负债增加会导致净资产收益率的上升。

从 2016 年和 2017 年的计算指标可以看出,浪潮信息 2016 年的净资产收益率(7.178 2%)大于 2017 年的净资产收益率(5.828 6%),说明 2016 年投资带来的收益更高,且获利能力更强,反映了 2016 年的获利能力、经营能力、财务决策、筹资方式等多种因素综合作用的结果要优于 2017 年。

(二)权益乘数

权益乘数是指资产总额相当于股东权益的倍数。权益乘数表示企业的负债程度,权益乘数越大,表明企业的负债程度越高,一般会导致企业财务杠杆率升高,财务风险加大。

浪潮信息2016年的权益乘数为2.2985。一般而言,权益乘数超过2,就认为是企业的负债程度比较高,风险比较大。浪潮信息的经营管理者应该对企业的资本结构进行认真的分析,减少企业承担的负债。只有当企业的总资产收益率大于借入资本成本时,借入资金才会产生正向的财务杠杆效应,使企业价值随债务增加而增加。2017年,浪潮信息的权益乘数继续上升,为2.4557,说明企业的负债仍然比较多,超出企业的承受能力,企业的经营管理者应想办法减少负债的程度。

(三)总资产收益率

总资产收益率是指企业净利润与资产总额之间的比率,用以评价企业运用全部资产的总体获利能力,是评价企业资产运营效益的重要指标。总资产收益率越高,表明资产利用效率越高,说明企业在增加收入、节约资金使用等方面取得了良好的效果;该指标越低,说明企业资产利用效率越低。

浪潮信息在2016年和2017年的总资产收益率分别为3.1230%和2.3735%。2017年,浪潮信息的总资产的利用能力有所下降,企业投入产出的水平比较低。总资产收益率是由营业净利率和总资产周转率共同决定的,应分别分析这两个因素的作用及影响程度。

(四)营业净利率

营业净利率是净利润与营业收入的比率,该指标反映每1元营业收入带来净利润多少,比率越高,说明企业的获利能力越强。

浪潮信息2017年的营业净利率(1.6651%)不如2016年(2.2383%),说明企业的获利能力有所下降。2017年,浪潮信息的净利润和营业收入都有所增加,但净利润的上升程度比营业收入的上升程度小。造成浪潮信息2017年营业净利率下降的主要原因是营业利润率降低(由2.2565%下降到1.9845%)和营业外收支净额占营业收入的比重下降(从0.6391%下降到0.0005%)。

(五)总资产周转率

总资产周转率是考察企业资产运营效率的一项重要指标,体现了企业经营期间全部资产从投入到产出的流转速度,反映了企业全部资产的管理质量和利用效率。通过对该指标的对比分析,反映出企业本年度与之前年度的运营效率的变化。

浪潮信息2017年的总资产周转率(1.4254)相对2016年(1.3953)有所上升,表明企业总资产周转速度加快,销售能力提高,资产利用效率提升。

(六)全部成本

全部成本包括营业成本、税金及附加、期间费用(财务费用、管理费用、销售费用)和资产减值损失。在保证产品质量的前提下,对企业生产过程进行科学合理的管理,力求以最小生产成本取得最大的生产成果。

浪潮信息2017年的全部成本相对2016年有所增加,但2017年的营业收入也有所增加,说明企业在2017年的产品数量有所增加。简单地看,2016年和2017年的全部成本无法比较,进一步分析可以看出在2017年1元钱的收入中有0.9878元是成本,而2016年1元钱的收入中有0.9963元是成本,说明2017年的经营过程中全部成本有所降低。在全部成本中,营业成本增加幅度较大,在以后的经营过程中,企业经营管理者应合理地降低经营成本,力求以最少的成本获得最大的收益。

四、分析结论

2017年,浪潮信息的净资产收益率下降,是由于总资产收益率下降导致的。总资产收益率下降源于营业净利率下降,而导致营业净利率下降的主要原因是企业营业利润增长幅度慢于营业收入增长速度。

案例 9　采用沃尔评分法对农业 A 股上市公司进行财务综合分析

一、数据收集

收集丰乐种业(000713)、隆平高科(000998)、亚盛集团(600108)、新农开发(600359)、万向德农(600371)、香梨股份(600506)、新赛股份(600540)、北大荒(600598)、海南橡胶(601118)、苏肯农发(601952)、宏辉果蔬(603336)11 家农业上市公司的财务数据,如附表 9—1 至附表 9—11 所示。

附表 9—1　　丰乐种业(000713)2017 年度和 2016 年度财务数据　　　　　　单位:元

项　目	2017 年(末)	2016 年(末)
应收账款	69 703 160.94	94 546 848.62
存货	777 407 383.90	680 076 930.54
流动资产	1 253 960 396.34	
固定资产	450 163 711.72	342 282 438.17
资产总额	2 192 910 477.92	2 072 865 589.53
流动负债	791 788 414.55	
负债总额	814 399 014.69	
所有者权益	1 378 511 463.23	1 390 066 538.53
营业收入	1 446 714 027.92	
营业成本	1 230 398 324.74	

附表 9—2　　隆平高科(000998)2017 年度和 2016 年度财务数据　　　　　　单位:元

项　目	2017 年(末)	2016 年(末)
应收账款	540 800 038.22	333 608 532.61
存货	2 196 082 301.36	1 520 740 614.72
流动资产	5 753 693 096.46	
固定资产	1 199 340 687.62	121 897 272.06
资产总额	12 976 621 364.22	
流动负债	3 842 297 587.05	
负债总额	6 541 420 264.74	
所有者权益	6 435 201 099.48	5 775 150 369.78
营业收入	3 190 019 342.23	
营业成本	1 731 935 148.45	

附表9—3　　　　　　　亚盛集团(600108)2017年度和2016年度财务数据　　　　　单位:元

项　目	2017年(末)	2016年(末)
应收账款	980 757 629.43	627 480 955.14
存货	872 982 832.50	774 386 268.97
流动资产	3 246 790 988.11	
固定资产	1 333 937 862.89	1 347 864 220.79
资产总额	8 040 965 974.53	
流动负债	1 784 326 993.19	
负债总额	3 280 234 508.63	
所有者权益	4 760 731 465.90	4 737 449 366.08
营业收入	2 066 341 677.84	
营业成本	1 560 834 857.63	

附表9—4　　　　　　　新农开发(600359)2017年度和2016年度财务数据　　　　　单位:元

项　目	2017年(末)	2016年(末)
应收账款	59 428 014.05	59 199 378.06
存货	281 348 389.37	504 168 652.53
流动资产	1 674 017 430.63	
固定资产	541 827 106.68	927 011 727.57
资产总额	2 555 101 774.47	
流动负债	1 388 180 450.37	
负债总额	1 878 778 105.66	
所有者权益	676 323 668.81	661 368 338.18
营业收入	1 084 701 436.83	
营业成本	1 031 662 990.96	

附表9—5　　　　　　　万向德农(600371)2017年度和2016年度财务数据　　　　　单位:元

项　目	2017年(末)	2016年(末)
应收账款	0	0
存货	143 811 028.88	165 933 214.88
流动资产	500 692 643.09	
固定资产	122 640 007.00	136 856 546.65
资产总额	766 775 226.87	
流动负债	227 489 345.01	
负债总额	254 594 132.19	

续表

项　目	2017年(末)	2016年(末)
所有者权益	512 181 094.68	446 822 086.18
营业收入	257 773 896.15	
营业成本	131 398 569.89	

附表9—6　　　香梨股份(600506)2017年度和2016年度财务数据　　　单位:元

项　目	2017年(末)	2016年(末)
应收账款	0.00	33 079.10
存货	35 774 476.55	21 980 121.13
流动资产	123 404 700.76	
固定资产	31 252 136.99	33 425 687.03
资产总额	288 760 944.40	
流动负债	4 421 771.36	
负债总额	15 573 751.07	
所有者权益	273 187 193.33	278 036 174.36
营业收入	68 031 962.23	
营业成本	62 983 470.19	

附表9—7　　　新赛股份(600540)2017年度和2016年度财务数据　　　单位:元

项　目	2017年(末)	2016年(末)
应收账款	231 593 363.51	239 842 422.56
存货	621 782 308.96	318 641 595.91
流动资产	1 254 870 579.62	
固定资产	723 749 265.04	723 754 851.32
资产总额	2 257 246 501.57	
流动负债	1 612 985 680.78	
负债总额	1 699 270 268.61	
所有者权益	557 976 232.96	533 644 880.59
营业收入	1 102 602 781.42	
营业成本	994 947 855.15	

附表9—8　　　北大荒(600598)2017年度和2016年度财务数据　　　单位:元

项　目	2017年(末)	2016年(末)
应收账款	47 885 668.32	52 501 663.31

续表

项 目	2017年(末)	2016年(末)
存货	786 300 745.35	859 034 844.84
流动资产	3 070 471 276.78	
固定资产	3 261 857 912.77	3 625 681 659.38
资产总额	7 646 957 935.40	
流动负债	1 694 673 866.25	
负债总额	1 771 311 053.55	
所有者权益	5 875 646 881.85	5 716 867 355.61
营业收入	2 992 414 562.19	
营业成本	423 134 872.83	

附表9—9　　海南橡胶(601118)2017年度和2016年度财务数据　　单位:元

项 目	2017年(末)	2016年(末)
应收账款	277 626 092.67	322 186 104.95
存货	1 743 662 163.53	1 774 697 021.52
流动资产	4 621 850 966.80	
固定资产	1 642 474 639.10	1 642 474 639.10
资产总额	13 368 188 114.52	
流动负债	4 768 682 476.33	
负债总额	5 416 565 556.62	
所有者权益	7 951 622 557.90	8 190 577 992.50
营业收入	10 818 322 651.34	
营业成本	10 247 608 097.04	

附表9—10　　苏肯农发(601952)2017年度和2016年度财务数据　　单位:元

项 目	2017年(末)	2016年(末)
应收账款	152 435 716.20	127 933 150.56
存货	1 776 307 137.61	1 676 247 302.17
流动资产	5 095 886 429.95	
固定资产	1 329 455 354.82	1 230 558 282.88
资产总额	6 610 551 204.69	4 000 616 956.66
流动负债	1 122 233 070.97	
负债总额	1 332 868 730.11	
所有者权益	5 277 682 474.58	2 621 072 198.73

续表

项　目	2017 年（末）	2016 年（末）
营业收入	4 315 517 645.78	
营业成本	3 459 582 964.93	

附表 9—11　　　　宏辉果蔬（603336）2017 年度和 2016 年度财务数据　　　　单位：元

项　目	2017 年（末）	2016 年（末）
应收账款	173 471 406.39	198 395 771.90
存货	235 167 044.81	203 727 172.65
流动资产	632 576 887.30	
固定资产	114 866 601.52	121 897 272.06
资产总额	800 485 796.48	
流动负债	17 191 724.00	
负债总额	22 469 641.91	
所有者权益	778 016 154.57	741 121 345.86
营业收入	684 288 372.04	
营业成本	568 408 706.63	

二、指标计算

11 家农业上市公司的沃尔评分得分，如附表 9—12 至附表 9—22 所示。

附表 9—12　　　　　　丰乐种业（000713）的沃尔评分得分

财务比率	比重	标准比率	实际比率	相对比率	评分
流动比率	25%	2	1.583 7	0.791 9	19.80%
产权比率	25%	1.5	0.590 8	0.393 9	9.85%
固定资产比率	15%	2.5	0.205 3	0.082 1	1.23%
存货周转率	10%	8	1.688 4	0.211 0	2.11%
应收账款周转率	10%	6	17.616 0	2.936 0	29.36%
固定资产周转率	10%	4	3.651 3	0.912 8	9.13%
所有者权益周转率	5%	3	1.045 1	0.348 4	1.74%
合　计					73.21%

附表 9—13　　　　　　隆平高科（000998）的沃尔评分得分

财务比率	比重	标准比率	实际比率	相对比率	评分
流动比率	25%	2	1.497 5	0.748 7	18.72%
产权比率	25%	1.5	1.016 5	0.677 7	16.94%

续表

财务比率	比重	标准比率	实际比率	相对比率	评分
固定资产比率	15%	2.5	0.092 4	0.037 0	0.55%
存货周转率	10%	8	0.931 9	0.116 5	1.16%
应收账款周转率	10%	6	7.296 4	1.216 1	12.16%
固定资产周转率	10%	4	4.828 8	1.207 2	12.07%
所有者权益周转率	5%	3	0.522 5	0.174 2	0.87%
合　计					62.48%

附表9—14　　　　　　　　　亚盛集团(600108)的沃尔评分得分

财务比率	比重	标准比率	实际比率	相对比率	评分
流动比率	25%	2	1.819 6	0.909 8	22.75%
产权比率	25%	1.5	0.689 0	0.459 3	11.48%
固定资产比率	15%	2.5	0.165 9	0.066 4	1.00%
存货周转率	10%	8	1.894 9	0.236 9	2.37%
应收账款周转率	10%	6	2.569 7	0.428 3	4.28%
固定资产周转率	10%	4	1.541 0	0.385 3	3.85%
所有者权益周转率	5%	3	0.435 1	0.145 0	0.73%
合　计					46.45%

附表9—15　　　　　　　　　新农开发(600359)的沃尔评分得分

财务比率	比重	标准比率	实际比率	相对比率	评分
流动比率	25%	2	1.205 9	0.603 0	15.07%
产权比率	25%	1.5	2.777 9	1.852 0	46.30%
固定资产比率	15%	2.5	0.212 1	0.084 8	1.27%
存货周转率	10%	8	2.626 7	0.328 3	3.28%
应收账款周转率	10%	6	18.287 5	3.047 9	30.48%
固定资产周转率	10%	4	1.477 0	0.369 2	3.69%
所有者权益周转率	5%	3	1.621 8	0.540 6	2.70%
合　计					102.80%

附表9—16　　　　　　　　　万向德农(600371)的沃尔评分得分

财务比率	比重	标准比率	实际比率	相对比率	评分
流动比率	25%	2	2.200 9	1.100 5	27.51%
产权比率	25%	1.5	0.497 1	0.331 4	8.28%

续表

财务比率	比重	标准比率	实际比率	相对比率	评分
固定资产比率	15%	2.5	0.159 9	0.064 0	0.96%
存货周转率	10%	8	0.848 4	0.106 1	1.06%
应收账款周转率	10%	6			
固定资产周转率	10%	4	1.986 7	0.496 7	4.97%
所有者权益周转率	5%	3	0.537 6	0.179 2	0.90%
合 计					43.68%

附表 9-17　香梨股份(600506)的沃尔评分得分

财务比率	比重	标准比率	实际比率	相对比率	评分
流动比率	25%	2	27.908 4	13.954 2	348.86%
产权比率	25%	1.5	0.057 0	0.038 0	0.95%
固定资产比率	15%	2.5	0.108 2	0.043 3	0.65%
存货周转率	10%	8	2.181 1	0.272 6	2.73%
应收账款周转率	10%	6	4 113.289 8	685.548 3	6 855.48%
固定资产周转率	10%	4	2.103 7	0.525 9	5.26%
所有者权益周转率	5%	3	0.246 8	0.082 3	0.41%
合 计					7 214.33%

附表 9-18　新赛股份(600540)的沃尔评分得分

财务比率	比重	标准比率	实际比率	相对比率	评分
流动比率	25%	2	0.778 0	0.389 0	9.72%
产权比率	25%	1.5	3.045 4	2.030 3	50.76%
固定资产比率	15%	2.5	0.320 6	0.128 3	1.92%
存货周转率	10%	8	2.116 0	0.264 5	2.64%
应收账款周转率	10%	6	4.677 6	0.779 6	7.80%
固定资产周转率	10%	4	1.523 5	0.380 9	3.81%
所有者权益周转率	5%	3	2.020 1	0.673 4	3.37%
合 计					80.02%

附表 9-19　北大荒(600598)的沃尔评分得分

财务比率	比重	标准比率	实际比率	相对比率	评分
流动比率	25%	2	1.811 8	0.905 9	22.65%
产权比率	25%	1.5	0.301 5	0.201 0	5.02%

续表

财务比率	比重	标准比率	实际比率	相对比率	评分
固定资产比率	15%	2.5	0.426 6	0.170 6	2.56%
存货周转率	10%	8	0.514 3	0.064 3	0.64%
应收账款周转率	10%	6	59.617 4	9.936 2	99.36%
固定资产周转率	10%	4	0.868 9	0.217 2	2.17%
所有者权益周转率	5%	3	0.516 3	0.172 1	0.86%
合　计					133.27%

附表 9-20　　　　　　　　海南橡胶(601118)的沃尔评分得分

财务比率	比重	标准比率	实际比率	相对比率	评分
流动比率	25%	2	0.969 2	0.484 6	12.12%
产权比率	25%	1.5	0.681 2	0.454 1	11.35%
固定资产比率	15%	2.5	0.122 9	0.049 1	0.74%
存货周转率	10%	8	5.825 2	0.728 2	7.28%
应收账款周转率	10%	6	36.072 4	6.012 1	60.12%
固定资产周转率	10%	4	6.586 6	1.646 6	16.47%
所有者权益周转率	5%	3	1.340 4	0.446 8	2.23%
合　计					110.31%

附表 9-21　　　　　　　　苏肯农发(601952)的沃尔评分得分

财务比率	比重	标准比率	实际比率	相对比率	评分
流动比率	25%	2	4.540 8	2.270 4	56.76%
产权比率	25%	1.5	0.252 5	0.168 4	4.21%
固定资产比率	15%	2.5	0.201 1	0.080 4	1.21%
存货周转率	10%	8	2.004 1	0.250 5	2.51%
应收账款周转率	10%	6	30.784 6	5.130 8	51.31%
固定资产周转率	10%	4	3.371 5	0.842 9	8.43%
所有者权益周转率	5%	3	1.092 7	0.364 2	1.82%
合　计					126.24%

附表 9-22　　　　　　　　宏辉果蔬(603336)的沃尔评分得分

财务比率	比重	标准比率	实际比率	相对比率	评分
流动比率	25%	2	36.795 4	18.397 7	459.94%
产权比率	25%	1.5	0.028 9	0.019 3	0.48%

续表

财务比率	比重	标准比率	实际比率	相对比率	评分
固定资产比率	15%	2.5	0.143 5	0.057 4	0.86%
存货周转率	10%	8	2.590 2	0.323 8	3.24%
应收账款周转率	10%	6	3.680 3	0.613 4	6.13%
固定资产周转率	10%	4	5.780 3	1.445 1	14.45%
所有者权益周转率	5%	3	0.900 9	0.300 3	1.50%
合　计					486.61%

三、分析结论

汇总各家公司的沃尔评分，如附表9—23所示。

附表9—23　　　　　　　　农业上市公司沃尔评分结果

排名	公司名称	得分	排名	公司名称	得分	排名	公司名称	得分
1	香梨股份	7 214.33%	5	海南橡胶	110.31%	9	隆平高科	62.48%
2	宏辉果蔬	486.61%	6	新农开发	102.80%	10	亚盛集团	46.45%
3	北大荒	133.27%	7	新赛股份	80.02%	11	万向德农	43.68%
4	苏垦农发	126.24%	8	丰乐种业	73.21%			

根据得分，香梨股份(600506)、宏辉果蔬(603336)、北大荒(600598)、苏垦农发(601952)、海南橡胶(601118)、新农开发(600359)六家公司的得分大于100%，财务状况良好；新赛股份(600540)财务状况一般，丰乐种业(000713)、隆平高科(000998)、亚盛集团(600108)、万向德农(600371)四家公司的财务状况较差，应当采取适当的措施加以改善。

模拟试卷 1

一、单选题(本题共 20 题,每题 1 分,共 20 分)

1. 为了分析企业财务状况和经营成果在同行业中所处的地位,需要进行同行业比较分析,其中行业标准产生的依据是( )。
   A. 历史先进水平　　B. 历史平均水平　　C. 行业先进水平　　D. 行业平均水平
2. 债权人在进行企业财务分析时,最为关注的是( )。
   A. 资产运营能力　　B. 盈利能力　　　　C. 偿债能力　　　　D. 发展能力
3. 不同分析人员对财务报表分析的侧重点不同,产生这种差异的原因是分析人员的( )。
   A. 分析对象不同　　B. 分析目的不同　　C. 分析方法不同　　D. 分析依据不同
4. 可用于偿还流动负债的流动资产是( )。
   A. 存出投资款　　　　　　　　　　　B. 回收期在一年以上的应收款项
   C. 库存现金　　　　　　　　　　　　D. 固定资产
5. 现金类资产是指货币资金和( )。
   A. 存货　　　　　　B. 交易性金融资产　C. 应收票据　　　　D. 应收账款
6. 下列选项中,不属于资产负债表中非流动资产的是( )。
   A. 应付债券　　　　B. 固定资产　　　　C. 无形资产　　　　D. 长期股权投资
7. 未分配利润的计算方法是( )。
   A. 本年净利润－本年利润分配
   B. 年初未分配利润＋本年净利润
   C. 年初未分配利润＋本年净利润－本年利润分配
   D. 年初未分配利润－本年净利润
8. 企业经营管理者将其持有的现金投资于"现金等价物"项目,其目的在于( )。
   A. 控制其他企业
   B. 利用暂时闲置的资金赚取超过持有现金的收益
   C. 谋求高于利息收入的风险报酬
   D. 企业长期规划
9. 下列选项中,属于经营活动产生的现金流量的是( )。
   A. 出售固定资产收回的现金净额　　　B. 分配股利支付的现金
   C. 借款收到的现金　　　　　　　　　D. 购买商品支付的现金
10. 海达股份有限公司 2022 年的流动资产为 240 万元,流动负债为 150 万元,存货为 40 万元,则下列说法正确的是( )。
    A. 营运资本为 50 万元　　　　　　　B. 营运资本为 90 万元
    C. 流动比率为 0.63　　　　　　　　D. 速动比率为 0.75
11. 下列各项中,可能引致企业资产负债率变化的经济业务是( )。
    A. 以固定资产对外投资(按账面价值作价)　B. 收回应收账款

C. 用现金购买债券　　　　　　　　D. 接收所有者投资转入的固定资产

12. 较高的现金比率一方面会使企业资产的流动性增强,另一方面也会带来(　　)。
A. 存货购进的减少　　　　　　　　B. 销售机会的丧失
C. 利息费用的增加　　　　　　　　D. 机会成本的增加

13. 海达股份有限公司2022年年末负债总额为120 000万元,所有者权益总额为480 000万元,则产权比率是(　　)。
A. 5　　　　　B. 0.25　　　　　C. 0.2　　　　　D. 4

14. 经营管理者分析资产营运能力的目的是(　　)。
A. 评价盈利能力　　　　　　　　B. 判断财务安全性
C. 评价偿债能力　　　　　　　　D. 发现和处置闲置资产

15. 下列各项中,不能导致应收账款周转率下降的是(　　)。
A. 客户故意拖延付款　　　　　　B. 客户财务困难
C. 企业信用政策过宽　　　　　　D. 企业营业收入的增加

16. 海达股份有限公司2022年的营业收入为500万元,其年初资产总额为65万元,年末资产总额为60万元,则该公司的总资产周转率为(　　)。
A. 8.3　　　　　B. 8　　　　　C. 7.7　　　　　D. 4

17. 下列财务比率中,不能反映企业盈利能力的指标是(　　)。
A. 总资产收益率　　B. 营业利润率　　C. 总资产周转率　　D. 资本积累率

18. 下列各项中,不影响营业毛利率变化的因素是(　　)。
A. 产品销售量　　　B. 产品售价　　　C. 生产成本　　　D. 产品销售结构

19. 海达股份有限公司2022年实现利润情况如下:营业收入4 800万元,营业成本3 000万元,资产减值损失50万元,销售费用280万元,管理费用320万元,则营业利润率为(　　)。
A. 31.67%　　　　B. 30.63%　　　　C. 37.50%　　　　D. 23.96%

20. 在杜邦财务分析体系中,综合性最强的财务比率是(　　)。
A. 净资产收益率　　B. 总资产收益率　　C. 总资产周转率　　D. 营业净利率

二、多选题(本题共15题,每题2分,共30分)

1. 下列各项中,属于财务报表分析人员的有(　　)。
A. 债权人　　　　B. 经营管理者　　　C. 投资者　　　D. 政府相关部门

2. 对财务报表进行分析,主要是对企业的(　　)进行分析。
A. 现金流量　　　B. 筹资情况　　　C. 财务状况　　　D. 经营成果

3. 下列资产负债表项目中,属于筹资活动结果的有(　　)。
A. 短期借款　　　B. 长期投资　　　C. 长期借款　　　D. 应收账款

4. 下列各项中,属于股东权益的有(　　)。
A. 股本　　　　　B. 资本公积　　　C. 盈余公积　　　D. 未分配利润

5. 下列各项属于财务报表分析内容的有(　　)。
A. 偿债能力分析　　　　　　　　B. 发展能力分析
C. 资产运用效率分析　　　　　　D. 获利能力分析

6. 下列各项活动中,属于筹资活动产生的现金流量项目有(　　)。
A. 以现金偿还债务的本金　　　　B. 支付现金股利
C. 支付借款利息　　　　　　　　D. 发行股票筹集资金

7. 造成流动比率不能正确反映偿债能力的原因有(　　)。
　　A. 季节性经营的企业,销售不均衡　　　B. 大量使用分期付款结算方式
　　C. 年末销售大幅度上升或下降　　　　　D. 大量的销售为现销
8. 下列关于资产负债率的叙述中,正确的有(　　)。
　　A. 资产负债率是负债总额与资产总额的比值
　　B. 对债权人来说,资产负债率越低越好
　　C. 资产负债率是产权比率的倒数
　　D. 对经营者来说,资产负债率应控制在适度的水平上
9. 存货周转率可以(　　)为基础计算。
　　A. 营业收入　　　B. 营业成本　　　C. 营业利润　　　D. 销售费用
10. 下列各项中,决定息税前利润的因素包括(　　)。
　　A. 营业收入　　　B. 营业成本　　　C. 营业利润　　　D. 管理费用
11. 海达股份有限公司 2022 年的税后利润很多,却不能偿还到期债务。为查清其原因,应检查的财务比率包括(　　)。
　　A. 资产负债率　　B. 流动比率　　　C. 存货周转率　　D. 应收账款周转率
12. 下列关于有形净值债务率的叙述中,正确的是(　　)。
　　A. 衡量企业的风险程度和对债务的偿还能力
　　B. 有形净值债务率越大,表明风险越小
　　C. 有形净值债务率越大,表明风险越大
　　D. 有形净值债务率越小,表明偿债能力越强
13. 以下属于短期偿债能力衡量指标的有(　　)。
　　A. 流动比率　　　B. 速动比率　　　C. 现金比率　　　D. 资产负债率
14. 现金流量可以用来评价企业(　　)的能力。
　　A. 支付利息　　　B. 利润分配　　　C. 偿付债务　　　D. 生产经营
15. 在杜邦分析法中可以发现,提高净资产收益率的途径有(　　)。
　　A. 使营业收入增长高于成本费用增加的幅度
　　B. 降低公司的销售成本或经营费用
　　C. 提高总资产周转率
　　D. 在不危及企业财务安全时,增加债务规模,增大权益乘数

三、判断题(本题共 10 题,每题 1 分,共 10 分)
1. 当流动资产小于流动负债时,说明部分长期资产是以流动负债作为资金来源的。(　　)
2. 如果企业有良好的偿债能力声誉,也能提高短期偿债能力。(　　)
3. 营运资本是一个相对指标,有利于不同企业之间的比较。(　　)
4. 依据杜邦分析法,在其他因素不变的情况下,提高权益乘数,将提高净资产收益率。(　　)
5. 市净率是普通股每股市价与每股净资产的比率关系。(　　)
6. 每股经营现金流量反映了每股流通在外的普通股所产生的现金流量。该指标越高,越为股东们所接受。(　　)
7. 每股收益是评价上市公司获利能力的基本和核心指标。(　　)
8. 影响主营业务收入变动的因素有产品销售数量和销售单价。(　　)
9. 流动资产的流动性期限在 1 年以内。(　　)

10. 速动资产中不包含存货。 （　　）

四、综合题（本题共 4 题，每题 10 分，共 40 分）

1. 已知海达股份有限公司 2021 年和 2022 年有关资料如模表 1—1 所示。

模表 1—1　　　　　　　海达股份有限公司资产负债表和利润表的部分数据　　　　　单位：万元

项　目	2021 年	2022 年
营业收入	280	350
营业成本	235	288
管理费用	87	98
财务费用	29	55
销售费用	11	15
利润总额	45	62
所得税费用	15	21
税后净利润	30	41
资产总额（期末）	128	198
其中：固定资产	59	78
库存现金	21	39
应收账款（平均）	8	14
存货（平均）	40	67
负债总额（期末）	55	88

要求：运用杜邦分析法对该公司的净资产收益率及其增减变动原因进行分析。

2. 已知海达股份有限公司 2022 年年末的资产总额为 500 万元，流动资产占 30%（其中，货币资金为 30 万元，其余为应收账款和存货）；所有者权益为 350 万元。该公司 2022 年的营业成本为 900 万元，年末流动比率＝1.5，存货周转率＝10。

要求：计算应收账款、存货、长期负债、流动负债、流动资产的数额。

3. 海达股份有限公司 2022 年年末的资产负债表如模表 1—2 的所示。2022 年年初，海达股份有限公司的资产总额为 787 620 万元。

模表 1—2　　　　　　　　　资产负债表简表

编制单位：海达股份有限公司　　　　2022 年 12 月 31 日　　　　　　　　　单位：万元

资　产	金　额	负债和所有者权益	金　额
货币资金	26 890	短期借款	172 470
交易性金融资产	10 478	应付账款	59 892
应收账款	176 674	应交税费	9 472
存货	321 830	其他应付款	66 438
固定资产	212 134	长期借款	41 686
无形资产	75 008	实收资本	92 400

续表

资 产	金 额	负债和所有者权益	金 额
其他非流动资产	25 388	未分配利润	406 044
资产总计	848 402	负债和所有者权益总计	848 402

要求:计算该公司的现金比率、速动比率、资产负债率、产权比率和总资产增长率。

4. 海达股份有限公司2022年度的甲商品销售额计划数为1 000万元,实际数为1 500万元;计划销售量为100万件,预期平均售价为10元;实际销售量为125万件,实际平均售价为9元。

要求:使用因素分析法对影响本期实际销售额的因素进行分析。

模拟试卷 2

一、单选题（本题共 20 题，每题 1 分，共 20 分）

1. 财务报表分析的对象是企业的（   ）。
   A. 各项基本活动　　B. 经营活动　　C. 投资活动　　D. 筹资活动
2. 企业（   ）时，可以增强流动资产的实际变现能力。
   A. 取得应收票据贴现款　　　　　　B. 为其他单位提供债务担保
   C. 拥有较多的长期资产　　　　　　D. 有可动用的银行贷款指标
3. 下列各项中不属于流动负债的是（   ）。
   A. 短期借款　　B. 应付账款　　C. 预付账款　　D. 预收账款
4. 海达股份有限公司 2022 年净利润为 83 519 万元，本年计提固定资产折旧 12 764 万元，无形资产摊销 95 万元，则本年产生的经营活动净现金流量是（   ）万元。
   A. 83 519　　B. 96 288　　C. 96 918　　D. 96 378
5. 确定现金流量的计价基础是（   ）。
   A. 权责发生制　　B. 应收应付制　　C. 收付实现制　　D. 收入费用配比制
6. （   ）产生的现金流量最能反映企业获取现金的能力。
   A. 投资活动　　B. 经营活动　　C. 筹资活动　　D. 以上各项均是
7. 如果企业速动比率很小，下列结论成立的是（   ）。
   A. 流动资金占用过多　　　　　　　B. 短期偿债能力很强
   C. 短期偿债风险很大　　　　　　　D. 资产流动性很强
8. 若流动比率大于 1，则下列结论中一定成立的是（   ）。
   A. 速动比率大于 1　　　　　　　　B. 营运资金大于零
   C. 资产负债率大于 1　　　　　　　D. 短期偿债能力强
9. 若企业连续几年的现金流量比率均为 1，则表明经营活动所形成的现金流量（   ）。
   A. 不能满足企业日常基本需要　　　B. 大于日常需要
   C. 恰好能够满足企业日常基本需要　D. 以上都不对
10. 企业的长期偿债能力主要取决于（   ）。
    A. 资产的规模　　　　　　　　　　B. 获利能力的强弱
    C. 负债的规模　　　　　　　　　　D. 资产的短期流动性
11. 海达股份有限公司 2022 年年末资产总额为 980 万元，负债总额为 525.6 万元，产权比率为（   ）。
    A. 1.16　　B. 0.54　　C. 0.46　　D. 0.86
12. 下列各项指标中，能够反映企业长期偿债能力的是（   ）。
    A. 现金比率　　B. 资产负债率　　C. 流动比率　　D. 速动比率
13. 企业的应收账款周转天数为 90 天，存货周转天数为 180 天，则营业周期为（   ）。
    A. 90 天　　B. 180 天　　C. 270 天　　D. 360 天

14. 海达股份有限公司2022年年末无形资产为30万元,负债总额为12万元,所有者权益总额为48万元,则有形净值债务率是( )。
   A. 0.25　　　　B. 0.27　　　　C. 1.27　　　　D. 1.25

15. 海达股份有限公司2022年营业收入为36 000万元,流动资产平均余额为4 000万元,固定资产平均余额为8 000万元。假定没有其他资产,则该公司2022年的总资产周转率为( )。
   A. 3.0　　　　B. 3.4　　　　C. 2.9　　　　D. 3.2

16. 当营业收入一定时,影响营业利润率指标高低的关键因素是( )。
   A. 主营业务利润　　B. 营业利润　　C. 利润总额　　D. 净利润

17. 海达股份有限公司2022年实现营业收入3 800万元,净利润480万元,总资产周转率为2,则总资产收益率为( )。
   A. 12.6%　　　B. 6.3%　　　C. 25.26%　　　D. 10%

18. 在杜邦财务分析体系中,综合性最强的财务比率是( )。
   A. 净资产收益率　　B. 总资产收益率　　C. 总资产周转率　　D. 营业净利率

19. 海达股份有限公司2022年的每股市价为18元,每股净资产为4元,则市净率为( )。
   A. 20　　　　B. 4.5　　　　C. 5.14　　　　D. 36

20. 下列财务比率中,不能反映企业获利能力的指标是( )。
   A. 总资产收益率　　B. 营业利润率　　C. 总资产周转率　　D. 长期资本收益率

二、多选题(本题共15题,每题2分,共30分)

1. 按照比较的对象分类,比较分析法包括( )。
   A. 历史比较　　B. 同业比较　　C. 总量指标比较　　D. 预算比较

2. 盈余公积包括的项目有( )。
   A. 法定盈余公积　　B. 一般盈余公积　　C. 非常盈余公积　　D. 任意盈余公积

3. 通货膨胀对资产负债表的影响主要有( )。
   A. 高估固定资产　　B. 高估负债　　C. 低估净资产价值　　D. 低估存货

4. 现金流量分析的作用有( )。
   A. 对获取现金的能力作出评价
   B. 对偿债能力作出评价
   C. 对收益的质量作出评价
   D. 对投资活动和筹资活动作出评价

5. 一项投资被确认为现金等价物必须同时具备的条件有( )。
   A. 持有期限短
   B. 流动性强
   C. 易于转换为已知金额现金
   D. 价值变动风险小

6. 下列各项活动中,属于筹资活动产生的现金流量项目的有( )。
   A. 以现金偿还债务本金
   B. 支付现金股利
   C. 支付借款利息
   D. 发行股票筹资

7. 影响净资产收益率的因素有( )。
   A. 总资产收益率　　B. 资产负债率　　C. 营业利润率　　D. 营业净利率

8. 下列有关流动比率的说法中,正确的有( )。
   A. 流动比率是一个静态指标
   B. 流动比率的标准值为2
   C. 流动比率是一个动态指标
   D. 流动比率是流动资产与流动负债的比值

9. 计算速动比率时,要从流动资产中剔除存货的原因是( )。
   A. 在流动资产中存货的变现速度最慢

B. 在流动资产中存货占比较小
C. 存货中可能有已损失报废但还没做处理的不能变现的存货
D. 部分存货可能已抵押

10. 下列关于资产负债率的叙述中,正确的有( )。
A. 资产负债率＝负债额/资产额
B. 对经营管理者来说,资产负债率应控制在适度的水平上
C. 对债权人来说,资产负债率越低越好
D. 资产负债率是产权比率的倒数

11. 下列各项中,影响总资产周转率的因素有( )。
A. 企业所处行业及其经营背景　　　B. 企业经营周期的长短
C. 企业的资产构成及其质量　　　　D. 资产的管理力度

12. 利用利润表分析偿债能力的指标有( )。
A. 每股收益　　　　　　　　　　　B. 利息保障倍数
C. 有形净值债务率　　　　　　　　D. 流动负债保障倍数

13. 下列各项中,影响总资产周转率的有( )。
A. 企业所处行业　B. 经营周期　C. 管理力度　D. 资产构成

14. 分析评价存货周转率应注意的问题有( )。
A. 季节性生产的公司,其存货波动起伏较大,可按季或月计算存货平均余额
B. 结合企业的竞争战略分析存货周转率
C. 分析了解企业目前所处的产品生命周期
D. 存货周转率分析并不能找出企业存货管理中存在的问题

15. 对不同的报表使用者而言,营运能力分析具有不一样的意义,对此理解正确的有( )。
A. 对经营管理者而言,营运能力分析有助于优化资产结构
B. 对经营管理者而言,营运能力分析有助于改善财务状况
C. 对企业的现有股东而言,营运能力分析有助于判断企业财务的安全性、资本保全程度
D. 对企业的潜在投资者而言,营运能力分析有助于判断资产实现收益的能力

三、判断题(本题共 10 题,每题 1 分,共 10 分)
1. 对企业的短期偿债能力进行分析主要是进行流动比率的同业比较、历史比较和预算比较分析。( )
2. 产权比率就是负债总额与所有者权益总额的比值。( )
3. 财务报表分析主要为投资者服务。( )
4. 比较分析法是财务报表分析最常用的方法。( )
5. 有形净值是指所有者权益减去无形资产后的余额。( )
6. 计算任何一项资产的周转率时,其周转额均为营业收入。( )
7. 为准确计算应收账款周转率,其周转额应使用赊销金额。( )
8. 资产的运用效率也会受到资产质量的影响。( )
9. 长期资本是企业全部借款与所有者权益的合计。( )
10. 在其他因素不变的情况下,提高权益乘数,将提高净资产收益率。( )

四、综合题(本题共 4 题,每题 10 分,共 40 分)

1. 已知海达股份有限公司 2022 年有关财务报表数据资料如下:

存货:期初数 180 万元,期末数 240 万元。

流动负债:期初数 150 万元,期末数 225 万元。

速动比率:期初数 0.75。

流动比率:期末数 1.6。

总资产周转次数:本期数 1.2。

总资产:本期平均数 900 万元。

要求:

(1)计算该公司流动资产的期初数和期末数;

(2)计算该公司本期销售收入;

(3)计算该公司本期流动资产平均余额和流动资产周转率。

2. 海达股份有限公司 2022 年年末资产负债表(简表)如模表 2—1 所示。

模表 2—1　　　　　　　　　　　　　资产负债表(简表)

编制单位:海达股份有限公司　　　　　　2022 年 12 月 31 日　　　　　　　　　　　　　单位:万元

资　　产	期末数	负债及所有者权益(或股东权益)	期末数
一、流动资产		一、流动负债	
货币资金	120	短期借款	170
交易性金融资产	70	应付账款	120
应收账款	95	……	
存货	160	流动负债合计	320
流动资产合计	445	二、非流动负债	
二、非流动资产		……	
长期股权投资	300	非流动负债合计	470
固定资产	420	三、所有者权益(或股东权益)	
无形资产	85	实收资本(或股本)	90
非流动资产合计	795	资本公积	270
		盈余公积	40
		所有者权益(或股东权益)合计	460
资产总计	1 250	负债及所有者权益(或股东权益)总计	1 250

要求:计算流动比率、速动比率、资产负债率、产权比率和有形净值债务率等财务指标。

3. 海达股份有限公司和其所处行业 2022 年度的基本财务比率如模表 2—2 所示。

模表 2—2　　　　　　海达股份有限公司及其所处行业的基本财务比率

年　　度	营业净利率	总资产周转率	权益乘数
2020 年	2.5%	2.2	2.4
2021 年	−1.5%	2.0	5.8

续表

年　度	营业净利率	总资产周转率	权益乘数
2022 年	3.5%	2.0	2
2022 年(行业)	3.5	2.5	2.2

要求:计算海达股份有限公司和行业的净资产收益率,并作出简要分析。

4.2022 年海达股份有限公司及同行业先进公司的利润表主要项目如模表 2—3 所示。

模表 2—3　　　　海达股份有限公司及同行业先进公司的利润表主要项目　　　　单位:万元

项　目	海达股份有限公司	同行业先进公司
营业毛利	1 700	2 000
期间费用	1 000	800
营业利润	700	1 200

要求:编制比较利润表(见模表 2—4),并简要分析海达股份有限公司利润水平比同行业先进公司低的原因。

模表 2—4　　　　　海达股份有限公司及同行业先进公司的比较利润表

项　目	海达股份有限公司	同行业先进公司	增加(减少) 金　额	增加(减少) 百分比
营业毛利	1 700	2 000		
期间费用	1 000	800		
营业利润	700	1 200		

模拟试卷 3

一、单选题(本题共 20 题,每题 1 分,共 20 分)

1. 通过计算、分析影响财务指标的各项因素及其影响程度,用以了解财务指标发生变动或差异原因的方法是( )。
   A. 比较分析法　　B. 比率分析法　　C. 因素分析法　　D. 平衡分析法
2. 资产负债表中的( )是公司投资决策的结果,反映企业的经营战略。
   A. 所有项目　　B. 资产　　C. 负债　　D. 所有者权益
3. 按照我国现行的企业会计准则,发生存货成本确定不可以采用的方法是( )。
   A. 先进先出法　　B. 加权平均法　　C. 个别计价法　　D. 后进先出法
4. 企业处置固定资产所产生的经济利益的总流入,应当确认为( )。
   A. 主营业务收入　　B. 营业收入　　C. 投资收益　　D. 营业外收入
5. 下列选项中,属于筹资活动现金流量的是( )。
   A. 购建固定资产支付的现金
   B. 取得债券利息收入收到的现金
   C. 融资租入固定资产的租赁费
   D. 经营租赁支付的现金
6. 下列选项中,能够引起经营活动现金流量减少的项目是( )。
   A. 无形资产摊销
   B. 销售长期股权投资利得
   C. 存货增加
   D. 应收账款减少
7. 海达股份有限公司 2022 年年初流动比率为 2,速动比率为 1;年末流动比率为 2.3,速动比率为 0.8。发生这种情况的原因可能是( )。
   A. 存货增加　　B. 应收账款增加　　C. 应付账款增加　　D. 预收账款增加
8. 海达股份有限公司 2022 年年末库存现金 5 万元,银行存款 78 万元,短期可出售的债券投资 95 万元,应收账款 40 万元,存货 110 万元,流动负债 400 万元。则该公司的现金比率为( )。
   A. 0.445　　B. 0.545　　C. 0.570　　D. 0.845
9. 海达股份有限公司 2022 年的资产负债率为 40%,则权益乘数为( )。
   A. 1.67　　B. 2.5　　C. 2　　D. 1.5
10. 海达股份有限公司 2022 年税后净利润为 75 万元,所得税税率为 25%,利息支出为 50 万元,则该公司的利息保障倍数为( )。
    A. 1　　B. 2　　C. 3　　D. 4
11. 计算资产周转率时,营运资产的占用额通常使用( )。
    A. 资产的平均余额
    B. 资产的平均原值
    C. 资产的余额
    D. 资产原值
12. 2022 年 12 月 31 日,海达股份有限公司流动资产 600 万元,速动比率为 2.5,流动比率为 3.0。2022 年该公司销售成本为 300 万元,则按年末存货余额计算的存货周转率为( )。
    A. 1　　B. 2　　C. 3　　D. 6
13. 海达股份有限公司以成本为基础的存货周转率为 30,营业毛利率为 40%,则该企业以收入为基础的存货周转率为（　　）。

　　A. 12　　　　　　B. 40　　　　　　C. 25　　　　　　D. 50

14. 海达股份有限公司2022年度营业毛利率与2021年基本一致，而营业净利率却有较大幅度下降，原因可能是（　　）。

　　A. 期间费用上升　　　　　　　　　B. 主营业务收入上升
　　C. 主营业务成本上升　　　　　　　D. 其他业务利润下降

15. 杜邦分析体系中的基本指标不包括（　　）。

　　A. 总资产周转率　　B. 营业净利率　　C. 资产负债率　　D. 流动比率

16. 下列指标中，属于资产运营状况指标的是（　　）。

　　A. 存货周转率　　B. 速动比率　　C. 现金比率　　D. 利息保障倍数

17. 每股经营现金流量主要衡量的是（　　）。

　　A. 偿债能力　　　　　　　　　　　B. 每股收益的支付保障
　　C. 资产运用效率　　　　　　　　　D. 财务弹性

18. 海达股份有限公司2022年的资产负债率为40%，平均资产总额为2 000万元，利润总额为300万元，所得税费用为87万元，则该公司净资产收益率为（　　）。

　　A. 13.4%　　　　　B. 14.67%　　　　C. 17.75%　　　　D. 22%

19. 企业的流动资产周转率高，说明（　　）。

　　A. 企业的营业收入较高　　　　　　B. 企业的盈利能力较强
　　C. 企业的流动资产周转速度较快　　D. 流动资产较少

20. 下面关于企业发展能力的说法中，错误的是（　　）。

　　A. 企业的发展能力与企业的生命周期有关
　　B. 净利润增长率、总资产增长率、资本积累率都可以用于衡量企业的发展能力
　　C. 企业发展能力与偿债能力、盈利能力无关
　　D. 营业收入增长率＝本年营业收入增长额/上年营业收入额

二、多选题（本题共15题，每题2分，共30分）

1. 资产负债表中的货币资金具体存在形式包括（　　）。

　　A. 库存现金　　B. 银行存款　　C. 银行汇票存款　　D. 信用保证金

2. 对应收账款的分析应从（　　）方面进行。

　　A. 应收账款的规模　　　　　　　　B. 应收账款的质量
　　C. 坏账准备政策的影响　　　　　　D. 应收账款拖欠的时间

3. 分析存货项目时应主要关注（　　）。

　　A. 存货的规模
　　B. 存货发出的计价方法
　　C. 存货的期末计价及存货跌价准备的计提
　　D. 分析存货的具体项目构成

4. 下列关于持有至到期投资的表述中，正确的有（　　）。

　　A. 是一种衍生金融资产　　　　　　B. 到期日固定、回收金额固定或可确定
　　C. 到期日固定，但回收金额不确定　D. 是一种非衍生金融资产

5. 期间费用包括（　　）。

　　A. 管理费用　　B. 财务费用　　C. 销售费用　　D. 生产费用

6. 下列关于现金流量的各种表述中正确的有(　　)。
   A. 现金流量总额是指流入和流出没有互相抵销的金额
   B. 现金流量表的各项目,一般按报告年度的现金流入或流出的总额反映
   C. 现金流量总额全面揭示企业现金流量的方向、规模和结构
   D. 现金净流量可能是正数也可能是负数
7. 下列选项中,属于速动资产的有(　　)。
   A. 货币资金　　　　B. 存货　　　　C. 应收账款　　　　D. 交易性金融资产
8. 短期偿债能力的评价方法有(　　)。
   A. 评价流动负债和流动资产的数量关系
   B. 评价资产的流动性
   C. 评价负债的流动性
   D. 比较一年内产生的债务和产生的现金流出
9. 分析长期偿债能力的指标主要有(　　)。
   A. 资产负债率　　　B. 利息保障倍数　　　C. 产权比率　　　D. 权益乘数
10. 在其他条件不变的情况下,会引起总资产周转率上升的经济业务有(　　)。
    A. 处置闲置的固定资产　　　　　　B. 促销取得成效,收入有了显著增加
    C. 用银行存款归还企业债券　　　　D. 发放股票股利
11. 在一定时期内企业应收账款周转次数越多,周转天数越少,表明(　　)。
    A. 大量增加企业的收账费用和坏账损失
    B. 企业收回应收账款的速度也越快
    C. 应收账款的流动性越强
    D. 企业有可能实行严格的信用销售政策
12. 影响以成本为基础的存货周转率的因素有(　　)。
    A. 营业收入　　　B. 营业成本　　　C. 存货计价方法　　　D. 进货批量
13. 获利能力分析的作用包括(　　)。
    A. 衡量股东财富的保值增值能力
    B. 判断债权人的债务安全
    C. 直接反映企业管理者的创造收益的能力
    D. 有助于政府管理部门制定宏观经济政策
14. 对净资产收益率进行深入分析评价,可以使用的方法包括(　　)。
    A. 杜邦分析法　　　B. 结构分析法　　　C. 因素分析法　　　D. 趋势分析法
15. 获利能力分析对所有财务报表分析者都非常重要,对此理解正确的有(　　)。
    A. 企业的获利能力与股东财富直接挂钩,也是企业价值评估的数据基础
    B. 企业的获利能力影响债权人的债务安全
    C. 企业的获利能力直接反映管理者的经营业绩
    D. 政府管理部门通过收益数额分析企业获利能力对市场的影响,并取得财政收入

三、判断题(本题共 10 题,每题 1 分,共 10 分)
   1. 财务报表分析是以财务报表为主要依据,运用科学的分析方法和评判方式,对企业的经营活动状况及其成果作出判断,以供相关决策的全过程。(　　)
   2. 财务报表分析的基本资料就是资产负债表、利润表、现金流量表三张基本报表。(　　)

3. 构成比率是指某项财务分析指标的各构成部分数值占总体数值的百分比。　　　　(　　)

4. 利润表的结构分析法就是对多个会计期间企业的盈余水平及其变动趋势进行分析,可以肯定成绩,发现问题,并总结良好的经营管理经验。　　　　　　　　　　　　　　(　　)

5. 若企业 A 和企业 B 为同行业的两个企业,它们的营运资本均为 300 万元,则它们的短期偿债能力相同。　　　　　　　　　　　　　　　　　　　　　　　　　　　　(　　)

6. 产权比率是对资产负债率的必要补充,反映了负债与所有者权益的相对关系。　(　　)

7. 一般而言,总资产周转率越低,表明企业利用各项资产进行经营活动的能力越差,资产的运用效率越低。　　　　　　　　　　　　　　　　　　　　　　　　　　　　(　　)

8. 应收账款周转率是用来评估应收账款流动速率和管理效率的,所以应收账款周转率越高越好。　　　　　　　　　　　　　　　　　　　　　　　　　　　　　　　　(　　)

9. 海达股份有限公司 2022 年与 2021 年相比,销售收入增长 10%,净利润增长 8%,资产总额增加 12%,负债比率增加 9%,则可以判断该公司净资产收益率比 2021 年提高了。　(　　)

10. 净资产收益率是杜邦分析体系中居核心地位且综合性最强的财务比率。　　　(　　)

四、综合题(本题共 4 题,每题 10 分,共 40 分)

1. 模表 3—1 是海达股份有限公司 2021 年度和 2022 年度的比较数据。

模表 3—1　　　　　　海达股份有限公司 2021 年度和 2022 年度的比较数据　　　　单位:万元

项　目	2021 年度	2022 年度
营业收入	2 800	3 360
净利润	257	321
经营活动现金流量	2 680	2 412
总资产	1 000(年末数)	1 300(年末数)

要求:根据上述资料,按定比趋势完成模表 3—2 的计算,并作出简要分析。

模表 3—2　　　　　　　　　　　定比趋势计算

项　目	2021 年度	2022 年度
营业收入	100%	
净利润	100%	
经营活动现金流量	100%	
总资产	100%	

2. 海达股份有限公司 2019 年至 2022 年营业收入分别是 1 000 万元、1 300 万元、1 500 万元和 1 200 万元。

要求:计算海达股份有限公司近三年每年的营业收入增长率和三年营业收入平均增长率。

3. 海达股份有限公司 2022 年营业收入 31 420 万元、营业成本 21 994 万元。流动资产年初和年末合计数分别为 13 250 万元和 13 846 万元,其中,存货年初和年末数分别为 6 312 万元和 6 148 万元,应收账款年初和年末数分别为 3 548 万元和 3 216 万元。(一年按 360 天计算)

要求:

(1)计算存货周转率和存货周转天数。

(2)计算应收账款周转率和应收账款周转天数。

(3)在进行流动资产周转情况分析时,还需要分析哪些问题?

4.海达股份有限公司的相关数据见模表3—3。

模表3—3　　　　　　　　海达股份有限公司的相关数据

指　标	2020年	2021年	2022年
流动比率	1.6	1.9	2.1
速动比率	1.0	0.9	0.8
存货周转率	30	28	24
应收账款周转率	30	45	55

要求:根据上述财务指标的数值和变化趋势,分析该公司在偿债能力和营运能力方面可能存在的问题。

模拟试卷 4

一、单选题(本题共 20 题,每题 1 分,共 20 分)

1. 通过相关经济指标的对比分析以确定指标之间差异或指标发展趋势的方法是( )。
   A. 比率分析法   B. 比较分析法   C. 因素分析法   D. 平衡分析法
2. 股东在进行财务报表分析时,更为关注企业的( )。
   A. 偿债能力   B. 营运能力   C. 获利能力   D. 发展能力
3. 下列关于利润表的表述中,错误的是( )。
   A. 利润表主要揭示企业在一定时期的经营成果
   B. 利润表是一种动态的时期报表
   C. 利润表与资产负债表存在一定的勾稽关系
   D. 我国利润表采用单步式结构
4. 在现金流量表中,现金流入与现金流出的差额是( )。
   A. 现金流量总额   B. 现金流量余额   C. 现金净流量   D. 现金总流量
5. 下列各项中,属于投资活动产生的现金流量是( )。
   A. 购买商品、接受劳务支付的现金   B. 取得子公司支付的现金
   C. 吸收投资收到的现金   D. 收到的利息、手续费及佣金
6. 下列关于偿债能力的理解中,错误的是( )。
   A. 偿债能力是指企业清偿到期债务的资产保障程度
   B. 偿债能力分为短期偿债能力和长期偿债能力
   C. 短期偿债能力分析要看企业流动资产的多少和质量以及流动负债的多少和质量
   D. 分析企业的长期偿债能力主要是为了确定企业偿还债务本金和支付债务利息的能力
7. 海达股份有限公司期末速动比率为 0.6,以下各项中能引起该比率提高的是( )。
   A. 收回应收账款   B. 取得短期银行借款   C. 从银行提取现金   D. 赊购商品
8. 海达股份有限公司 2022 年的资产总额为 600 万元,流动负债为 100 万元,长期负债为 150 万元,则该公司的资产负债率是( )。
   A. 41.67%   B. 20%   C. 16.67%   D. 23%
9. 下列各项中,能够表明企业部分长期资产以流动负债作为资金来源的是( )。
   A. 流动比率小于 1   B. 营运资本为正   C. 流动比率大于 1   D. 流动比率等于 1
10. 流动资产和流动负债的比值被称为( )。
    A. 流动比率   B. 速动比率   C. 营运比率   D. 资产负债率
11. 资产负债率对不同信息使用者的意义不同。对此,下列判断错误的是( )。
    A. 对债权人来说,资产负债率越低越好
    B. 在全部资本利润率高于借款利息率时,股东会希望资产负债率维持较高水平
    C. 企业通过负债筹资获得财务杠杆收益时,股东会希望保持较高的资产负债率
    D. 企业资产负债率过高会影响贷款,因此对经营管理者来说,资产负债率越低越好

12. 下列财务比率中,能反映企业即时付现能力的是( )。
A. 存货周转率　　　B. 流动比率　　　C. 速动比率　　　D. 现金比率
13. 产权比率的分母是( )。
A. 资产与负债之和　B. 所有者权益总额　C. 资产总额　　　D. 负债总额
14. 下列说法中,错误的是( )。
A. 总资产增长率用来衡量企业的发展能力
B. 资本积累率是本年所有者权益的增长额与上年所有者权益数额的比率
C. 净利润增长率可以衡量企业净利润的增长幅度
D. 营业收入增长率可以衡量企业的获利能力
15. 下列各项指标的计算取决于存货周转时间和应收账款周转时间的是( )。
A. 总资产周转率　B. 固定资产周转率　C. 流动资产周转率　D. 营业周期
16. 与企业盈利能力分析有关的财务报表分析中,最为重要的是( )。
A. 资产负债表分析　B. 利润表分析　　C. 现金流量表分析　D. 报表附注分析
17. 可用于衡量每百元营业收入所赚取利益的指标是( )。
A. 营业毛利率　　B. 营业利润率　　C. 营业净利润　　D. 速动比率
18. 下列对总资产收益率的理解中,不正确的是( )。
A. 该指标是评价企业资产综合利用效果的核心指标
B. 该指标是评价企业总资产获利能力的核心指标
C. 通常企业总资产收益率越高,表明其运用全部资产进行经营管理的效益越好
D. 总资产收益率是企业营业收入与平均资产余额的比值
19. 海达股份有限公司2022年度的净资产收益率为20%,资产负债率为45%,则总资产收益率为( )。
A. 11%　　　　B. 55%　　　　C. 9%　　　　D. 20%
20. 海达股份有限公司2022年的每股市价为18元,每股净资产为4元,则该公司的市净率为( )。
A. 20　　　　　B. 4.5　　　　C. 5.14　　　　D. 36

二、多选题(本题共15题,每题2分,共30分)
1. 企业持有货币资金的目的主要是( )。
A. 投机的需要　　B. 经营的需要　　C. 投资的需要　　D. 获利的需要
2. 财务报表的作用包括( )。
A. 财务报表所提供的信息是投资者进行投资决策的依据
B. 财务报表所提供的会计信息是国家经济管理部门进行宏观调控和管理的依据
C. 财务报表所提供的信息是企业加强和改善经营管理的重要依据
D. 财务报表所提供的信息是企业投资者进行筹资决策的依据
3. 财务报表按指标的性质来划分,分为( )。
A. 静态报表　　　　　　　　　B. 内部管理报表
C. 对外报送的财务报表　　　　D. 动态报表
4. 下列各项属于现金流量的有( )。
A. 企业销售商品收取现金
B. 企业出售固定资产收取现金

C. 企业用现金购买将于三个月到期的国库券
D. 企业从银行提取现金
5. 下列经济事项中,不能产生现金流量的有(   )。
A. 出售固定资产　　　　　　　　B. 从银行提取现金
C. 投资者投入现金　　　　　　　　D. 将库存现金送存银行
6. 下列业务中,属于支付给职工以及为职工支付的现金的有(   )。
A. 支付给职工的工资奖金　　　　　B. 支付职工社会保险基金
C. 支付职工的住房公积金　　　　　D. 支付职工困难补助
7. 比较分析法的比较形式有(   )。
A. 实际指标与计划指标比较　　　　B. 实际指标与外单位指标比较
C. 本期指标与前期指标比较　　　　D. 本单位指标与外单位指标比较
8. 只改变企业的资产负债比例,不改变原有的股权结构的筹资方式包括(   )。
A. 短期借款　　B. 发行债券　　C. 吸收投资　　D. 接受捐赠
9. 资产负债表结构分析的意义有(   )。
A. 能通过资产负债表各项目之间的依存关系揭示企业在某一时点财务状况的质量
B. 能从资产负债表各项目之间的对比关系了解企业财务状况的发展趋势
C. 有利于企业改善资产结构和财务结构
D. 能为企业的利益相关者提供更为详尽、相关的决策依据
10. 衡量短期偿债能力的主要指标有(   )。
A. 流动比率　　B. 速动比率　　C. 现金比率　　D. 资产负债率
11. 衡量企业经营活动盈利能力的主要指标有(   )。
A. 营业毛利率　B. 营业利润率　C. 成本费用利润率　D. 市盈率
12. 下列各项属于资产结构类型的有(   )。
A. 保守型　　　B. 适中型　　　C. 激进型　　　D. 风险型
13. 如果海达股份有限公司 2022 年的资产负债率为 60%,则可以推算出(   )。
A. 全部负债占资产的比重为 60%
B. 所有者权益占资金来源的比例小于一半
C. 产权比率为 1.5
D. 在资金来源构成中负债占 6/10,所有者权益占 4/10
14. 影响有形净值债务率的因素有(   )。
A. 流动负债　　B. 长期负债　　C. 股东权益　　D. 负债总额
15. 导致企业应收账款周转率下降的原因主要有(   )。
A. 赊销的比例　　　　　　　　　　B. 客户故意拖延付款
C. 企业的收账政策　　　　　　　　D. 客户财务困难

三、判断题(本题共 10 题,每题 1 分,共 10 分)
1. 净资产收益率是最具综合性的评价指标,不受行业和公司规模的限制。(   )
2. 以成本为基础的周转率指标更符合实际表现的存货周转状况。(   )
3. 流动资产的数量和质量通常决定着企业变现能力的强弱,而非流动资产的数量和质量通常决定着企业的生产经营能力。(   )
4. 企业的长期偿债能力主要取决于企业资产与负债的比率关系、获利能力以及资产的短期流

动性。（　）
  5. 权益乘数揭示了总资本中有多少是靠负债取得的,说明债权人权益的受保障程度。（　）
  6. 流动比率趋势分析的缺点一是历史指标不能代表合理水平,二是可比性较差。（　）
  7. 现金流量表中的经营活动是指直接进行产品生产、商品销售或劳务提供的活动。（　）
  8. 销售商品、提供劳务收到的现金既包括本期销售本期收回的现金,也包括前期销售本期收到的现金,但要扣除因销售退回本期支出的现金。（　）
  9. 资产负债表趋势分析是指资产负债表的每一个项目以某一期数据为基期数据,以本期或多期数据与其进行比较编制出的资产负债表。（　）
  10. 利用应收账款周转天数和收入基础的存货周转天数之和可以简化计算营业周期。（　）

四、综合题（本题共 4 题,每题 10 分,共 40 分）
1. 模表 4－1 是海达股份有限公司比较资产负债表。

模表 4－1　　　　　　　海达股份有限公司比较资产负债表　　　　　　　单位:万元

资　产	2022 年年末	2021 年年末	负债和所有者权益（或股东权益）	2022 年年末	2021 年年末
流动资产:			流动负债:		
货币资金	4 228	2 605	短期借款	1 992	4 183
交易性金融资产	16 657	10 394	应付账款	2 373	1 844
应收账款	7 698	7 014	应付职工薪酬	3 007	2 195
存货	5 041	4 614	其他流动负债	2 120	1 912
其他流动资产	2 002	5 052	流动负债合计	9 492	10 134
流动资产合计	35 626	29 679	非流动负债:		
非流动资产:			长期借款	9 322	7 077
可供出售金融资产	2 190	1 227	长期应付款	3 518	3 564
长期股权投资	58	55	递延所得税负债	2 937	2 744
固定资产	15 097	12 408	其他非流动负债	2 353	1 644
无形资产	6 132	6 340	非流动负债合计	18 130	15 029
商誉	6 256	5 532	负债合计	27 622	25 163
递延所得税资产	1 724	1 144	所有者权益（或股东权益）:		
其他非流动资产	2 282	2 061	所有者权益（或股东权益）合计	41 743	33 283
非流动资产合计	33 739	28 767			
资产总计	69 365	58 446	负债和所有者权益（或股东权益）总计	69 365	58 446

要求:
(1)根据模表 4－2 列出能反映该公司偿债能力的财务比率的公式和计算结果。

模表4—2　　　　　　　　公司偿债能力的财务比率的公式和计算结果

短期偿债能力财务比率	2022年计算结果	2021年计算结果
流动比率		
速动比率		
现金比率		
长期偿债能力财务比率	2022年计算结果	2021年计算结果
资产负债率		
产权比率		
有形净值债务率		

(2) 简要分析企业的短期偿债能力和长期偿债能力。

2. 模表4—3是A、B公司的部分财务资料。

模表4—3　　　　　　　　A、B公司的部分财务资料　　　　　　　　单位:万元

项目	A公司	B公司
营业收入	100	400
总资产平均余额	100	100
净利润	20	20

要求:分别计算A、B公司模表4—4中的财务指标并简要分析A、B公司指标差异的主要原因。

模表4—4　　　　　　　　A、B公司的财务指标

财务指标	A公司	B公司
总资产收益率		
营业净利率		
总资产周转率		

3. 海达股份有限公司2022年年末资产负债表简略形式如模表4—5所示。

模表4—5　　　　　　　　资产负债表简表　　　　　　　　单位:万元

资产	期末数	权益	期末数
货币资金	25	应付账款	
应收账款		应付职工薪酬	25
存货		长期负债	
固定资产	262	实收资本	100
		留存收益	
总计	400	总计	

已知:(1)期末流动比率=1.5;

(2)期末资产负债率＝60%；
(3)本期销售成本＝315万元；
(4)本期存货周转次数＝4.5,假定期末存货与期初存货相等。

要求：根据上述条件,把资产负债表补充完整,并写出计算过程。

4. 海达股份有限公司2020年、2021年与2022年有关现金流量的资料如模表4-6所示。

模表4-6　　海达股份有限公司2020年、2021年与2022年有关现金流量的资料　　单位：万元

项　目	2020年	2021年	2022年
经营活动现金净流量	1 520	2 880	3 970
投资活动现金净流量	－1 260	－2 450	－2 860
筹资活动现金净流量	－500	－800	－1 500
现金及现金等价物净增加	－240	－370	－390

要求：
(1)根据上述资料,以2020年为基年,进行现金流量的定比趋势分析；
(2)进行简要的分析评价。

模拟试卷 5

一、单选题（本题共20题，每题1分，共20分）

1. 基于比较分析法的比较标准，下列各项具有可比性的是（　　）。
   A. 中国石油的营业利润率与中国石化的成本费用率
   B. 家乐福超市与麦当劳的销售额
   C. 苏宁电器本年一季度与上年年度利润额
   D. 百度上一年一季度与本年一季度利润指标

2. 下列信息中不由资产负债表提供的是（　　）。
   A. 企业资产状况　　　　　　　　B. 企业的债务情况
   C. 企业的债权人信息　　　　　　D. 企业的自有资金

3. 下列有关资产负债表项目的表述中，错误的是（　　）。
   A. 企业持有投资性房地产的目的是赚取租金或资本增值，或两者兼而有之
   B. 为生产商品、提供劳务或者经营管理而持有的房地产属于固定资产
   C. 对于无法预见为企业带来经济利益期限的无形资产不应摊销
   D. 企业应当根据与固定资产有关的造价合理选择固定资产折旧方法

4. 下列表述中，关于"资产负债表结构分析"的理解不正确的是（　　）。
   A. 主要用于对报表结构的解析，以反映企业经营利润的状况
   B. 通常采用的方法是将企业的资产负债表转化为结构百分比形式的资产负债表
   C. 通过资产负债表的结构分析，可以揭示企业资产运营和资金筹集情况
   D. 资产负债表的结构分析也应结合报表中各项目的绝对数额

5. 我国实务中企业利润表通常采用的形式是（　　）。
   A. 单步式　　　B. 多步式　　　C. 报告式　　　D. 账户式

6. 报表使用者通过利润表趋势分析能够（　　）。
   A. 评价企业收益的不同来源构成
   B. 评价不同业务对企业盈利水平的影响方向和程度
   C. 评价不同业务的盈利水平
   D. 评价多个会计期间企业的盈利水平及变动趋势

7. 海达股份有限公司2022实现的净利润为3 275万元，本期计提的资产减值准备为890万元，提取的固定资产折旧为1 368万元，财务费用146万元，存货增加467万元，则经营活动产生的净现金流量是（　　）万元。
   A. 3 275　　　B. 5 212　　　C. 5 679　　　D. 6 146

8. 下列项目中，不属于投资活动产生的现金流量的是（　　）。
   A. 购置设备支付的现金　　　　　B. 取得投资收益收到的现金
   C. 处置无形资产收到的现金　　　D. 发行债券收到的现金

9. 在现金流量表中，引致企业资本及债务规模和构成发生变化的活动是（　　）。

A. 经营活动　　　　B. 投资活动　　　　C. 筹资活动　　　　D. 长期股权投资

10. 短期偿债能力是企业的任何利益关系人都必须重视的问题。下面说法中不正确的是(　　)。
A. 短期偿债能力变弱,企业获得商业信用的可能性会降低
B. 企业短期偿债能力下降通常是获利水平降低和投资机会减少的先兆
C. 企业短期偿债能力下降将直接导致债权人无法收回其本金与利息
D. 对于企业的供应商和客户来说,短期偿债能力的强弱意味着企业履行合同能力的强弱

11. "产权比率主要反映了负债与所有者权益的相对关系。"对此理解不正确的是(　　)。
A. 产权比率反映了债权人在企业破产清算时能获得多少有形财产保障
B. 产权比率反映了债权人提供的资本与股东提供的资本的相对关系
C. 产权比率反映了债权人投入资本受所有者权益保护的程度
D. 产权比率反映了管理者运用财务杠杆的程度

12. 海达股份有限公司2022年年末的流动资产为23万元,长期资产为430万元,流动负债为10.5万元,长期负债83万元,则资产负债率为(　　)。
A. 19%　　　　B. 18%　　　　C. 45%　　　　D. 21%

13. 酸性测试比率,实际上就是(　　)。
A. 流动比率　　　B. 现金比率　　　C. 资产负债率　　　D. 速动比率

14. 海达股份有限公司2022年报表显示:无形资产为16万元,负债总额为1 278万元,所有者权益总额为2 290万元,则有形净值债务率为(　　)。
A. 55.8%　　　　B. 55.4%　　　　C. 56%　　　　D. 178%

15. 可以分析评价长期偿债能力的指标是(　　)。
A. 存货周转率　　B. 流动比率　　C. 速动比率　　D. 产权比率

16. 企业的应收账款周转天数为100天,存货周转天数为250天,则营业周期为(　　)。
A. 100天　　　　B. 150天　　　　C. 250天　　　　D. 350天

17. 下列关于存货周转率的表述中,不正确的是(　　)。
A. 该指标衡量和评价企业购入存货、投入生产、销售收回等环节的管理状况
B. 以收入为基础的存货周转率指标更符合实际表现的存货周转状况
C. 该指标反映了企业实现销售的快慢
D. 该指标反映存货周转速度和存货占用水平

18. 下列关于每股收益的表述中,错误的是(　　)。
A. 上市公司必须在利润表中披露基本每股收益和稀释每股收益
B. 每股收益反映企业为每一股普通股和优先股股份所实现的税后净利润
C. 稀释每股收益要考虑到当期所有发行在外的稀释性潜在普通股的影响
D. 每股收益是用于反映企业的经营成果,衡量普通股的投资回报及投资风险的财务指标

19. 利息费用是指本期发生的全部应付利息,不仅包括计入财务费用的利息费用,而且包括(　　)。
A. 汇兑损益
B. 购建固定资产而发行债券的当年利息
C. 固定资产已投入使用之后的应付债券利息
D. 银行存款利息收入

20. 海达股份有限公司2022年的净资产收益率目标为16%,权益乘数为50%,则其总资产收

益率为( )。
　　A. 8.8%　　　　　　B. 16%　　　　　　C. 7.2%　　　　　　D. 32%

二、多选题(本题共 15 题,每题 2 分,共 30 分)
1. 下列各项中,属于利润表主要反映的项目有( )。
　　A. 营业收入　　　B. 营业利润　　　C. 销售费用　　　D. 每股收益
2. 同业比较分析的两个重要前提有( )。
　　A. 获得数据　　　　　　　　　　　B. 鉴别数据的可靠性
　　C. 确定同类企业　　　　　　　　　D. 确定行业标准
3. 下列各项形成经营活动现金流量的有( )。
　　A. 应付账款的发生　　　　　　　　B. 购买无形资产
　　C. 应交税费的形成　　　　　　　　D. 发行长期债券
4. 下列各项属于收回投资收到的现金的有( )。
　　A. 收回长期股权投资而收到的现金　B. 收回长期债权投资的利息
　　C. 收回除现金等价物以外的短期投资 D. 收回长期债权投资本金
5. 资产负债表的初步分析分为( )三部分。
　　A. 所有者权益分析　　　　　　　　B. 负债分析
　　C. 现金流动分析　　　　　　　　　D. 资产分析
6. 影响资本结构的因素有( )。
　　A. 销售额及其增长情况　　　　　　B. 经营风险
　　C. 财务风险　　　　　　　　　　　D. 盈利状况
7. 下列各项指标可用来分析长期偿债能力的有( )。
　　A. 产权比率　　　B. 资产负债率　　C. 流动比率　　　D. 有形净值债务率
8. 速动资产一般是指( )。
　　A. 短期有价证券投资　　　　　　　B. 货币资金
　　C. 预付账款　　　　　　　　　　　D. 应收账款
9. 影响营业利润率的因素主要包括( )。
　　A. 营业利润　　　B. 资产减值准备　C. 财务费用　　　D. 营业收入
10. 企业生产经营活动所需的资金可以来源于( )。
　　A. 投入资金　　　B. 自有资金　　　C. 借入资金　　　D. 所有者权益资金
11. 在分析获取现金能力的情况时,可以选用的指标主要有( )。
　　A. 现金流量比率　　　　　　　　　B. 全部资产现金回收率
　　C. 每元销售现金净流入　　　　　　D. 每股经营现金流量
12. 短期偿债能力的评价方法有( )。
　　A. 评价流动负债和流动资产的数量关系
　　B. 比较一年内产生的债务和产生的现金流入
　　C. 评价资产的流动性
　　D. 比较一年内产生的债务和产生的现金流出
13. 流动比率本身存在一定的局限性,包括( )。
　　A. 流动比率是一个静态指标
　　B. 流动比率是一个动态指标

C. 流动资产包含了流动性较差的应收账款、存货等
D. 流动比率数据较难获取

14. 在现代企业制度下,科学地评价经营者业绩的意义在于(　　)。
A. 可以为出资人行使经营者的选择权提供重要依据
B. 可以有效地加强企业经营者的监管与约束
C. 可以为有效激励企业经营者提供可靠依据
D. 可以为政府有关部门、债权人、企业职工等利益相关方提供有效的信息支持

15. 对应收账款周转率正确计算有较大影响的因素有(　　)。
A. 季节性经营的企业使用这个指标不能反映实际情况
B. 大量的销售为现销
C. 大量使用分期付款结算方式
D. 企业提高应收账款回收效率

三、判断题(本题共 10 题,每题 1 分,共 10 分)

1. 企业的基本活动主要是供应、生产、销售活动。　　　　　　　　　　　(　)
2. 财务报表分析的方法最主要的是因素分析法。　　　　　　　　　　　　(　)
3. 企业持有较多的货币资金,最有利于投资者。　　　　　　　　　　　　(　)
4. 分析企业的流动比率,可以判断企业的营运能力。　　　　　　　　　　(　)
5. 以收入为基础的存货周转率主要用于流动性分析。　　　　　　　　　　(　)
6. 现金流量表中的现金包括库存现金、可以随时支付的银行存款和其他货币资金。(　)
7. 营运资本是资产总额减去负债总额后的剩余部分。　　　　　　　　　　(　)
8. 采用大量现金销售的商店,速动比率大大低于 1 是很正常的。　　　　　(　)
9. 在进行同业比较分析时,最常用的是选择同业先进水平和平均水平作为比较的标准。
(　)
10. 如果流动负债为 60 万元,流动比率为 2.5,速动比率为 1.4,则年末存货价值为 84 万元。
(　)

四、综合题(本题共 4 题,每题 10 分,共 40 分)

1. 海达股份有限公司 2023 年 3 月结账前科目余额如模表 5－1 所示。所得税税率为 25％,不存在所得税调整事项。

模表 5－1　　　　　海达股份有限公司 2023 年 3 月会计科目余额　　　　　单位:万元

科目名称	借方发生额	科目名称	贷方发生额
主营业务收入	580	其他业务收入	50
主营业务成本	360	其他业务成本	30
税金及附加	32	资产减值损失	0.54
销售费用	65	投资收益	35
管理费用	85	营业外收入	4
财务费用	9	营业外支出	5

要求:编制该公司 2023 年 3 月的利润表。

2. 海达股份有限公司2022年年初存货为4万元,年末存货为3万元,年初应收账款净额为2.54万元;年末流动比率为2,流动资产合计为5.4万元;当年营业成本为16.5万元,营业毛利率为20%。除应收账款外,其他速动资产忽略不计,且营业收入均为赊销。

要求:计算该公司的存货周转率、速动比率、应收账款周转率(一年按360天计算)。

3. 海达股份有限公司2018—2022年资产及销售额资料如模表5—2所示。

模表5—2　　　海达股份有限公司2018—2022年资产及销售额资料　　　单位:万元

项　目	2018年	2019年	2020年	2021年	2022年
流动资产	15 690	16 400	22 300	25 100	26 750
固定资产	2 696	3 513	3 293	3 464	3 576
总资产	25 775	27 127	31 250	34 600	36 342
销售额	6 577	8 426	9 130	9 818	10 200

要求:根据上述资料,完成模表5—3并进行简要分析。(计算结果保留整数)

模表5—3　　　海达股份有限公司2018—2022年指标计算

项　目	2018年	2019年	2020年	2021年	2022年
流动资产占总资产比重					
固定资产占总资产比重					
销售增长速度(环比分析)					

4. 海达股份有限公司2022年经营活动现金流量净额为762万元,资产负债表和利润表有关资料为:流动负债2 025万元,长期负债4 978万元,营业收入9 000万元,总资产70 200万元,实现净利润8 008万元,分配优先股股利456万元,该公司发行在外的普通股股数50 800万股。

要求:

(1)计算现金流量比率;

(2)计算偿债保障比率;

(3)计算全部资产现金回收率;

(4)计算每股经营现金流量;

(5)计算资产负债率。

参考文献

[1] 中华人民共和国财政部:《企业会计准则》,立信会计出版社2023年版。
[2] 中华人民共和国财政部:《企业会计准则——应用指南》,立信会计出版社2023年版。
[3] 企业会计准则编审委员会编:《企业会计准则案例讲解》,立信会计出版社2023年版。
[4] 中华人民共和国财政部:《企业会计准则——基本准则》,立信会计出版社2023年版。
[5] 李贺主编:《财务管理学》,上海财经大学出版社2022年版。
[6] 李贺主编:《中级财务会计》,上海财经大学出版社2022年版。
[7] 张先治、陈友邦主编:《财务分析》(第十版),东北财经大学出版社2022年版。
[8] 杨华主编:《财务报表分析》(第二版),东北财经大学出版社2021年版。
[9] 杜晓光、郑晶晶、李迎盈主编:《企业财务分析》(第五版),东北财经大学出版社2021年版。
[10] 李贺、周宝莲、宋建涛主编:《初级会计实务》(第二版),立信会计出版社2021年版。
[11] 顾远、向崇学、林钟高主编:《财务会计学》(第四版),东北财经大学出版社2020年版。
[12] 李贺、朱晓佳主编:《财务报表分析》,上海财经大学出版社2020年版。
[13] 徐珏、张旋主编:《企业财务报表分析》(第三版),东北财经大学出版社2019年版。
[14] 赵威主编:《会计报表编制与分析》,立信会计出版社2019年版。
[15] 孙振丹主编:《财务报表阅读与分析》,立信会计出版社2019年版。
[16] 白羽编著:《财务报表编制详解与数据解读》,立信会计出版社2019年版。
[17] 李旭编著:《图解会计报表》,立信会计出版社2018年版。